守望者
The Catcher

阅读　你的生活

海外中国研究文库·一力馆　董建中－主编

盛世的奠基

康熙与清朝统治的巩固

K'ang-hsi and the Consolidation
of Ch'ing Rule

1661—1684

［美］劳伦斯·凯斯勒－著

（Lawrence D. Kessler）

董建中－译

中国人民大学出版社

·北京·

序　言

　　本书是对康熙皇帝①（1654 年出生，1661—1722 年在位）早年
经历以及他对清朝统治巩固所做重要贡献的研究。可以说，我是由
后往前触及这一课题的。我在考察三藩之乱（1673—1681）时发现，
尽管这一对满人统治的挑战明显失败，然而它能引发汉人的共鸣，
我对此产生了强烈的兴趣。在征服之后的头几十年，针对异族王朝
的极端敌意普遍存在。很显然，到了此时，满人已证实了自己是中
国胜任且合法的统治者。那么这一成就是如何取得的呢？

　　我们从梅谷开创性的著作《满人统治中国的起源》（1942）可以
知道，满洲政权的统治者在突破长城、入主中原之前，早已适应了
汉人的政治和社会传统。然而这一进程，并未随着 1644 年满人占有
北京而大功告成，接下来的十八年，军事一直是新的清王朝的首要
任务。到 1661 年，内地各省都已臣服于武力。现在满人面对着更棘

---

　　①　我将用康熙（还有其他）的年号作为皇帝的名字。这种做法——严格说来不
正确——的优点是简洁，人们都知晓。

手的挑战："安抚"业已征服之地并巩固他们对国家的控制。也正是
在 1661 年，顺治皇帝去世，他的儿子康熙继位。

康熙继位时年方八岁①，1669 年他从辅政大臣手中夺得权力，
此前有着八年的见习期，几位辅政大臣是顺治皇帝在遗诏中任命的。
本研究的核心是将辅政大臣与康熙的政策和态度进行比较，结论是，
清朝统治得以巩固，是在年轻的皇帝改变了治理的方向之后。到
1684 年，随着收复台湾并将台湾岛纳入帝国，康熙才从根本上完成
了作为一个巩固者的大业。我的出发点不是要写这二十四年
（1661—1684）的全史，只是考察了与中心议题——康熙对于清朝统
治巩固的贡献——不可或缺的诸项政策和发展。这有时涉及政治，
有时涉及制度，或是军事策略，甚或社会政策。通过依次考察这些
各自不同的发展，我希望为以后清初历史研究提供一个框架。

至于我使用的主要史料，毋庸多言，没有令人惊奇与特别的。
从书后开列的常引著作可以很清楚地看到，我依据的是常见资料和
传记汇编，名字都是学人所熟悉的，但对于研究这段历史来说，基
本上还没有被利用过。因为我的主题关注帝国政策及其形成的不同
方面，可以说这些史料是最为合适的。

本研究的起步工作是在中国台湾进行的，得到了"外国奖学金"
的资助，后来的研究得到了北卡罗来纳大学研究委员会的支持，感
谢他们的慷慨资助。当然，本书的结论、看法以及其他的论述，文

---

① 直到 20 世纪，中国人计算年龄，与西方相比，至少大一岁，甚至可能差不
多大两岁。中国小孩一出生就一岁，只要过了新年（中国的阴历年）就长一岁，因此
出生在除夕的婴儿，第二天早晨就两岁了。康熙的岁数，比依西方算法大一年零三个
月，因为他是在阴历三月出生的。在本书中，除非特别指明，年龄都是依西方的算法。

责自负。

我要感谢在研究与写作本书过程中一些学者的慷慨合作和可贵 *xi* 帮助，他们无须为本书可能存在的种种不足承担责任。芝加哥大学的何炳棣教授，知识渊博，学术精湛，不断启发我，在本研究各阶段都给予我最大的帮助。台北"中央研究院"历史语言研究所的诸多学人不吝时间，给我建议，特别感谢我的朋友许倬云教授不断地提供信息，他现在执教于匹兹堡大学。我也感谢研究所档案部门的负责人李光焘给予的慷慨帮助，以及已去世的傅斯年图书馆管理员王宝先帮我查找有用的研究材料。刘家驹、何广默（音，Ho Kuang-mo）在一些问题与翻译上提供了很大帮助。对本研究的不同部分给予有用评论和批评的人有孔飞力（Philip Kuhn）、安熙龙（Robert Oxnam）、芮效卫（David Roy）、史景迁（Jonathan Spence）、魏安国（Edgar Wickberg）、卫思韩（Jack Wills）。谢谢他们。

有些人，包括顾立雅（H. G. Creel）、柯睿格（Edward Kracke）、普里查德（Earl Pritchard），与本研究没有直接关系，但也必须感谢他们最初鼓励我学习中文。特别感谢琳达·普奈斯（Linda Price）、卡伦·特罗斯特（Karen Troost）录入书稿，感谢戴欢（音，Huan Rosa Tai）制作了索引及参考文献中的汉字。

最重要的，我要感谢妻子和孩子们这些年来对我写作这本书的耐心与支持，我将此书献给他们。

目　录

第一章

绪论：满人的征服

　　晚明的统治者没有谁能预知突然降临在他们身上的灾难究竟是什么，但王朝衰亡的迹象肯定大量存在。全面、准确地考察这一衰亡不是我的目的所在。这里的研究，重要的是查考晚明的概况，因为正是面对这一环境，满洲统治者必须规划进程，问鼎北京。这里所要解决的是如何认识这些问题，而不是问题本身。满洲征服者宣称他们的统治是对遭受战争蹂躏及残败不堪的中国的解决之道，满人宣称承应天命，为了能得到支持，他们必须付诸行动，要依自己及汉人希望他们的样子，减轻晚明的重重积弊。

　　然而满人所面对的，不只是从明朝继承而来、长期存在的种种问题。身为异族统治者，他们另有两项任务。第一，必须要将满人部落利益和制度服从于帝国的雄心抱负。第二，所建立的王朝必须要由一个少数民族进行统治，对于占主体的汉人来说也能够接受。满洲统治者，至迟在皇太极（清太宗，1626—1643 年在位）时期就开始巩固皇权并汉化他们的统治。但是到 1661 年顺治朝结束，这些问题依然存在，并且行动的进程依然有转向的可能。

明朝与异己力量

　　康熙于 1684 年首次南巡时，拜谒了南京城外的明太祖陵。他出巡此地，指出了它的残败景况，也不禁要思虑前朝何以覆亡。他将此归因于党争以及随之而来的官僚道德败坏，归因于苛捐杂税，盗匪横行。[1] 选择这些因素尤其是党争作为明亡的导火索，康熙说出了许多明末清初官员的心声。

　　对于明朝的官员来说，谴责党争和腐败导致形势日窘，这肯定令他们欣慰。这种失序的状况应该及时得到纠正，他们可能有如此想法。公正、有能力的皇帝肯定可以解决好这些问题。1624 年杨涟所上弹劾魏忠贤的著名奏疏，是这种认识的很好表达。杨涟细数了这位太监的"二十四款大罪"，请求天启皇帝（1620—1627 年在位）采取行动：

> 　　伏乞皇上大奋雷霆，将忠贤面缚至九庙之前，集大小文武勋戚，敕法司逐款严询，考历朝中官交通内外，擅作威福，违祖宗法，坏朝廷事，失天下心，欺君负恩事例正法，以快神人公愤。……然后布告天下，暴其罪状，示君侧之恶已除，交结之径已塞。
>
> 　　如此而天意弗回，人心弗悦，内治外安，不新开太平气象

---

① 《大清圣祖仁皇帝实录》，第 1570 页（卷 117，第 15a 页）。

者，请斩臣以谢忠贤。①

伴随着清朝的征服，满人极力渲染明朝的党争流毒，不仅作为 3
他们使自己统治合法化的努力——清朝的有序与明朝的失序形成了
鲜明对比，同时也是对满洲和汉族官员的警告，要避免此种政治行
为。作为对他们主张更有力的支持，清朝的几位皇帝相继站在儒家
传统的高度斥责党争。② 简言之，儒家总是反对结党，至少在理论
上如此。这一态度是基于孔子本人的言论，可以引证《论语》的一
些表述：

> 君子矜而不争，群而不党。（《卫灵公》）
>
> 君子周而不比，小人比而不周。（《为政》）
>
> 君子和而不同，小人同而不和。（《子路》）③

儒家的认识是，政策的确立应该来自对问题自由而公开的讨论，
应充分重视每个人的意见，"不以人废言"④。而"党"必然妨碍自
由争论，因为团体的每个成员将会约束他们的表达，以符合团体的
一致立场。

对这一传统强有力的挑战来自多才多能的宋代理学家欧阳修，
他为因被指控结党而遭解职的范仲淹及支持者辩护，认为只有君子

---

① 贺凯：《明代的监察制度》，斯坦福：斯坦福大学出版社，1966 年，第 204 页。

② 倪德卫：《和珅及其弹劾者：十八世纪的意识形态和政治行为》，载倪德卫、
芮沃寿编：《儒家思想之实践》，斯坦福：斯坦福大学出版社，1949 年，第 223－232 页。

③ 汉文分别见理雅各：《中国经典》第一卷《论语》，第 3 版，香港，1960 年，
第 300、150、273 页。文中是我的英译，分别参见阿瑟·韦利：《论语》，英译，纽
约：兰登书屋，1938 年，第 197、91、177 页。

④ 《论语·卫灵公》："君子不以言举人，不以人废言。"（阿瑟·韦利：《论语》，
第 197 页。）

才能拥有共同的目标，能为了大众的福祉而精诚团结。而小人，他认为，只能结成金钱关系，当达致私利，就会四分五裂。因此，如果出现了一个永久性的政治联盟，它必定是由君子组成，应该受到统治者的欢迎，不应被逐出政府。[①] 欧阳修的《朋党论》代表儒家传统中的一种异议声音。几乎没有人认识到，这种权利的辩护者需要一致的行动才有效果。如果这一认识广为流行，那么对于为了共同事业而结合在一起的官员来说，拥有的是会起作用的力量而不是意识形态污名，这一群体本可以成为反对明清两朝日益专制的力量。明朝最后数十年，复社发展出一种罕见的团体意识和组织性，为它的成员注入了某种政治力量，尤其是在南京地区，但士大夫的这种对组织感兴趣的复兴被清朝的征服打断。[②]

在汉官的心里，说到党争就会想到太监。明朝是帝制中国太监权势的顶峰。东林书院和东林党，创建于 1620 年代，不是建立在反对太监的基础之上，却是反对专擅太监魏忠贤的。[③] 明遗民、学者黄宗羲在《明夷待访录》一书中，一直将太监视为前朝的最大毒瘤，提出要大量减少太监的数量。新政权之下的汉人学者并没有放松对滥用太监或是太监东山再起的戒备。例如，1645 年，弹劾大学士冯

---

① 欧阳修：《朋党论》，载《欧阳永叔集》，上海，1936 年，第 3 册，第 22 页。

② 艾维泗：《复社：教育到政治》，载狄百瑞编：《理学的展开》，纽约：哥伦比亚大学出版社，1975 年，第 333 - 367 页。

③ 明代太监及东林运动，分别见罗伯特·克劳福德：《明代太监的权力》，《通报》第 49 卷第 3 期（1961 年），第 115 - 148 页；贺凯：《晚明的东林运动》，载费正清编：《中国的思想与制度》，芝加哥：芝加哥大学出版社，1957 年，第 132 - 162 页。

铨的部分指控，就说到了他与魏忠贤的交往。①

党争和太监可能是明朝覆亡的替罪羊，叛乱以及镇压他们所造成的财政负担才是王朝最为关切的，也是它灭亡的直接原因。从1630年代开始，李自成、张献忠等人领导军队，上上下下都是饱受饥荒和"加派"——据说与正赋相等②——之苦的农民，已有半年没有拿到军饷的官府兵卒，以及无人雇佣的驿卒，政府因经费短缺缩减服务而将他们解职。地方局势因崇祯年间（1628—1644）官僚素质的下降而更加恶化。近来对明朝官僚的一项统计表明，拥有进士功名之人占府州县官职的比例不断下降，而应对这些地方行政事务的低级功名拥有者的比例相应提高了。③

满人占据中国东北边疆，打击摇摇欲坠的明朝，在风起云涌的反叛运动中寻求最大利益。1640年代，满人数次寻求与李自成军队结盟以推翻明朝。④ 虽未成功，但两支力量通过分散明朝兵力以及消耗掉它的财政从而相互支持。然而，1644年李自成攻占北京，明朝末代皇帝在俯视紫禁城的煤山上吊而死，之后，满人不是以李自成而是以汉人百姓盟友的姿态出现，用他们的生活方式对抗反叛暴发户。这些新的征服者尤其吸引汉人统治阶层，保护他们的

5

① 《皇清名臣奏议》，卷2，第3a-7a页。冯铨的传记见《清代名人传略》，上册，第240-241页。黄宗羲，见狄百瑞：《从十七世纪看中国君主专制与儒家理想》，载费正清编：《中国的思想与制度》，第176-177页。

② 李光璧：《明末农民大起义》，载李光璧编：《明清史论丛》，武汉：湖北人民出版社，1956年，第114页。

③ 詹姆斯·帕森斯：《明代官僚体系：背景力量》，载贺凯编：《明代政府七论》，纽约：哥伦比亚大学出版社，1969年，第219-220页。

④ 李文治：《晚明统治阶级的投降清朝及农民起义军的反清斗争》，载李光璧编：《明清史论丛》，第150页。

176

政治和经济权势，这些人通过与满人合作，跟李自成的农民军作战。

当然，满人的吸引力超越了阶级界限。大多数汉人，不论地主还是农民，现在都厌烦了内战，厌烦了战争对日常生活的破坏。当造反者、明朝和清朝军队走马灯似的劫掠乡村，对当地百姓差不多同样的残暴，人们必定早已不再有什么追求，只是企求和平的到来。不论是谁，只要能重见和平，就可以赢得承认，做中国的合法统治者。满人与他们的对手相比似乎棋高一着，更有能力达到这一目标，从而赢得拥护者。正如倪德卫所写的："尽管他们事实上是作为征服者前来的，但在中国的世界秩序之内，他们有能力扮演中国种种病症的改革者的角色。"①

最后，人们必须注意到晚明知识界存在着的某种不安。他们的思想和政治支柱正在倾颓。"阶级的角色和认识日益混乱"，一方面导致了高度个人主义以及"自私"的思想，另一方面导致了教育和精神生活突破了狭窄的士大夫阶层范围。② 可能更重要的是，明朝的儒家学者发现，当面对"权力前所未有地集中于皇帝以及以他的名义行使专制权力之人之手"③ 时，要遵循他们传统的公共服务的使命日益困难。为了避免可能降临到他们身上的政治和人身危险，许多学者选择了致仕，政治上无所作为。但是这种遁世产生了精神

---

① 倪德卫：《章学诚的生平与思想》，斯坦福：斯坦福大学出版社，1966 年，第 4 页。

② 分别参见狄百瑞的《晚明思想中的个人主义与人道主义》和酒井忠夫的《儒家与大众教育作品》，载狄百瑞编：《明代思想中的自我与社会》，纽约：哥伦比亚大学出版社，1970 年。引语出自该书第 173 页。

③ 狄百瑞：《绪论》，载狄百瑞编：《明代思想中的自我与社会》，第 6 页。

分裂困境。儒家学者不再有内心所认为的国家与知识相统一的"井然有序"的舒适感觉。私人的哲学立场与国家的正统分道扬镳并走向了对立面。随着异族的满人成为主人，儒家学者从两个方面被说服要游离于政府——出于民族主义的以及政治-哲学的原因。他们的世界需要重新变得完整。 *6*

满洲战士与皇帝的抱负

满人先对边疆继而对中原的军事征服以及随后的政治和社会的汉化，这是韦伯所讨论的统治合理化类型的一个例证。[①] 开始是努尔哈赤这位部落首领个人领袖魅力的统治，发展成为满人、蒙古部落的封建共治联盟，然后经由更加集权的封建国家，最后是沿着中国传统帝制发展的官僚制国家。满族政权的这一转型主要是三位领袖的成果，这三人都没有当过中国的皇帝——努尔哈赤（1559—1626）；皇太极（1592—1643），努尔哈赤之子，1626 年继努尔哈赤之后成为满人的领袖；多尔衮（1612—1650），也是努尔哈赤之子，是清朝入主中原后第一位皇帝的摄政王。[②] 对满族政权生死存亡的威胁一直持续到雍正朝（1723—1735），这时清朝才最终成为一个统

---

① 韦伯对这一问题的讨论，见刘易斯·科塞、伯纳德·罗森伯格编：《社会学理论》，纽约：麦克米伦出版公司，1957 年，第 129 - 134 页。

② 三人的传记和他们政策的概述，分别见《清代名人传略》，上册，第 594 - 599、1 - 3、215 - 219 页。

一的中央集权制的国家。① 不过这里的讨论，只是聚焦于 1661 年之前，要比较的是鳌拜辅政时期（1661—1669）和康熙统治早期（1669—1684）的政策背景。

1583 年努尔哈赤成为女真人三个主要部落之一建州部的首领，女真人在东北的辽东地区生活，四百年前在中国北方部分地区建立了金朝（1115—1234）。经过三十年的征战和联姻，努尔哈赤扩展并巩固了对自己的族人、其他女真（也就是满洲）部落以及许多蒙古部落的权威。努尔哈赤正在创建的这一封建国家，建立在部落基础之上。被征服的人民和疆土隶属于与他结盟的各部落首领或贵族，而被征服人民的部落结构得到了保留。

为了超越对部落的忠诚并对日益稳定扩大的地域实施集中封建控制，1601 年努尔哈赤采取了第一个步骤，创立了八旗制度。他的随众，不论来自哪个部落，被分入最多由三百个成年男子组成的统一标准的作战单位。这些单位称为"牛录"（niru，后来汉文称"佐领"），它们进一步联合成为四个更大的集团，称为"旗"，每个由黄、白、红、蓝的旗帜以示区分，听命作战。到 1615 年，增至八旗，由旗帜镶边加以区别，以容纳随着新征服而日增的牛录。

八旗制度远不只是努尔哈赤所倚赖进行进一步征服的军事组织，它也是政治、经济和社会组织，旨在控制和供养满洲政权的整个人

---

① 下面对这一问题的讨论主要是受孟森对八旗制度开创性研究的精心之作《八旗制度考实》的影响，重印于他的《清代史》，台北：正中书局，1960 年，第 20 - 100 页；也见梅谷：《满人统治中国的起源》，巴尔的摩：约翰霍普金斯大学出版社，1942 年；重印本，纽约：八角形出版社，1965 年，尤其是第 4 - 9 章。大卫·法夸尔：《满洲早期政治中的蒙古与中原因素》，《清史问题》第 2 卷第 6 期（1971 年 6 月），第 11 - 23 页。

口。努尔哈赤采用了满人原来的基本社会单位"穆昆"（也就是氏族）以及"噶栅"（也就是村寨），作为他新体制的组织原则。如此，当许多大规模的部落群体遭解体，它们的穆昆、噶栅等内部构成同传统的社会政治关系一道，在八旗制度中基本上得到了保留。在规模上也做了一些调整，以创建比穆昆、噶栅更为统一、更具军事效能的单位。①

通过以上方法，努尔哈赤开始整合满洲政权，使之能更好地听命于他的指挥，他公开向明朝发起挑战。1616 年，在完成组建八旗不到一年，这位满人领袖自称后金的皇帝。尽管有这一名号，可努尔哈赤并不是以汉人皇帝的方式进行统治。封建因素顽固存在，他和一些子侄以及身居统治地位的爱新觉罗家族的年轻成员共享着权力。在努尔哈赤统治后期，最重要的权力来源于世袭统领八旗中某个旗或是旗内相当数量的牛录。在这些位置上的同族之人对他们旗下或牛录之下的家庭和资源说一不二，能够利用这些建立起权力牢不可破的经济和军事基础。

努尔哈赤给予四位年长的旗主——代善、阿敏、莽古尔泰、皇太极——以最高的王公头衔——和硕贝勒，并在 1621 年令他们协助自己轮流理政。第二年，这四个人——名为"四大贝勒"——与其他主旗贝勒（所有人后来都非正式地称为"和硕贝勒"）②，组建了议政王

---

① 吴卫平：《八旗制度的发展和衰落》，博士学位论文，宾夕法尼亚大学，1969年，第 6 - 12 页；陈文石：《满洲八旗牛录的构成》，《大陆杂志》，1965 年 11 月 30日，第 314 - 318 页。

② 孟森：《八旗制度考实》，第 23 - 28 页。1625 年之前任命的只有四个"和硕贝勒"，此外仅有两位获此殊荣（努尔哈赤的侄子济尔哈朗，在 1625 年；豪格，在1628 年父亲皇太极统治时）。后来，这一名号非正式适用于所有主旗贝勒；同样地，主旗贝勒也不总是八位，一些文件开列了十个或十三个或十五个（例子见孟森：《八旗制度考实》，第 38 - 39、70 页）。

会议，出谋划策，协助努尔哈赤统治。① 出身满族的这位创立者构
8 想的是，他死后实行共治而不是皇帝制度，所有的八旗王公在制
定政策时有着平等的说话权力。1622 年 4 月，努尔哈赤谕和硕
贝勒：

> 继我而为君者，毋令强势之人为之。此等人一为国君，恐
> 倚强恃势，获罪于天也。且一人之识见，能及众人之智虑耶？
> 尔八人可为八固山之王，如是同心干国，可无失矣。八固山王，
> 尔等中有才德能受谏者，可继我之位。若不纳谏，不遵道，又
> 更择有德者定之。倘易位之时，如不心悦诚服而有难色者，似
> 此不善之人，难任彼意也。至于八王理国政时，或一王有得于
> 心，所言有益于国家者，七王当会其意而发明之。如己无能又
> 不能赞他人之能，但默默无言，当选子弟中贤者易之。更置时
> 如有难色，亦不可任彼意也。八王或有故而他适，当告知于众，
> 不可私往。若面君时，当聚众共议国政，商国事，举贤良，退
> 谗佞，不可一二人至君前。②

在 1626 年去世前不久，努尔哈赤就同一问题发布了一系列指
示，他激励说，当国家扩张之时，只要有可能，各王公都要平分财
富；如果做错了任何事情，要互相规劝。③

---

① 《清代名人传略》，上册，第 1、214、597 页；梅谷：《满人统治中国的起源》，第 85 - 87 页。

② 孟森：《八旗制度考实》，第 33 - 34 页。此一指令稍不同的版本，可以参见《大清太祖高皇帝实录》，第 102 页（卷 8，第 15b - 16b 页）；《皇清开国方略》，1789年版，卷 7，第 27b - 28a 页。

③ 孟森：《八旗制度考实》，第 35 - 36 页；《大清太祖高皇帝实录》，第 126 - 127 页（卷 10，第 16a - 18b 页）。

努尔哈赤的命令，显然表明了他想要永久保持家族统治。他似乎不承认在家族统治和皇帝抱负之间有任何的冲突，尽管他创立的议政王会议，通过将和硕贝勒引入一个有着共同责任的国家正式组织，确实削减了他们封建自治的可能性。他也说过要选择一个人名义上继承他的帝位，但这也使他的儿子和继承人皇太极，认识到传统家族的种种做法与征服中原以及统治庞大的多民族帝国不相称。对于八旗王公，努尔哈赤自己处于优势地位，那是因为他的年龄和对家族的强有力领导，但他的继承人没有这些天然优势。家族领袖的第二代，也就是努尔哈赤所选出的有着很高荣誉和地位的和硕贝勒，现在已拥有牢不可破的权力。努尔哈赤的继任者统治伊始，至多只是首席统治者（primus inter pares）。

努尔哈赤去世前没有指定继位之人，而是由和硕贝勒们依据1622 年的指令选出。有野史材料说，努尔哈赤临终前让第十四子多尔衮继位，代善摄政；他还命儿子阿济格、多尔衮、多铎——三人乃一母同胞——每人领一个旗。四大贝勒担心这几个兄弟和他们的母亲掌控三个旗权力太过集中，就伪造了努尔哈赤的命令，三人的母亲必须在他死后殉葬。① 不论当时形势怎样，孝烈皇后确实自尽了，多尔衮也没有被选为继位者。多尔衮和多铎，各领有一旗，但阿济格没有，他年纪更长，也更令人忧心。

代善带领四大贝勒，选出了他们中最年轻的皇太极作为继位之人。在所有和硕贝勒中，皇太极的军事成就最高，赢得了满蒙首领们的尊重。因为他显然具备了努尔哈赤所设想的他的继承人是"最

---

① 《清代名人传略》，上册，第 303 页；孟森：《八旗制度考实》，第 48–49 页。

有才德者"的条件，尽管没有直说他的名字。皇太极在父亲去世时也领有两旗（正黄和镶黄）①，这使得与其他和硕贝勒相比，他实力相对占优。据说在拒绝了三次之后，皇太极接受了其他贝勒给予他的荣誉和地位。他与十四个同族领袖（努尔哈赤的七个儿子、两个侄子、五个孙子）一道向天发誓，要精诚团结，将他们政权缔造者的大业继续下去。② 皇太极的长子豪格，也在盟誓人群中，这表明满人在 1626 年时，离建立帝制王朝的原则仍相去甚远。努尔哈赤1622 年关于共治的命令依然主导着政治精神。

10 　　皇太极花了十年时间完成了从共治到皇帝的独断。这一进程的主要障碍是其他几位大贝勒，是八旗和硕贝勒依然拥有的领导权，以及家族对议政王会议所施加的影响。在皇太极统治的头几年，代善、阿敏、莽古尔泰继续每月轮值，做皇太极的副手。但在 1629年，他削弱了他们的权力，将这一职责交给同家族的年轻成员，这些人更易于控制。第二年，皇太极以阿敏在战场胆小怯懦为由将他囚禁，把他对镶蓝旗的统领权力交给了其弟济尔哈朗。之后不久，莽古尔泰也因用刀威胁皇太极而遭到痛责。1633 年莽古尔泰死，1635 年他的兄弟德格类（与莽古尔泰共掌正蓝旗）死，之后他们一家被指控阴谋篡夺皇太极的大位。在一项开创先例的决定中，皇太极将他们所领之旗置于他的直接掌控下——这样他就拥有了三个旗，而不是将它交给值得拥有的同族人，如同努尔哈赤在 1622 年以及他自己在 1630 年处置阿敏的所领旗分那样。

　　对这一决定起推动作用的，是汉人学者的建议，这是皇太极深

① 孟森：《八旗制度考实》，第 40 页。
② 孟森：《八旗制度考实》，第 70 页。

思熟虑为改变家族集体统治寻求的理由。这些学者使用"大都耦国，乱之本也"的古训来倡导集权的帝制国家原则。① 1631 年在痛责莽古尔泰之后，皇太极再次依靠汉人对"辨等威"的关切，结束了大贝勒（这时只有代善和莽古尔泰）与他南面并坐的局面。对于莽古尔泰来说，这显然是对他错误行径的惩罚，但是代善，当皇太极问及对这一改变的意见时，他别无选择，只能照此办理。此后，他们仍坐在皇太极旁边，但位置已低于他。②

到 1635 年，这时皇太极自领三旗，其他的大贝勒只有代善还身在其位。他是皇太极的早期支持者，皇太极的个人地位是安全的。家族对八旗制度以及一些重要政府机关有着普遍性的影响，此时依然存在着。皇太极主要通过将八旗和朝廷官僚化来解决这一问题。1626 年他一登得大位，就将一大群行政人员引入八旗，并给予这些人更多的掌控八旗的权力。③ 这些官员中最重要的是固山额真（后来汉文改称"都统"）。固山额真不仅是皇太极和政权在八旗中的代表，而且因为他们是议政大臣，从而削弱了和硕贝勒在政权中的权力。因为他们与议政王一同参与重要政务的讨论，在 1626 年之后，习惯将这一扩大的建言人员所组成的班子称为"议政王大臣会议"。1637 年，每旗另有三人加入这一班子，进一步增强了皇太极对这一最高议事机构的控制。④

11

---

① 孟森：《八旗制度考实》，第 42 - 47、55 - 56 页。

② 孟森：《八旗制度考实》，第 71 页；《清代名人传略》，上册，第 562 - 563 页。

③ 梅谷：《满人统治中国的起源》，第 89 页；皮耶罗·柯拉迪尼：《满洲王朝初立时的民政：论六部的设立》，《远东杂志》第 9 卷（1962 年），第 135 页。

④ 傅宗懋：《清初议政体制之研究》，《政治大学学报》第 11 卷（1965 年 5 月），第 245 - 251 页；吴秀良：《清朝的通信与帝国控制》，剑桥：哈佛大学出版社，1970 年，第 10 - 13 页。

皇太极又对八旗制度做出了重大变革——创立了独立的蒙古八旗和汉军八旗。1631 年，满洲八旗分离出两支蒙古力量和一支汉人力量，分别听命于同族的蒙古人和汉人指挥官。1635 年扩充至蒙古八旗，1637 年增至两个汉军旗，1639 年增至四个，1642 年增至八个。① 近来对汉军八旗创设的一项研究表明，皇太极采取这一步的动机是要削弱满洲王公的权力从而扩大自己的权势。② 这给他又一次的机会，可以安置他自己的人——蒙古人和汉人——到八旗担任固山额真。

在重组八旗制度的同时，皇太极开始"酌汉参金"，也就是效仿汉人的模式同时带有满人的修正，建立一套官僚机构。1629 年，他建立文馆，由通晓汉文的满人充任，提供秘书协助工作。③ 明朝初期，官僚机构被"斩首"，废除丞相一职，此后皇帝本人成为政府唯一总揽大权之人。皇帝无疑是需要协助的，因此发展出了一个新的秘书班子，后来正式化，这就是内阁。内阁大学士逐渐获得了决策上的建言权，但他们的权力和声望绝不能与从前的丞相相提并论。④ 满族早期的统治者感到同样需要秘书的协助，不同的是，还存在着将满、汉文件互译的问题。

---

① 吴卫平：《八旗制度的发展和衰落》，第 18 - 23 页；《清代名人传略》，下册，第 797 页；刘家驹：《清初汉军八旗的肇建》，《大陆杂志》，1967 年 6 月 15 日，第 338 - 339 页。

② 刘家驹：《清初汉军八旗的肇建》，第 377 页。

③ 《大清会典事例》（光绪朝），第 5205 页（卷 11，第 1a 页）。索尼后来成了康熙朝的辅政大臣，他的传记说他及父亲、叔父在努尔哈赤时期供职于文馆（《清史列传》，卷 6，第 14a 页）。可能文馆直到 1629 年才设立。

④ 贺凯：《明代的政府组织》，《哈佛亚洲学刊》第 21 卷（1958 年 12 月），第 27 - 31 页。

文馆在 1636 年重组为内三院，分担以前由文馆单独承担的文字工作。内国史院负责记注以及颁布皇帝的诏令，收集和编纂历史资料。内秘书院掌外交文书、敕谕以及各衙门疏状。内弘文院负责皇帝、皇子和满洲王公的教育。每个院都有一位大学士监管工作，这显然是效仿明朝的内阁。后来又任命了一位学士来协助大学士。①除了纯粹的秘书和文字工作外，文馆以及后来的内三院，都作为私属机构，服务于皇太极，入选的人员是依据能力，而不是亲缘关系，这些人都献身于他的事业——帝国的利益要高于和硕贝勒所代表的家族利益。②

接着皇太极设立了六部，它是以传统中国政权的主要行政机构命名的。和硕贝勒被任命掌管每一个部，但他们的地位大都是名义上的。实际的行政权力由低一层级的皇太极所任命之人掌握，他们中许多人是蒙古人或汉人。③ 皇太极在 1636 年设立了都察院，1638年设立了理藩院。

现在很清楚皇太极已采取强有力的措施，抑制原先强势的和硕贝勒，用官僚机构制约他们。但是皇权还没有定于一尊。吴秀良恰如其分地指出："这一表面上以明朝为模式的政府，与满洲贵族以及八旗这一'国中之国'处于危险的紧张关系之中。这一特权群体出

---

① 《大清会典事例》（光绪朝），第 17506 页（卷 1044，第 1a 页）、第 5205 页（卷 11，第 1 页）；皮耶罗·柯拉迪尼：《论清朝的内阁》，《通报》第 48 卷（1960年），第 419 - 420 页。

② 黄培：《清朝专制统治的制度史研究（1644—1735）》，《清华学报》新系列，第 6 卷（1967 年 12 月），第 117 - 118 页。

③ 皮耶罗·柯拉迪尼：《满洲王朝初立时的民政：论六部的设立》，第 136 - 138 页。

身的官僚既对自己的氏族、自己的追随者，也对中央官僚的各个部门行使世袭权力。"① 需要指出的是，皇太极摧毁和硕贝勒政治权力的同时，还是保留了这些人对他们旗下之人的世袭统治，以及这一制度内在的封建社会关系——直到雍正朝（1723—1735）才消灭殆尽。②

13　　1643 年皇太极选择继承人，重揭旧有伤疤，让人重新关注家族的影响力。一些王公推举多尔衮为候选人，因为他们相信 1626 年努尔哈赤中意于多尔衮，而不是皇太极。多尔衮，当然出于尊重去世的皇帝而予以谢绝，老皇帝对他照顾有加，并委以重任。有人主张，只能从皇太极的儿子中选择。亲王豪格，是皇太极长子，声名显赫的勇士，合情合理的人选。阿济格和多铎，是多尔衮的一母同胞兄弟，不愿意看到开这样的先例——将皇位限于皇太极的后人，提出应该选择代善。代善拒绝了，以自己年事已高为由——他这时六十多岁，提出了折中方案——应该提名皇太极年幼的儿子福临，由多尔衮和济尔哈朗共同辅政。豪格的支持者接受了这一安排，但是多尔衮的一些坚定支持者在朝廷做出决定之后仍然阴谋推举他当皇帝。多尔衮和代善揭发了他们，这些人被处死。③ 如此，一个五岁的小孩，成了满洲政权的第三位统治者——顺治皇帝（1644—1661 年在位）。

　　皇帝年幼，和硕贝勒显然有机会扩张自己的实力，削弱皇权，

---

① 吴秀良：《清朝的通信与帝国控制》，第 7 页。

② 孟森：《八旗制度考实》，第 20‑21 页；《清代名人传略》，下册，第 916‑917 页。

③ 《清代名人传略》，上册，第 214、216、280、443 页。

撤销皇太极所做的许多工作。但是摄政王，尤其是多尔衮，继续着集权以及满族政治制度的汉化。多尔衮在 1643 年之前已有汉式行政的亲身经历，他是皇太极位于盛京（mukden）的政府的吏部长官。他利用这一战略位置将他的支持者安排进这一新创建的官僚机构。然而，他成为摄政王后，立即宣布结束和硕贝勒对六部的掌控。后来（1649 年），他告诫汉官，不要容忍皇室成员插手行政事务。[1]

　　与整个摄政期间（1643—1650）的汉化政策相适应[2]，多尔衮将权力集中在他自己的手里。济尔哈朗在 1643 年被选为共同的摄政王，很快就降为辅政王，1647 年又被多尔衮的弟弟多铎取代。1649 年多铎去世，不再有人替代他。1649 年，济尔哈朗和多尔衮的老对手豪格，被指控多种罪名遭到惩处。[3] 这次，如同皇太极以前所做的一样，多尔衮要求自己在八旗中力量独大。除了自己所领的正白旗外，身为摄政王的多尔衮还掌控了正蓝旗，这是属于皇太极的三个旗中的一个，理由是自己敌人众多，需要额外的保护。他在 1649 年得到了第三个旗——镶白旗，这一年多铎去世，其子多尼名义上领有该旗。而且摄政王的坚定支持者已控制了皇帝的两黄旗中的一个。[4] 原有的和硕贝勒，两人已死（正红旗的代善、镶红旗的岳托），第三人（镶蓝旗的济尔哈朗）已被罢黜。很显然，多尔衮已无对手。同样清楚的是，和硕贝勒对权力的集体共享已不复存在。

　　多尔衮身为摄政王一手遮天，皇帝相形见绌，但多尔衮在 1651

14

---

① 梅谷：《满人统治中国的起源》，第 92、94 页。
② 梅谷：《满人统治中国的起源》，第 93 - 94 页；《清代名人传略》，上册，第 216 - 217 页。
③ 《清代名人传略》，上册，第 217 页。
④ 孟森：《八旗制度考实》，第 50 - 55 页；《清代名人传略》，上册，第 217 页。

年留给顺治皇帝的遗产，却是一个强大的中央官僚体制，氏族贵族已极其式微。阿济格和听命于多尼、多尔博（多尔衮的另一侄子，过继给多尔衮并成为他的继承人）的两白旗试图继承多尔衮的权力，但他们高估了自己。在济尔哈朗等支持者的帮助下，顺治皇帝重新控制了两黄旗，也将多尔衮原领的正白旗归于自己。此后，由顺治皇帝及他后来的所有继承者们所亲领的这三个旗，称为"上三旗"。多尔衮领有的其他旗不再重新分给某个王公而被置于"下五旗"。以后分封王公，就从下五旗拨给他一些佐领，但一个旗不再独属于单个家族。① 皇帝拥有绝对权威已经成为一个不可动摇的原则，取代了努尔哈赤最初的家族集体统治的设想。

1661 年的中国

中央集权、汉化的满人政权，加上广大汉人对此的接受，加速了 1640 年代和 1650 年代满人对中原的征服。但时人也说过："得之易，治之难。"② 中原可以从马鞍上征服，满人是熟练的骑手，但它必须由建立在精心打造、历史悠久的政府体系之上的皇帝进行统治。满人在军事征服阶段完成之后，皇帝所关注的也就不得不转移到政治事务上。到 1661 年，满洲军队和汉人支持者已经南下荡平了内地十八省；南明最后一个皇帝逃到缅甸，后来被抓并处死。仅有的忠

15

---

① 《清代名人传略》，上册，第 217 - 218 页；孟森：《八旗制度考实》，第 49 - 55、69 页。孟森的研究显示，只有正红旗一直由原领袖代善的后人掌控。

② 1649 年巡抚刘武元的奏疏，《皇清名臣奏议》，卷 3，第 31a 页。

于明朝、具有军事实力的领袖郑成功已放弃大陆，占领了台湾。尽管郑成功和他的后人继续给清朝统治者造成麻烦——与其说是现实中的威胁，不如说是梦魇，但满人统治者和当地汉人间的政治、社会关系的种种问题，则更为严重和迫切。

在政治领域，当时的上奏者①最为关注的是在南方和西南的三位半独立的汉人军事首领——云南和贵州的吴三桂、广东的尚可喜、福建的耿继茂。只要这些藩王所统治的中国大片领土，处于政府行政框架之外或凌驾于它之上，那么满人的统治就是脆弱的。整个政治控制另一端的情况是，地方上盗匪肆虐，不满于自然灾害和改朝换代战争之苦的人纷纷入伙。有上奏者解释说："民非乐为盗也，冒法而为盗则死，畏法而不盗则饥，故其弱者甘心饥饿，其强壮者则铤而为盗矣。"②

满人划拨私有土地供旗人使用，将八旗奴隶阶层永久固定，改变人们的发式作为臣服的标志，以上种种引发了社会冲突。圈地，既是为了取代抢夺（1644 年多尔衮下令禁止）以维持八旗生计，也是为了将满人和汉人分离开来，减少他们之间的争执。但后者落空了。许多圈地来自夺得的明皇室土地或无主荒地，但它们并不全都坐落一处。这使得满人与汉人地主交换土地，把他们安置到别处常常并不肥沃甚至贫瘠的土地之上。③ 尽管怀有旗人与汉人分开的愿

---

① 有关奏疏可见《皇清名臣奏议》，卷 12，第 1a-4a 页；卷 17，第 1a-3a 页。

② 1660 年魏裔介的奏疏，《皇清名臣奏议》，卷 15，第 8b 页。

③ 吴卫平：《八旗制度的发展和衰落》，第 52-56 页；马奉琛：《清初满汉社会经济冲突之一斑》，载任以都、约翰·德范克编：《中国社会史》，华盛顿特区：美国学术团体协会，1956 年，第 335-339 页；刘家驹：《清朝初期的八旗圈地》，台北：台湾大学出版中心，1964 年，第 48-54 页。

望，但满人领袖却激起了大量被剥夺了土地的耕种者的强烈不满。

16 同样地，为了防止民族间的摩擦，多尔衮下令，在北京，将旗人与汉人官员、商人与普通民众分离开来。汉人从北京内城被迁到南边的外城，给他们带来了极大的不便。①

满汉间社会冲突的第二个主要来源是逃人法。1644 年满人入主中原，成千上万的旗人奴隶逃亡。因为这些奴隶的劳动对于旗人的经济生活不可或缺，政府实施了极其严厉的法律，处置的不仅仅是逃人，对于任何窝藏逃人的家庭，更是如此。第一次出逃者被抓住后予以鞭责，而窝逃之人或被处死，或流放，或财产籍没入旗。②汉人害怕被指控收留在逃的奴隶，常常拒绝帮助谋求生计或讨饭的普通离家的流浪之人。甚至有报告说，满人的早期支持者也是最早的藩王耿仲明，竟因为他的属下被发现在军队中隐匿了逃人而自杀。③

实施逃人法，抓捕和惩治违抗之人，滥用肯定是有的。最遭怨愤的是那些欺诈指控有钱人家窝逃，为的是分得被告人抄没的财产。④ 尽管朝廷谴责这种滥用法律的行径，但很快就拒绝了所有汉官质疑逃人法的必要性，甚至是逃人法的残酷。1654 年和 1655 年

---

① 史景迁：《曹寅与康熙皇帝：奴才与主子》，纽黑文：耶鲁大学出版社，1966年，第 47 页；《清史》，第 3897 页第 4 栏，魏象枢传记。

② 最好的研究是刘家驹：《顺治年间的逃人问题》，载《庆祝李济先生七十岁论文集》，台北，1967 年，第 1049 - 1080 页；也见马奉琛：《清初满汉社会经济冲突之一斑》，第 343 - 347 页。

③ 《清代名人传略》，上册，第 417 页。

④ 这种控诉 1660 年由兵部执行逃人法的特别机构的一位官员公开提出（《明清史料丙编》，第 10 册，第 991 页），而这种滥用继续存在着（例子可见《大清圣祖仁皇帝实录》，第 141 页［卷 8，第 2 页］、第 215 - 216 页［卷 13，第 22a - 23a 页］、第217 页［卷 14，第 2 页］）。

的上奏者建议，减轻窝逃的罪责①，顺治皇帝发表了对该法的激情辩护之词，抨击汉人对满人的忘恩负义，毫无同情心：

> 满汉人民，皆朕赤子，岂忍使之偏有苦乐？近见诸臣条奏，于逃人一事，各执偏见，未悉朕心，但知汉人之累，不知满洲之苦。在昔太祖太宗时，满洲将士征战勤劳。……向来血战所得人口，以供种地、牧马诸役。乃逃亡日众，十不获一，究厥所由，奸民窝隐，是以立法不得不严。若谓法严则汉人苦，然法不严，则窝者无忌，逃者愈多。驱使何人？养生何赖？满洲人独不苦乎？

> 历代帝王，大率专治汉人，朕兼治满汉，必使各得其所，家给人足，方惬朕怀。往时寇陷燕京，汉官汉民，何等楚毒。自我朝统率将士入关，翦除大害，底于敉宁。……满人既救汉人之难，汉人当体满人之心。②

这道上谕发布于 1655 年 4 月，数天之后皇帝禁止官员上奏讨论逃人法。③

怨恨的最后一个来源是要求汉人改为满人的发式——辫子，汉人对此争辩或是违抗，就会丢掉性命。征服者坚持要求遵从，作为汉人臣服满人权威的标志和鉴别手段。多尔衮要求男人剃去头发的

①《大清世祖章皇帝实录》，第 1021 页（卷 86，第 1b 页）；《皇清名臣奏议》，卷 7，第 29a - 31b 页。

②《大清世祖章皇帝实录》，第 1070 - 1071 页（卷 90，第 4a - 5b 页）；此前对这一立场的阐述，见《大清世祖章皇帝实录》，第 1021 页（卷 86，第 1b - 2a 页）。顺治皇帝读到的奏疏，反映了汉官对一些旗兵无依无靠处境的关注，这位官员受到夸赞并得到擢升（《清史列传》，卷 5，第 30b 页）。

③《大清世祖章皇帝实录》，第 1072 页（卷 90，第 8 页）。

17

命令，被编成顺口溜："留头不留发，留发不留头。"尽管地方上有不遵行的个人或群体存在，有的还坚持了几十年①，但满人还是残酷无情地将剃发强加给成千上万不情愿的汉人，主要是东南地区的汉人。②

上面引述的 1655 年顺治皇帝的上谕，提出了他统治时期另一急迫的问题——满汉间的政治权力共享。除了实行复职制的中央政府高级官位外，汉人要与满人及其他旗人竞争有限的官位。而皇帝，如上所述，自称不会偏袒，但这种不偏不倚的形象有时会遭到挑战。1651 年，时任给事中后来成为大学士的魏裔介，请求顺治皇帝在地方最高官员的任命上，不要过于依赖旗人（这时基本上是汉军旗人，而不是满人）。③ 但是，在顺治皇帝死后，他被满人领袖指控宠信汉人甚于满人。这些对顺治皇帝个人政策看似矛盾的评价，如果我们认清了汉军旗人在清初的独特地位，就可以协调起来。

汉军旗人从民族标准上看是汉人（故而由此而来的指控要由满人领袖去平衡），但从政治标准上看是旗人。这一点很明显，本不值得指出，但时人（如魏裔介）倾向于忘掉汉军旗人的民族出身，而将他们与满人和蒙古人放在一起，称他们所有人，甚至不说是旗人，而是"满人"。的确，许多不与清政权合作的汉人都将汉军旗人视作种族上的叛徒，与满人没有两样。然而，汉军旗人对于清初的统治

---

① 刘献廷：《广阳杂记》（1694 年前后编写），台北：世界书局，1962 年，第42 页，说到广东一极偏僻的地方，由两名不剃发的明朝生员所领导，到 1680 年代才归入清朝。也见刘献廷：《广阳杂记》，第 77 页；《清代名人传略》，上册，第 54 页。

② 李洵：《明清史》，北京：人民出版社，1957 年，第 160 - 162 页；裴德生：《顾炎武生平（1613—1682）》，《哈佛亚洲学刊》第 28 卷（1968 年），第 139 - 140 页。

③ 《清史》，第 3889 页第 7 栏。

来说，是不可缺少的。普通汉人得不到信任，而许多满人不掌握必需的语言和行政技能，不能被充分任用。汉军旗人没有这两项不足，他们既让人放心，又熟悉汉人的政治制度，语言对他们来说自然也不是问题。再者，在皇帝谋求最高政治权威以凌驾于有权势的满洲王公的斗争中，满人也不如汉军旗人值得信赖。

最后要说的是，中国的新统治者还面临着一个严重的问题，就是许多当地的知识分子的离心离德。明朝的遗民人数惊人，比如黄宗羲、顾炎武，这些人拒绝加入新政权。他们中的一些人先前还拿起武器反对清朝①，但到了 1661 年，他们的反对能量已经转变为政治上和学问上的反对立场。对于满人来说，置这一对社会有影响的人群于新的政治和知识秩序之外而不顾是危险的，他们的作为可能像磁石一样，吸引着反满的情绪。这就是有人上奏予以警告的原因所在："伏念天下事最可忧者，不在今天之盗贼水旱，而在今日之人心。"② 满人不能容忍听任社会和政治的疏离感生根并扩散。

当然，一些问题仍然威胁着年轻王朝的稳定，这些问题所要求的主要不是军事而是政治的解决方案。需要关注明朝所遗留的问题：官僚的党争和腐败，太监权势令人气馁，土匪和战争打断了日常生活，以及知识界的失衡。王朝的异族特性又为这些问题增添了新的维度（例如因民族不同而起的党争），但是除此之外，它也产生了独有的冲突和挑战。中国的新统治者不得不超越他们的遗产并调整以

19

---

① 李洵：《明清史》，第 194－196 页；《清代名人传略》，上册，第 102、166、352、422 页，下册，第 671、817 页。近来出版的有关顾炎武的研究，描述了他在军事上反对满人起到的边缘作用（裴德生：《顾炎武生平［1613—1682］》，第 140－142、146－148 页）。

② 《皇清名臣奏议》，卷 15，第 26a 页。

适应长城以内新的社会和政治环境。如果希望比他们的女真先人或是邻居蒙古人更为长久地统治中原的话，满人就要尊重汉人精英的传统和特权，不得不保证与他们合作。

1661 年 2 月 6 日，顺治皇帝去世。他的继承者康熙，年仅七岁。被选出作为辅政大臣以指导年轻的统治者以及他幼龄时的帝国的，是满洲的四位老臣。犹如 1626 年和 1643 年一样，满人再次到了一个关键节点。这一新王朝的方向，尽管看起来多尔衮和顺治皇帝的种种集权和汉化已经确定了下来，但还有待于保守的家族成员进行再评价，并且有反转的可能。事实上，满人的"反动"确实在辅政时期盛行，威胁到了前几位统治者所塑就的王朝结构。辅政时期的政策和措施（将在下一章予以描述），本身就很重要，但是它们具有附加的意义，可作为对当时问题的可能解决途径的实例。在我看来，另一种替代性的方案，整个形成了鲜明对比，对巩固清朝统治更为成功的，是 1669 年推翻了辅政之后，由康熙和他的谋臣们所设计的。只有了解辅政大臣治下政府和生活的主旨，我们才能更好地理解康熙成就的意义。

第二章

辅政时期

　　七岁的孩子，不能指望他对高度精细化组织结构的复杂流程以及使它运转起来的官僚有什么理解。康熙自不例外，尽管我们知道他后来非凡的军事和政治成就，这可能会使我们相信，他早年的表现就预言了未来的伟大。[①] 在他统治的初年，舞台属于年老而又更有经验的人——四位由顺治在 1661 年临终前选定的满洲辅政大臣。从这些人的背景可以了解他们的一些情况，比如他们的性格和抱负，但除非我们深入了解他们执政时期所实施的政策，否则对这些辅政大臣的认识，只能是很平面的。[②]

---

　　① 汉文的官方记载就是想让我们相信是这样的（《大清圣祖仁皇帝实录》，第 43-44 页［卷 1，第 1a-4a 页］）。

　　② 关于辅政及其政策，近来安熙龙做了深入研究，见安熙龙：《马上治天下：鳌拜辅政时期的满人政治（1661—1669）》，芝加哥：芝加哥大学出版社，1975 年。我们的解释和结论基本一致，但不同之处或他所提供的我个人未看到的材料，会在注释中指出。关于整个辅政时期更充分的探讨，当然是建议读者参阅安熙龙的著作。

四大辅臣

康熙的四大辅臣——索尼、苏克萨哈、遏必隆、鳌拜，都不是宗室。这是第一次不是由爱新觉罗家族的人而是一般满人掌控了清政权的命运。四大辅臣一上来就拒绝（可能是假装谦卑）担当这一权倾朝野的职责——这是由顺治在"遗诏"中赋予的，表明他们注意到了这一形势。[①] 由于这一文件就是这几位辅政大臣伪造的，因此任命辅政大臣这件事本身可能就不是奄奄一息的皇帝的本意。我们无从知道事情的真相。对于顺治来说，他有很好的理由选择这四个人在康熙年幼时处理国务。每位辅政大臣都帮助过顺治除掉朝廷中多尔衮一党。此外，他们在朝为官之前都有着辉煌的戎马生涯。

辅臣中索尼德高望重，他是满人，赫舍里氏，隶正黄旗。[②] 他的父亲硕色、叔父希福归附努尔哈赤，因擅长满文、蒙古文和汉文，在文馆做翻译。希福后来成为内三院最早的大学士之一。索尼也供职文馆，但却在疆场上赢得声望，作为足智多谋的特使，为的是与蒙古人结盟。在皇太极统治时期，他在吏部担当数个秘书性质的职位。

索尼深深卷入 1643 年的继位危机，他最初支持豪格，如此一来

21

---

① 《大清圣祖仁皇帝实录》，第 45 页（卷 1，第 5a 页）。

② 下面的传记信息来自《清代名人传略》，下册，第 663 - 664 页；《清史》，第 3803 页第 1 栏；《清史列传》，卷 6，第 14a 页；《国朝耆献类征初编》，第 3091 页（卷 41，第 12a 页）。

就招致摄政王多尔衮的敌意。1645 年多尔衮剥夺了索尼的二等子爵，这是对他报复的开始。这一行动标志着索尼与多尔衮及其支持者谭泰长达一年之久的争执的结束。谭泰曾弹劾索尼的叔父希福，希福被解除大学士之职。而谭泰遭到索尼的弹劾，也丢掉了他的公爵。最后，谭泰转向索尼，指控他数项不法作为——在皇家禁地钓鱼、放马，从国库拿了一件乐器。索尼又一次被褫夺世爵，不得叙用。

谭泰和索尼在 1646 年卷入另一宗案件，这次他二人遭到第三者图赖的弹劾。图赖声称，他写信给索尼要弹劾谭泰，但索尼拒绝。而索尼辩称根本就不知道有此等要求，指责他庇护一个他上一年弹劾过的人，这是荒谬的。经查，索尼所说属实，他被宣告无罪，重获子爵。两年后，索尼、图赖二人一同被指控在 1643 年阴谋推举豪格当皇帝。索尼免死，被处罚金，剥夺了所有的官职和爵位，派去为皇太极守陵。

这一指控和反指控的故事，很好地说明了清朝早期的八旗政治和皇位争夺的持续性影响。在 1651 年多尔衮死后，索尼便重新受到顺治重用，召回朝廷。由于他反对摄政王多尔衮，得以晋封伯爵，任命为领侍卫内大臣、总管内务大臣、议政大臣。[①] 顺治对索尼宠信的最后表现，就是 1661 年任命他为四大辅臣之一。

苏克萨哈，纳喇氏，苏纳之子，苏纳在与朝鲜和明朝的战争中

---

① 议政王大臣会议，见第一章；此处所开列以及本书的所有职官，见布鲁纳特、哈盖尔斯特罗姆：《当代中国的政治组织》，上海：别发洋行，1912 年。

脱颖而出。① 苏克萨哈这位将来的辅政大臣也在战场功勋卓著，晋男爵、议政大臣。如同索尼的情况一样，对于顺治来说，苏克萨哈最大的贡献是反对并告发了多尔衮。苏克萨哈在揭发多尔衮的作用上尤为突出，因为他与多尔衮属于同一旗——满洲正白旗。多尔衮是这一旗的旗主，是苏克萨哈的主子。在王朝的这一阶段，八旗制度内在的封建性忠诚还没有完全被摧毁。在多尔衮死后，苏克萨哈和多尔衮的一名护卫向顺治提供了他所需要的事实，谴责多尔衮是皇权的篡夺之人。顺治奖赏苏克萨哈，升任他为正白旗护军统领。

1653 年，苏克萨哈在湖南协助洪承畴平定孙可望等张献忠叛军余部。在数年战争之后，这些叛军或被杀或被逐入中国西南地区。苏克萨哈晋升二等子爵，任领侍卫内大臣。反对多尔衮加上出色的军事才干，使得他在 1661 年的辅政大臣中占有一席之地。

其余两位辅政大臣，遏必隆与鳌拜，同隶满洲镶黄旗。这一事实对后来的辅政意义特别重大。遏必隆属钮祜禄氏。② 他承继父亲额亦都的一等子爵，也是他所在旗的佐领。他因为极力左右一起事关他侄子的案件，1637 年遭罢官夺爵，后来恢复了他佐领和低等级世爵，作为在 1641—1642 年与明朝作战和 1645—1646 年与李自成余部作战骁勇的奖赏。

1648 年，由于和多尔衮发生冲突，遏必隆再次丢掉了官职和爵位，险些丧命。多尔衮指控遏必隆与两白旗王公（也就是多尔衮、

---

① 传记信息出自《清代名人传略》，上册，第 218 页；《清史》，第 3805 页第 11 栏；《清史列传》，卷 6，第 5a 页；《国朝耆献类征初编》，第 8976 页（卷 264，第 34a 页）。

② 传记信息出自《清代名人传略》，上册，第 219 - 222 页；《清史》，第 3806 页第 7 栏；《清史列传》，卷 6，第 17a 页；《国朝耆献类征初编》，第 9088 页（卷 269，第 41a 页）。

多铎［多尔衮弟弟］以及多尔博［多铎之子，过继给多尔衮］）作对，在他的大门外安置守卫。他被判处死刑，但上谕减轻了处罚，罢官夺爵，剥夺一半财产。1651年顺治掌权后，遏必隆在多尔衮摄政期间对皇帝的忠诚得到了回报。他官复原职，并晋封公爵，后来成为内大臣、议政大臣。最终顺治在遗诏中任命他为康熙的辅臣。

鳌拜后来成为康熙四辅臣中最有权势的，起初却是排名殿后者。鳌拜，瓜尔佳氏①，开始是护军校尉，后擢升参领，满人入关之前得到了三等男爵。他在与察哈尔蒙古以及明朝洪承畴、吴三桂的战争中表现英勇，洪、吴二人后来都加入了满人阵营，对征服中原起到了重要作用。

在清朝建立之后，鳌拜继续在平定李自成和张献忠叛军的战争中膺获战功。平定李自成时，他在阿济格麾下；平定张献忠时，他听命于豪格。这两次鳌拜都招致了多尔衮的仇恨，因为他拒绝控告自己的统帅。1645年，多尔衮命令鳌拜和谭泰当众告发阿济格，但二人拒绝，后被处以罚金。鳌拜在1648年因先前反对多尔衮而两次遭到指控。第一次他遭努尔哈赤的侄孙屯齐弹劾，说他与索尼、谭泰、图赖等人在1643年谋立多尔衮的对手、亲王豪格。此事过后几个月，鳌拜被揭发，说是遏必隆纠结兵马反对多尔衮时，他拨派了一些兵丁入伙。两起案件都建议将鳌拜处以死刑，最终第一起鳌拜被处罚金，第二起得到宽宥。

与索尼、苏克萨哈、遏必隆一样，鳌拜也是因为反对多尔衮而在1651年之后官运亨通。皇帝封他二等公爵、议政大臣、领侍卫内

24

---

① 传记信息出自《清代名人传略》，上册，第 599 - 600 页；《清史》，第 3807 页第 3 栏；《清史列传》，卷 6，第 9b 页。

大臣，最后成为新皇帝的辅政大臣。

这四位辅政大臣，都是满洲贵族，也都是通过军功和朝廷政治斗争获得了权力地位。他们中只有索尼担任过文职，但从未高过正五品。他们缺少传统中原王朝的行政经验，这预示着辅政时期国家政策的新走向。与第一次的多尔衮摄政不同，那时做了很大的努力，使满人统治适应当地汉人传统，而在鳌拜和他的同僚治下，一种满洲本土化运动（Manchu nativism）大行其道。

本土化运动被定义为"一个社会的成员，为了恢复或永久保持其文化的一些选定方面所做的一切有意识、有组织的努力"①。这一定义将本土化运动和所有社会在社会化进程中无意识的作为区别开来。本土化运动不必然是整个社会所发动；社会的某些成员将失去（或已丧失）有利地位——这是文化同化和变迁所造成的，这些人事实上在促成本土习俗或制度的复兴中起带头作用。而且，被选定加以强调并给予象征意义的只是文化的某些方面，绝不是整个文化。②满族的祖先女真人在建立金朝后，经历过此等本土化运动③，鳌拜辅政时期当然也称得上是又一实例。安熙龙在他的研究中总结说：康熙时期的满洲四大辅臣"醉心于首崇满洲"，寻求"创立一种秩序，满洲制度、满洲官员和满洲思想拥有无可争辩的控制权"：

> 辅臣强调了清初国家和社会的满洲因素，而汉人精英与汉

---

① 拉尔夫·林顿：《本土化运动》，《美国人类学家》第 45 卷第 2 期（1943 年 4—6 月），第 230 页。

② 拉尔夫·林顿：《本土化运动》，第 230 - 231、239 页。

③ 陶晋生：《金代中期的女真本土化运动》，《思与言》第 7 卷第 6 期（1970 年 3 月），第 328 - 332 页。

人制度被认为是从属，有时甚至是危险的因素。他们在马上得
天下，也寻求在马上治天下。四大辅臣坐在马鞍之上，将带领
清朝迈向独霸的最后征程。[1]

四大辅臣的作为忠实于本土化运动的定义，他们并不是完全的
反动分子，"他们考虑什么是应该'保留的'，同时也考虑'什么是
应该改变的'"[2]。

康熙朝初期，要求统治集团有政治才能，并有意愿克服种族身
份以及家族利益，以赢得汉人对他们统治的接受。但是索尼、苏克
萨哈、遏必隆、鳌拜这一集团，并没有沿这一方向行动，相反，它
追求的是满洲本土化运动政策——牺牲帝国利益以维护满族利益。
对辅政时期最重要事件的讨论会证实这一点。

满人制度的恢复

1661 年 2 月顺治临终之际，将两位心腹王熙、麻勒吉叫到身
边。王熙娴熟于满语，是顺治最早的日讲官、经筵讲官之一。[3]
1661 年时，他是礼部侍郎兼翰林院掌院学士。[4] 麻勒吉，瓜尔佳氏
（与鳌拜一样），隶满洲正黄旗，在 1655 年与王熙一道被任命为顺治

---

① 安熙龙：《马上治天下：鳌拜辅政时期的满人政治（1661—1669）》，第 14、
203 页。

② 安熙龙：《马上治天下：鳌拜辅政时期的满人政治（1661—1669）》，第 66 页。

③ 这些官职将在第六章讨论。

④ 《清代名人传略》，下册，第 819 页；《清史列传》，卷 8，第 1a 页；《清史》，
第 3812 页第 3 栏。

最早的日讲官，1661 年 2 月 4 日被召至顺治榻前时，他是内三院学士。①

皇帝告诉王熙和麻勒吉，他得了天花，沉疴不起，让他们知道自己所选的继承人是康熙，他的第三子，并让辅政大臣辅佐他。聆听奄奄一息皇帝的命令时，王熙强忍悲痛，恢复平静，开始记录、草拟皇帝的遗命。榻边召见结束，王熙退出，以完善他的草稿。5日拂晓，他将完稿的遗命呈给顺治，皇帝同意并交给麻勒吉。皇帝下旨，他死后，麻勒吉和侍卫贾卜嘉，首先将遗诏呈孝庄皇太后，然后交在朝的王公大臣。顺治当晚去世，麻勒吉和贾卜嘉依所命行事。②

26　　第二天公之于众的遗诏，据说是太后和四大辅臣的作品。他们销毁了顺治的遗诏，用他们修改过的取而代之，而这份遗诏反映出他们深思熟虑的政策变化。③ 在新的遗诏中——如果我们接受它确实被动了手脚的话——顺治承认并对十四点"大不是"悔过。④ 正是这种自始至终的自责，其中一些，从皇帝已知喜好看来，显得不合理，不可思议⑤，这份公开的遗诏确实让人怀疑。

顺治所开列的过失有几条清楚地显示，辅臣的意图是叫停大行

---

① 《清史列传》，卷 10，第 1a 页；《清史》，第 3950 页第 3 栏。

② 《大清圣祖仁皇帝实录》，第 44－45 页（卷 1，第 4b－6a 页）；《清史》，第 3812 页第 5 栏。

③ 《清代名人传略》，上册，第 258 页；孟森：《清初三大疑案考实》，载《清代史》，台北：正中书局，1960 年，第 457－458、461－463 页；郑天挺：《清史探微》，重庆：独立出版社，1946 年，第 71－72 页。

④ 《大清世祖章皇帝实录》，第 1695－1697 页（卷 144，第 2a－6a 页）。

⑤ 例如，对宠妃即后来的孝献皇后之死表现得过于悲伤而懊悔，同时对任用宦官深感自责。

皇帝的汉化政策。他的第一条过失就是自己偏离了先人努尔哈赤和皇太极的制度与实践，在采纳汉人习俗方面走得太远。具体地说，顺治承认他未能赋予满人更多的行政责任（第五条），恢复太监制度也是错误的，这使得清朝遭受曾经令明朝分崩离析的同样的恶劣影响（第十一条）。就在同一年，辅臣就采取措施，纠正顺治的错误，用满洲制度取代汉人制度。

第一个变化是取消内十三衙门这一太监机构。入关之前，努尔哈赤和皇太极并没有建立任何太监机构。虽有太监，但他们只是做些卑微琐事。① 明朝的太监在满人进入北京时，没有遭到屠戮，因此，如果对皇帝有利，总是存在着他们恢复昔日荣光的可能。可是只要多尔衮还活着，控制着政府，太监的影响就会被降至最小。首先，因为多尔衮并不生活在宫里，而太监的影响几乎都在那里。其次，在一些场合，政府采取措施削弱了太监权力的制度基础。②

然而在顺治亲掌权力之后，当年轻皇帝寻求加强自我权力以对抗满族王公的时候，太监就东山再起了。内十三衙门正式建立于1653年，数年内就发展成为一个令人生畏的机构。然而顺治也认识到了过去一些朝代太监权重所带来的危险。鉴于此，皇帝费尽心思地规定，要任命信得过的满人到十三衙门，作为对太监官员的制约，并且规定太监的官品不得高于四品。还规定了八条"不许"，令太监

---

① 郑天挺：《清史探微》，第 66 页。

② 《清代名人传略》，上册，第 216 页；《大清世祖章皇帝实录》，第 70 页（卷 6，第 12a 页）、271 页（卷 22，第 17b 页）、301 页（卷 25，第 22b 页）；郑天挺：《清史探微》，第 65 - 66 页；《大清会典事例》（光绪朝），第 19196 页（卷 1216，第 9b - 10a 页）。

远离宫廷政治。① 顺治当时只有十六岁，他发布此令应该是受满人佟义和首领太监吴良辅的影响。② 到顺治末年，十三衙门一些重要的"监"被称作更好听的"院"。③

顺治对太监的容忍常常招致满汉官员的反对。那些曾供职于明朝的官员尤其担心太监秘密政治的重演。④ 1658 年涉及吴良辅和外朝官员的巨额贿赂丑闻被揭露，甚至顺治自己也对太监的权势有着种种疑虑。几位卷入案件的人被革职流放，而吴良辅仅受到了严厉申斥。⑤

未来的康熙四辅臣中至少有一位——鳌拜完全了解吴良辅深陷此案，因为他负责对顺治朝这件丑闻进行调查。⑥ 鳌拜对吴良辅和太监权力日重的态度不难猜测，因为两年之后他和其他三位辅臣就将对太监的公开斥责写入了顺治被改动过的遗诏中。吴良辅可能在顺治死后不久就被处死。⑦ 接下来的 1661 年 3 月 15 日，内十三衙门被撤销，吴良辅和佟义死后仍被斥责，因为他们在 1653 年支持成立内十三衙门。⑧ 在整个康熙朝及此后，太监被严格约束，再也没

---

① 《大清世祖章皇帝实录》，第 904 - 905 页（卷 76，第 16a - 18a 页）。两年后的 1655 年，顺治在十三衙门竖起铁牌，上面有字，告诫太监不要参与政治活动（《大清世祖章皇帝实录》，第 1098 页［卷 92，第 12 页］）。

② 《大清圣祖仁皇帝实录》，第 53 页（卷 1，第 21a - 22b 页）；郑天挺：《清史探微》，第 67 页。

③ 郑天挺：《清史探微》，第 71 页。

④ 郑天挺：《清史探微》，第 68 页；《大清世祖章皇帝实录》，第 913 - 914 页（卷 77，第 2a - 4a 页）。

⑤ 《大清世祖章皇帝实录》，第 1371 页（卷 115，第 10b - 11a 页）、第 1373 页（卷 115，第 13b - 14a 页）、第 1385 - 1386 页（卷 117，第 14b - 15a 页）。

⑥ 《大清世祖章皇帝实录》，第 1410 页（卷 119，第 3b 页）。

⑦ 《清代名人传略》，上册，第 258 页；孟森：《清初三大疑案考实》，第 463 页。

⑧ 《大清圣祖仁皇帝实录》，第 53 页（卷 1，第 21a - 22b 页）。

有恢复他们曾在 1650 年代所拥有的影响力。①

很显然，现在仍然需要一些人做杂务并尽职尽责，而这是太监势力兴起的首要条件。取消内十三衙门，宣布回归努尔哈赤和皇太极时代的做法，那么清朝有什么可以取而代之的呢？很显然是要回归包衣制度。②

满文 booi（汉文是"包衣"，英文是 bondservant）的意思是"家之"或"家的"，包衣最初是满洲王公官员家内和农作的奴隶。满人认为包衣提供的劳动力对于入关前满洲政权的经济发展和政治扩张必不可少。③包衣，或是战俘，或是刑犯及家人，或出于各种原因自愿投充成为奴隶，投充的原因有多种，或是赤贫之人为了寻求食物与住处，或是想与已经被奴役的家人团聚的离散之人，或是寻求保护的奸诈之徒，或是为了避免自己财产被抄没的有钱人。④除非一些特殊的原因能得以开豁，否则他们的子孙将世代为奴。

随着满洲领袖日益拥有帝王抱负，奴隶的私属所有权让位给了更具制度性的奴役形式。一些包衣仍然是他们主子的私属奴隶，但

①　史景迁：《曹寅与康熙皇帝：奴才与主子》，第 12-13 页；郑天挺：《清史探微》，第 78-80 页。康熙对于他手下宦官的评论，见史景迁：《康熙皇帝自画像》，纽约：克诺夫出版社，1974 年，第 45-46 页。

②　下面对于包衣制度及其发展的记述主要基于郑天挺：《清史探微》，第 59-65 页；史景迁：《曹寅与康熙皇帝：奴才与主子》，第 7-11 页；孟森：《八旗制度考实》，第 56-57 页。

③　刘家驹：《清初汉军八旗的肇建》，第 340 页；李洵：《明清史》，第 123 页。

④　为了一己私利而利用投充的做法，可以在 1652 年户部尚书刘余谟的奏疏中找到，他建议废止投充（《皇清名臣奏议》，卷 6，第 6a-8b 页）。也见马奉琛：《清初满汉社会经济冲突之一斑》，第 340-342 页。

是皇帝和主旗满洲王公的包衣，在 1615 年被编成佐领。[①] 为了将一般佐领与包衣区别开来，前者现在称为"旗分佐领"，后者称为"包衣佐领"。在新的组织之内，包衣继续为他们的主旗王公或皇帝，以奴才-主子的名分提供服务。必须指出的是，包衣只是他们的主旗王公的奴隶，在社会上却通常可以为官，有私人财产，甚至拥有他们自己的奴隶。

旗分之间的进一步区分——这是关键的一步——在皇太极当政时就已做出，当然直到多尔衮死后才制度化。皇帝自将的旗分，称为上三旗，其余的称为下五旗。上三旗的包衣佐领是皇帝的家奴，处理皇家事务，它们形成了制度化之后的内务府的核心。最新的证据表明，皇帝的包衣佐领，作为独特的高级集团是在 1628 年出现的，到了 1638 年，内务府已组织庞大，部门众多。[②]

1644 年满人入关之前内务府就已存在，它显然是从包衣制度演进而来的。先前监管这些包衣的官员的满文名字是"包衣昂邦"（booi amban），现在变成了总管内务府大臣。这种名称上变化的意义很明显：上三旗的包衣监管人员的作为已从家庭、家族层次提升至国家层次。在上三旗，先前的包衣昂邦，现在是皇帝的大臣，而先前的包衣，现在是皇帝的私属奴隶。

包衣制度及其发展而来的内务府，是满人的原有制度，与他们王朝建立之前的部落与军事原则相适应，是促成满族政权的措施。

---

① 史景迁的《曹寅与康熙皇帝：奴才与主子》第 8 页认为，包衣佐领形成于 1615—1620 年，而张德昌认为 1615 年就已存在，见张德昌：《清代内务府的经济作用》，《亚洲研究杂志》第 31 卷第 2 期（1972 年 2 月），第 244 - 245 页。

② 张德昌：《清代内务府的经济作用》，第 245 - 246 页。

它们是顺治在 1653 年为了宠信太监——中国皇帝历来的奴隶——而废弃的制度。但是满族众多领袖并不喜欢这一新的做法，也没有忘记他们的原有制度。顺治一死，康熙的满洲辅臣就废除了太监机构，重新设立内务府，它成了清朝的永久性特色制度。然而重启后的内务府，与之前相比，规模更大，更复杂，且建立在名誉扫地的内十三衙门的部门之上。① 在鳌拜看来，内务府就意味着服务于满人利益，反对汉人②，但是在康熙朝——内务府的最后成型期——以及后来的皇帝统治之下，它也服务于皇帝的利益，反对满族王公。

1661 年第二种满人制度被恢复，这次还是辅臣意在叫停疾速的汉化——由多尔衮和顺治所纵容的。当新政府 1644 年在北京建立之时，多尔衮决定继续明朝的大多数制度。依据这一政策，建立了翰林院，但第二年被废除，不再是一个独立机构，而是融入了内三院，内三院由皇太极时期所建立的文馆发展而来。③ 直到 1658 年，内三院重组，依照明朝的做法，分为了独立的内阁和翰林院。任职于内阁的满人和汉人，人数不定，每位大学士拥有六个殿阁衔中的一个。④

---

① 张德昌：《清代内务府的经济作用》，第 249－250 页；安熙龙：《马上治天下：鳌拜辅政时期的满人政治（1661—1669）》，第 67－69 页。内务府后来在康熙朝得以确立最终的组织形式（史景迁：《曹寅与康熙皇帝：奴才与主子》，第 32－33 页）。

② 张德昌：《清代内务府的经济作用》，第 249－250 页，文中讨论了内务府在政治上尤其是经济上对帝国控制所起的作用。

③ 《大清会典事例》（光绪朝），第 17506 页（卷 1044，第 1 页）；见第一章对这一机构早期发展的记述。

④ 《大清会典事例》（光绪朝），第 5205 页（卷 11，第 1b 页）、第 17507 页（卷 1044，第 2a 页）；《大清世祖章皇帝实录》，第 1412 页（卷 119，第 7 页）、第 1423 页（卷 120，第 13b－14a 页）。

顺治死后，辅臣放弃了内阁和翰林院，重新设立了内三院。如
同废除内十三衙门一样，辅臣采取这一新举措的理由，再一次是依
30 据顺治的遗诏，在遗诏中，这位先皇帝对摒弃先人的做法以及未能
任命满人而悔恨不已。① 按照新的安排，内三院（国史院、秘书院、
弘文院）每一个都由一名满大学士、一名汉大学士执掌。起初，当
时供职内阁的共有八位大学士转任内三院，这就出现了暂时的不平
衡格局：两位满大学士，六位汉大学士。第三位满大学士很快就得
以任命，而当汉大学士亡故或是在任之人转任他处，本应由汉人填
补的三个位置，一直悬空。② 事实上，这一平衡发生了逆转：到
1660 年代中期，有六位满大学士，三位汉大学士。③ 内三院在整个
辅政时期是满人权势的来源所在，但 1670 年康熙废除了它并重建了
内阁与翰林院。④ 在经过二十七年的试验之后，清朝最终采纳了明
朝的皇帝秘书班子的形式。

辅臣所抬升的最后一个重要的满人机构是理藩院，它负责处理
朝廷与蒙古诸部的关系。1661 年 9 月，辅臣宣布理藩院地位等同于
六部，将它的行政位置放在工部之后，都察院之前。⑤

---

① 《大清圣祖仁皇帝实录》，第 79 页（卷 3，第 9 页）。这一上谕由柯拉迪尼译
为法文，见《论清朝的内阁》，第 424 页。

② 《大清圣祖仁皇帝实录》，第 81 页（卷 3，第 13 页）；《大清会典事例》（光绪
朝），第 5206 页（卷 11，第 3a 页）。内三院每个要有两位满人和一位汉人为首，可这
显然并没有发生。第三位满人的位置，在两周之内，由益都充任，他是宗室（《大清
圣祖仁皇帝实录》，第 83 页［卷 3，第 17a 页］）。

③ 严懋功编：《清代征献类编》，台北：世界书局，1961 年，卷 1，《大学士表》。

④ 《大清圣祖仁皇帝实录》，第 478 页（卷 33，第 27a 页）、第 486 页（卷 34，
第 13 页）；《大清会典事例》（光绪朝），第 17507 页（卷 1044，第 2b-3a 页）。

⑤ 安熙龙：《马上治天下：鳌拜辅政时期的满人政治（1661—1669）》，第 69 页。

随着满人制度的复兴，重要的汉人官僚制度及做法也被辅臣做了更改，为他们的目的服务。议政王大臣会议是满人的创新，作为决策机构，在某种程度上，重要性超过了六部，并且辅臣缩减了都察院人员规模，处分了其成员的直言不讳。① 在 1669 年鳌拜倒台之后，御史的怯懦不言成为指控他的罪状之一。② 鳌拜及同僚也调整了人事评价体系，反映出他们关切的是赋税征收以及维持秩序。③ 正是在这两个政府控制的领域，辅臣在一系列著名"案件"中对东南居民实施强硬政策。

打击浙江-江南士绅

除了满洲本土化运动在制度上的表达外，辅臣对汉人表现出了更具进攻性的一面。他们想向对自己持异议的南方士人和缙绅展示满人权势，这从辅政伊始就很明显。在他们追求目标的过程中，辅臣无疑在朝廷地位最高的汉官中找到了心甘情愿的同盟者——压倒性的都是北方人。在清初，来自北方四省的人——直隶、山东、河南、山西——垄断了政府的职位，并因此获得了权力。存在这种形势也是很自然的：北方人率先臣服于满人，他们利用自己的优势地

---

① 安熙龙：《马上治天下：鳌拜辅政时期的满人政治（1661—1669）》，第 78 - 81 页。

② 《大清圣祖仁皇帝实录》第 420 页（卷 29，第 8b 页）开列的第 16 条罪行。

③ 安熙龙：《马上治天下：鳌拜辅政时期的满人政治（1661—1669）》，第 81 - 84 页。需要指出的是，对税收进行考成在顺治朝就已实施（《大清世祖章皇帝实录》，第 1048 - 1049 页［卷 88，第 8b - 9a 页］）。

位，推荐同乡在新朝的许多空缺任职。① 况且，1646 年清朝开首科殿试时，中国南方还没有平定，95％的中式之人都来自这北方四省。② 以后顺治朝的考试纠正了北方和南方间进士数量的失衡，但是学术上的出类拔萃还是没能转化为政治权力。1661 年，因为早期推荐和考试成功而充盈朝廷的北方人，仍旧占据着最高位置。例如，1660 年末和 1661 年初十位汉人大学士中，有七人来自直隶和山东、山西。这七人中有两人是 1646 年进士，步入仕途。③ 三位非北方人——洪承畴来自福建，金之俊来自江苏，胡世安来自四川，他们或是在满人入关之前，或是进入北京之时就已归顺。④ 在顺治后期的科举中大获成功的来自江南和浙江之人⑤，也将会在政府中占有重要的职位，这只是时间问题。了解了这一点，北方人很可能运用仍然在握的政治权力去支持辅臣们打击东南士绅。北方和南方对功名、职位的竞争，尽管不是这些事件的唯一决定因素，但肯定是清初政治的一个突出方面。这也影响了 1661 年的诸多事件。

　　1661 年，发生了这些著名案件中的第一个——庄廷鑨案，它被

---

① 顺治元年（1644）的档案材料显示，具奏人都是推荐直隶、山东、河南、山西之人为官（《顺治元年内外官署奏疏》，朱希祖序，北平，1931 年）。

② 房兆楹、杜联喆编：《增校清朝进士题名碑录》，北平，1941 年。373 名进士的籍贯：直隶，95；山东，93；河南，87；山西，81；陕西，8；浙江，4；江南，2；福建、湖广、辽东，各 1。

③ 见严懋功编：《清代征献类编》，卷 1，《大学士表》。

④ 《清代名人传略》，上册，第 358 - 359 页；《清史列传》，卷 79，第 4a、6a 页。

⑤ 来自这两个省的人，占到顺治朝最后三科（1658、1659、1661）一甲共 9 人中的 8 人（房兆楹、杜联喆编：《增校清朝进士题名碑录》）。整个 1644—1661 年，江南有 564 名进士，占总数的 19.4％，位列第一，浙江有 301 名进士，占 10.4％；四个北方省份一共有 1 398 名进士，占比超过 48％（何炳棣：《明清社会史论》，纽约：哥伦比亚大学出版社，1962 年，第 228 页，表 28）。

称为"有清一代最不公正的文字狱"①。它也开创了一个先例，是满人治下的第一个此类案件。庄廷鑨是一位富有的浙江商人之子，当他将朱国桢（1557—1632）一部未刊的明史手稿弄到手，就已埋下了祸根。庄廷鑨决定修订、增补书稿，甚至为此雇用了一些学者，为的是用自己的名义出版。在工作完成之前，庄廷鑨去世（1660年前后），在他父亲的监督之下，这群学者完成了工作，此书在1660年末开始在浙江传播开来。

　　问题在于庄廷鑨这部明史的记述，在1644年之后继续使用明朝的年号——也就是南明诸王的年号。此外，这本书使用了满洲统治者的名字（比如努尔哈赤，而没有用清太祖）。这两种做法在新朝肯定被认定为大不敬，读过此书的一些人就想利用这一点谋求私利。以前做过知县后被解职的吴之荣，就是其中一个。1661年庄氏拒绝了他的金钱敲诈，吴之荣遂向朝廷检举了这本书的内容。

　　此时的朝廷正陷入辅臣统治时期因"反动"所带来的种种剧痛之中。凡是对于满人统治怀有敌对情绪的侮慢和表达，朝廷都很敏感，因此决定严厉处置这些冒犯之人。挂名的作者庄廷鑨已死，他的父亲被抓，投入北京的大牢，后来死于狱中。1663年此案告结，庄氏父子被锉尸，家人发满人为奴，财产籍没。1662年，两位满人钦差带领数百八旗兵来到浙江调查此案。结果，参与修书的学者，

---

　　① 这一判断出自房兆楹的《清代名人传略》上册第188页。下文对此案的概述（另有注释者除外）出自富路德的《乾隆文字狱》（第2版，纽约：派勒根图书再版公司，1966年）第75—76页，以及《清代名人传略》上册第205—206页中庄廷鑨的传记，后文也是由富路德撰写，描述比《乾隆文字狱》更详尽。

出版之人，甚至是买书之人，都受到了惩处，处死了七十多人。①

后来成为康熙朝大文人的顾炎武和朱彝尊险些牵连进此案。前者拒绝了编纂这本书的邀请，而后者显然购买过此书。② 但另有两位著名的学者吴炎、潘柽章，因为被列入协助编纂的名单而丢掉了性命。③ 潘柽章有一同父异母弟弟潘耒，后来成为顾炎武的弟子，编纂了顾炎武《日知录》的第二个版本。在此过程中，据说潘耒做了改动，"为了不触犯满人的怀疑"④。这是对他哥哥在 1663 年罹难的过敏反应。潘柽章在庄廷鑨案中的命运，必定影响了潘耒的编纂决定，这也部分影响到目前所能见到的这部著名笔记的内容。

在辅政结束之前，顾炎武卷入了另一起文字狱。这次他因被指控资助了一本含有反满情绪的书——后来证明是子虚乌有——而入狱半年多。⑤ 被释放后不久，顾炎武就收潘耒为弟子，两个在文字狱迫害中侥幸逃生的人可能结了了牢固的友谊。如同乾隆文字狱以种种方式影响了太多当时的人一样⑥，辅臣对异己人士的专横清除也深深地刺痛了清初的士人。

───────────────

① 安熙龙：《马上治天下：鳌拜辅政时期的满人政治（1661—1669）》，第 111 页；萧一山：《中国近代史概要》，台北：三民书局，1963 年，第 58 页，所提供的总数是 221 人。

② 《清代名人传略》，上册，第 206 页（顾炎武）、第 184 页（朱彝尊；此处说他家在 1662 年毁掉了他的藏书楼以免受到牵累）；孟森：《书明史钞略》，载《明清史论著集刊》，台北：世界书局，1961 年，第 141 - 142 页。

③ 传记见《清代名人传略》，下册，第 606 页（潘柽章）、第 883 页（吴炎）。

④ 《清代名人传略》，上册，第 424 页。潘耒的传记见《清代名人传略》，下册，第 606 - 607 页。

⑤ 裴德生：《顾炎武生平（1613—1682）》，第 227 - 233 页。

⑥ 例子如袁枚和他广泛的朋友圈是如何周期性地受到影响。见阿瑟·韦利：《袁枚：十八世纪的中国诗人》，纽约：格罗夫出版社，1958 年。

就在浙江士人因文字狱招致惩处的同时，在打击欠赋的行动中，邻省江南成千上万的缙绅遭遇了不幸。皇帝对欠赋的关注在清初行政中一再出现。满人朝廷对晚明财政的种种问题耿耿于怀①，因此强化了赋税征收程序。1655 年政府下令，根据其辖区未能足额缴赋的百分比数，所有的布政使、知府、州县官将会罚俸和降级。处分从欠收赋税 10％予以罚俸六个月，到欠收 90％以上要撤职。② 对于总是未能缴纳赋税的缙绅、有功名之人、衙门胥吏，1658 年开始实施轻重不等的处罚。两年以后，要求各省官员直接上报省内缙绅依然未缴的赋税额。③ 1661 年，在顺治去世后不久，朝廷发布了一系列上谕，进一步对省府和地方官员施加压力，若未能及时足额收缴赋税就要降级或撤职。④ 在此种压力之下，一位地方官员的作为引发了 1661 年江南的灾难。

任维初是苏州府吴县知县，决定行霹雳手段征收辖区内的欠赋。他唯朝廷命令是听，招致地方士人和学子的批评。3 月初，士人和官员齐聚当地的文庙为刚刚去世的皇帝哭丧，一百多学子利用巡抚　*34*

---

① 黄仁宇：《明代的财政管理》，载贺凯编：《明代政府七论》，纽约：哥伦比亚大学出版社，1969 年，第 112 - 128 页。

② 《大清世祖章皇帝实录》，第 1048 - 1049 页（卷 88，第 8b - 9a 页）。

③ 《大清会典事例》（光绪朝），第 7354 页（卷 172，第 15b - 16a 页）。

④ 《大清圣祖仁皇帝实录》，第 50 - 51 页（卷 1，第 16b - 17b 页）、第 57 页（卷 2，第 1b 页）、第 58 页（卷 2，第 3b - 4a 页）。然而政府并不总是自遵功令。这个注释中所引第一道上谕颁布的同一天（1661 年 2 月 27 日），崇明知县陈慎升任知府，尽管未能足额从县中收税，不过情有可原，因为陈慎早先因为保护崇明抗击叛军而赢得赞誉。数月后陈慎去世，追赠布政使司右参议（junior secretary；此翻译基于布鲁纳特、哈盖尔斯特罗姆：《当代中国的政治组织》，第 284 条），一个儿子入国子监读书（《大清圣祖仁皇帝实录》，第 51 页 ［卷 1，第 18 页］、第 58 页 ［卷 2，第 4页］）。陈慎的继任知县税收未能足额，但也继续任职，因为他有抗敌之功（《大清圣祖仁皇帝实录》，第 106 页 ［卷 5，第 15b - 16a 页］）。　*182*

在场的机会，声讨任维初。抗议者不分场合，突然打断巡抚说话，愤怒地要求将知县解职。十一位学子领袖现场被抓，后来更多的人被投入监牢——所有人都等待判决，这后来被称为"哭庙案"。①

在案件处置的过程中，任维初声称他受到了来自巡抚朱国治的压力，才急切地征收欠赋。而巡抚申辩，军务紧急要求快速并足额征收赋税。巡抚是自作主张还是收到了北京的指示，对此现在仍有不同的看法。② 无论如何，他向北京上报，学子对知县恶语相向，搅乱了对皇帝的祭奠，阻碍了赋税的征收。四位满洲官员来到江宁调查此事（远离苏州，担心人们反应过激），案子有了新的重大转折：断案者将哭庙的抗议者，与1659年被控在郑成功叛军进攻江苏时给予帮助的在押犯人混为一谈。本是抗议知县不正规收税的案件，就这样变成了对国家和朝廷进攻的大逆不道的案件。③ 最后，十八位哭庙的被告人，包括杰出的文学评论家金圣叹，被判死刑，在1661年8月处斩。

哭庙案实际上是江南奏销案的序幕，但它可能有着打击缙绅的动机：政府未能消灭由郑成功所领导的效忠明朝的海上力量，以及

---

① 《清代名人传略》，上册，第165页。一位佚名的同情者关于此案的详述，见《辛丑纪闻》，《纪载汇编》本，第4辑，北京，无出版日期。

② 据记载（《辛丑纪闻》，第2b页），朱国治下令并倒填日期，使得州县官使用的手段看起来合法。不过，朱国治不必使用诡计，因为1661年2月27日（《大清圣祖仁皇帝实录》，第50-51页［卷1，第16b-17b页］）的上谕也引用了同样的理由——军事急需——以敦促各省官员及时征税。如果上谕能在十五天到达苏州（邓嗣禹、费正清：《清朝文书的处理》，《哈佛亚洲学刊》第4卷［1939年］，第27页），那么巡抚衙门可以在初审时就知道朝廷的命令，如果是这样，朱国治的作为就完全合法，不一定是欺诈。

③ 《辛丑纪闻》，第3a-5a页。

江南等东南各省对他们的同情。像朝廷一样，反叛者对沿海不停的进攻令朱国治局促不安，因为针对郑成功及其追随者，他花费了相当多的时间准备防务，制定军事战略。① 可能是忧心忡忡的巡抚和朝廷利用哭庙事件，来打击江苏缙绅中遗民的同情心，这与在学术声望上落后的北方人利用 1661 年事件来打击南方的竞争者是一样的。

这当然并不是要否认政府在强化税收程序上的根本利益。朱国治显然强迫所有地方官员按时征收赋税并上报欠赋者的名字，以便他造册上报朝廷。② 吴县所采取的行动众所周知，是因为这造成了哭庙案，其他府州县官员也感到经济拮据。常州府和练川县就是这方面的例子。

巡抚的命令下发到常州时，常州有数百名缙绅有着欠赋，知府要将这些人的名字和所欠数目上报巡抚朱国治，可知府深感不安，因为前任就是因为税收上的旷职被革职。打破这一僵局的是府学教授郭士璟，他向知府说情，向巡抚上报之前再宽限缙绅三天时间。接着郭士璟又劝导缙绅上缴他们的赋税，以防止又一位知府被革职。郭士璟的努力见到了成效，常州府几乎没有人卷入奏销案。③

而练川县则因调查受到了重创。它的欠赋总额高达十万两。一位满洲官员前来练川，将欠赋一百两及以上的 170 名缙绅登记造册。另有约一千人欠赋不足一百两。巡抚警告欠赋一百两及以上的这

①《清史列传》，卷 6，第 25b 页；《大清世祖章皇帝实录》，第 1655－1656 页（卷 140，第 2b－3a 页）；《大清圣祖仁皇帝实录》，第 67 页（卷 2，第 21 页）。

② 孟森：《奏销案》，载《明清史论著集刊》，第 447 页。

③ 孟森：《奏销案》，447 页；《国朝耆献类征初编》，第 5594 页（卷 140，第 35b－36a 页）。

35

170 人，如果不能迅速补缴，他们将被解送北京拷问并予以惩处。一周之内，就上缴了约十万两，只有约八千两未缴纳。后者是因为有的家庭已经绝户，但朱国治坚持缴齐整个数目。最后苏松道台王公纪以及一些缙绅拿出了这笔必不可少的钱。练川县的地方精英因此避免了被解往北京的羞辱和苦楚。唯一的例外是王昊，他是明朝著名学者和官员王世贞的后人，是有一定声望的诗人。朝廷挑选出王昊这样来自显赫家庭的人作为例子，可能为的是以此震慑江南民众。

36 　　常州和练川发生之事，1661 年时在江南肯定多有。针对欠赋缙绅的行动在 1661 年 6 月 3 日朱国治上报北京时达到高潮。巡抚开列了 13 517 名缙绅和 254 名衙门胥吏的名字，这些人来自四个府——苏州、松江、常州、镇江，以及溧阳县，他们未能足额缴纳赋税。皇帝在朱国治奏疏上的批示是："绅衿抗粮，殊为可恶。"[①] 吏部决定，巡抚名单上的所有人，现居官位者降两级调任，无官职的缙绅解至北京讯问。[②] 最终，成千上万的官员和缙绅或解职，或收监，或笞杖，或剥夺功名。上述四府一县共有 11 346 人被削去了生员功名。[③]

---

① 《大清圣祖仁皇帝实录》，第 76 页（卷 3，第 3a 页）。

② 《清史列传》，卷 6，第 25b 页；萧公权：《中国乡村：十九世纪的帝国控制》，西雅图：华盛顿大学出版社，1960 年，第 127 页；孟森：《奏销案》，第 443 页。有人认为，如果不是由于金之俊的举动，金之俊是当时的大学士，本是可以建言宽容的（《清代名人传略》，上册，第 160 - 161 页）。金之俊的一些亲戚在巡抚的名单之中，他很快上奏了他们的罪行，以防备有人指控他为亲戚掩盖过错。在金之俊上奏之后，没有人再愿意建言要对这些罪犯宽容对待（孟森：《奏销案》，第 452 页）。

③ 叶梦珠：《阅世篇》，《上海掌故丛书》本，上海，1936 年，卷 2，第 1b 页。

　　许多著名学者甚至孔子的一位后人①，都卷入了江南奏销案。诗人王昊上面已经提到过。韩菼、徐元文、吴伟业、叶方蔼等人的仕宦生涯被迫中断，是辅政伊始就给江南士人世界带来精神创伤而饱受屈辱的代表性人物。

　　常州府人韩菼，1661 年时只是生员，被褫夺功名，一直是白身，直到 1672 年捐监。第二年，他殿试第一名，中进士，后来康熙选他编纂一些重要的政治和文学典籍。② 徐元文，康熙朝著名学者和宫廷政治人物徐乾学的弟弟。与韩菼一样，徐元文的宦途，从可能是最具荣耀的资格起步，他是 1659 年的殿试状元，这一荣誉使他在翰林院拥有中级官职，而奏销案中，他失去了这一职位。他后来重新得到起用，继而成为学士，如同他的兄长一样是朝廷政治中的重要人物。③

　　在 1661 年奏销案中不仅丢官而且失去许多财产的另一个江南缙绅，是著名诗人吴伟业（他的号"梅村"更为人知）。他是明朝的进士，开始拒绝入仕新朝，但他最终应允，在京担任了数个中等官职。他也帮助编纂努尔哈赤和皇太极的圣训。吴伟业与钱谦益、龚鼎孳一道，这三位诗人被称为"江左三大家"，后来都成为乾隆文字狱的目标。④ 钱谦益的亲戚和弟子钱曾，在 1661 年因为欠赋失去了秀才功名。⑤

37

---

　　① 孟森：《奏销案》，第 451-452 页。

　　② 孟森：《奏销案》，第 439-441 页；《清代名人传略》，上册，第 275-276 页。

　　③ 《清代名人传略》，上册，第 327 页。

　　④ 《清代名人传略》，上册，第 431 页，下册，第 882-883 页；《清史》，第 5227 页第 6 栏；富路德：《乾隆文字狱》，第 100-101、219-220 页。

　　⑤ 《清代名人传略》，上册，第 157 页。

对江南士人一个极端惩处的例子是叶方蔼从翰林院被解职。叶方蔼是 1659 年殿试的探花（这一年徐元文是状元），被任命为翰林院编修。然而在 1661 年他被解职，据说仅欠赋一钱（十分之一两）。由于这件事据说产生了流行语："探花不值一文钱。"叶方蔼后来官复原职，1679 年他是专门为汉人所设的博学鸿词考试的阅卷官。[1]在此次考试中相互竞争的一些江南士人，包括名列第一的彭孙遹，都曾卷入 1661 年的奏销案。

从这些传略可以清楚地看出，1661 年的奏销案并没有对江南缙绅及他们随后的人生产生长久的影响。但在 1661 年，整个江南到处苦难深重，当地精英相继遭受哭庙案和奏销案的灾祸。一些缙绅实际上身陷两案，有人在哭庙案中被判处绞刑，后得以宽免，最终在奏销案中又遭解职。[2] 羞侮之外还有伤害，成千上万的江南缙绅像牲口一样被驱赶到北京，身负镣铐，一路尘土飞扬，头顶烈日，精疲力竭，饥渴欲死。[3]

对于缙绅的这一打击，很快就影响到了江南的学校。在苏州府和松江府，学政胡在恪发现，1661 年冬天他按临的学校，最多只有六七十名学生，有的仅有二三十名，而在王朝伊始，同样的学校有超过六百名学生。当胡在恪在每所学校看到少得可怜的在册人名时，

38

---

[1]　孟森：《奏销案》，第 436、438-439 页。有材料说，这个数字仅是一厘，是一两银子的千分之一（孟森：《奏销案》，第 438 页）。也见《清朝野史大观》，台北：中华书局，1959 年，共五类，第三类，第 13 页。

[2]　孟森：《奏销案》，第 448 页。

[3]　孟森：《奏销案》，第 439 页。

想到江南的才俊何以几近于无，不禁悲从中来。[①] 当时的许多观察者都提到了学校"为之一空"。[②]

调查在 1662 年年中被皇帝叫停。在北京被讯问或正赶往京城的犯人，全都释放并遣送回家。这一决定，在时人看来，好似"镬汤炽火中一尺甘露雨也"。[③]

此时朱国治已不再是江苏巡抚。他在 1661 年 12 月丁父忧。新任巡抚韩世琦，因厘清了一人因同名同姓而被误作欠赋，从而赢得了江南民众一定程度的尊重。由于这一错误，数位官员包括前巡抚朱国治，据说都受到了处分，百姓因此欢欣鼓舞。朱国治遭处分其实另有原因：未能等到接替之人就擅离职守。[④] 因在奏销案中的所作所为，江南人对朱国治憎恨不已，后来的作者，在记下他 1673 年死于反叛满人朝廷的吴三桂之手时，据说都以为是快事。[⑤] 一般人不知道的是，吴三桂的首要谋士方光琛，也是吴三桂身边鼓动造反的重要人物，在 1661 年由朱国治负责调查的赋税案中被褫夺了廪生

---

① 叶梦珠：《阅世篇》，卷2，第1b-2a页。胡在恪的传记，见《国朝耆献类征初编》，第7276页（卷207，第42a页）。

② 萧公权：《中国乡村：十九世纪的帝国控制》，第127页。孟森（《奏销案》，第436、442页）引述了不同作者的记述。 *183*

③ 孟森：《奏销案》，第439、444页；萧公权：《中国乡村：十九世纪的帝国控制》，第127页。吴正治所释放在监的江南生员有二百多（《清代名人传略》，下册，第863页；《清史》，第3813页第5栏）。吴正治个人喜好帮助江南士人，除了这里提到的1661年行动外，他也推荐卷入奏销案的士人彭孙遹参加1679年博学鸿词考试。

④ 《清史列传》，卷6，第25b页；《清史》，第3014页；孟森：《奏销案》，第444页；《大清圣祖仁皇帝实录》，第113页（卷6，第5页）。韩世琦是汉军旗人，讽刺的是，他后来因税收失当而遭弹劾（《满洲名臣传》，卷19，第34a-38a页）。

⑤ 《辛丑纪闻》，第16b页；《清代名人传略》，上册，第165页。吴三桂造反的消息以及他谋诛朱国治，见《大清圣祖仁皇帝实录》，第614-615页（卷44，第12a-13a页）。

身份。① 方光琛可能敦促吴三桂杀死当时的云南巡抚朱国治，以解旧恨。对于江南百姓来说，这就是报应。

同时发生在邻近安徽省的奏销案并不太受关注，江苏省在朱国治奏销案之后，还有另案处理的。一位江苏士人在1661年末继承了800亩土地，之后不久他同乡的一些人就因为另一起欠赋案被捉拿，**39** 他放弃了一半的土地，被赞扬明晓事理。② 最终，1663年9月，在都察院汉左都御史龚鼎孳的请求下，1662年及之前的所有欠赋都一笔勾销。③ 龚是江左三大家之一，毋庸置疑，当他向朝廷呈递奏疏时，心怀着同辈诗人吴伟业、钱谦益的苦难。

1663年取消了欠赋，但整个问题并没有就此结束。1671年，江苏巡抚玛祜上报，苏州和松江府自康熙朝以来欠赋已有二百多万两。1679年清廷不得不再次下令各省官员上报未缴赋税的缙绅，他们要接受处罚。④ 然而到了1679年，朝廷对士绅的整个态度发生了极大转变。这一年举行的博学鸿词特科考试最好地体现了这一新的态度（见第六章）。

---

① 孟森：《奏销案》，第437页。方光琛身为反叛政府的大学士，在1681年12月被就地处决，此时清军收复了吴三桂政权的都城云南府（《大清圣祖仁皇帝实录》，第1312页［卷98，第1b页］；曹凯夫：《三藩之乱：背景与意义》，博士学位论文，哥伦比亚大学，1966年，第75页）。现在知道，因为将方孝标与方光琛混淆了，这导致方孝标死后卷入1711年戴名世文字狱案的清洗而受辱（《清代名人传略》，上册，第233页，下册，第701页；富路德：《乾隆文字狱》，第77-79页）。

② 孟森：《奏销案》，第445-446、447-448页。文中提到的江苏士人是邵长蘅（传记见《清代名人传略》，下册，第636页），他也卷入了1661年的奏销案。

③ 《大清圣祖仁皇帝实录》，第164页（卷9，第23b页）；孟森：《奏销案》，第436、439页。

④ 《清史》，第3951页第6栏；萧公权：《中国乡村：十九世纪的帝国控制》，第128页。

1661—1662 年的迁海令

辅臣为了应付依然要面对的一个军事问题①——由郑成功领导的忠于明朝的军队，实施残酷的措施，清空五省的沿海人口，并禁止沿海贸易。这些政策，名为"坚壁清野"以及"海禁"，本质上是防御性的。人们必定记得，满人精于骑射，但水战没有经验，很不擅长。他们所取得的水战的胜利，都是汉人军队奋战的结果，这些人中许多以前都是郑成功的部下。满人并不是坚壁清野和海禁这种防御措施的仅有提出者，此类的政策，晚明就实施过，在整个 1650 年代和 1660 年代常由汉人官员倡导。当时几乎没有人提出进攻性政策，其中最关键的是要招募和训练一支水师。1661—1662 年迁海令的起源和发展表明了对防御性战略的广泛接受。

在坚壁清野或是海禁政策提出之前，清廷甚至尝试过使用由来已久的加官晋爵方法，以吸引投诚之人。对郑成功及其家人的示好最早是在 1652 年。清廷最早开出的条件，包括宽免反叛者过去的不法作为，授予他们官职，雇用他们讨伐其他的造反者或是海盗，甚至给他们掌控一些税关收入。② 但这些并没有使郑成功满意，他要

40

---

① 比起辅政时期其他的巩固清朝统治的战役，安熙龙（《马上治天下：整拜辅政时期的满人政治［1661—1669］》，第 127－141 页）指明这些"逊色得多"（第 139 页）。

② 第一次提出是在 1652 年 11 月 9 日（《大清世祖章皇帝实录》，第 811－812 页［卷 69，第 6b－7b 页］；《明清史料丁编》，第 1 册，第 67 页），再次提出是在 1653 年 6 月 5 日（《大清世祖章皇帝实录》，第 886－887 页［卷 75，第 8b－10b 页］、第 892 页［卷 75，第 20 页］；《明清史料丁编》，第 1 册，第 84－87 页）。关于清廷与郑成功之间和谈的整个描述，见童怡：《郑清和议之经纬》，《台湾文献》第 6 期（1955 年 9 月），第 29－35 页。

求完全控制福建的漳州、泉州以及广东的潮州、惠州四府。①
1653—1654 年的一系列上谕甚至满足了这一请求，但顺治拒绝在剃
发问题上让步，皇帝坚持郑成功必须剃发、留辫子作为臣服的标
志。② 郑成功的父亲郑芝龙，当时在北京做人质，甚至被利用来给
他儿子写信敦促投降。

皇帝的让步和父亲的请求都无济于事，没有任何成果，郑成功
坚定地拒绝了任何诱降。最重要的是，他继续接受明朝朱由榔加封
的官职爵位。③ 1654 年，郑成功假装投降，只是为了乘机为他在福
建的军队筹集粮饷。清廷最终对和平争取他彻底绝望，1654 年末，
派出了由济度等满族贵族指挥的军队，以荡平叛军。④

同时，清廷也采取措施禁止沿海贸易。海禁是给事中季开生为
平叛在 1654 年六点建言中的一部分。针对季开生奏疏是否采取了行
动，现在并不清楚，但闽浙总督屯泰在 1655 年的相同请求，得到了
皇帝的允准。⑤ 第二年，朝廷接受海禁作为国家政策。1656 年 8 月
6 日的上谕命令沿海五省山东、江南、浙江、福建、广东的总督、

———————

① 由闽浙总督刘清泰上报（《国朝耆献类征初编》，第 5889 页［卷 150，第 20b
页］）。

② 《明清史料丁编》，第 1 册，第 91 页，第 2 册，第 101 页；《大清世祖章皇帝
实录》，第 1010 页（卷 85，第 3a-4a 页）；庞森比-费恩：《国姓爷：明朝忠臣之郑氏
家史》，《日本协会学报》（伦敦）第 34 卷（1936—1937 年），第 105-106 页。

③ 郑成功所得到明廷封赏的官职、爵位，见朱希祖：《郑延平王受明官爵考》，
《国学季刊》第 3 卷第 1 期（1932 年），第 87-112 页。

④ 《大清世祖章皇帝实录》，第 983 页（卷 83，第 9b 页）、第 987 页（卷 83，
第 17b-18a 页）、第 1036-1037 页（卷 87，第 6b-7a 页）、第 1040 页（卷 87，第
15a-16a 页）；《皇清名臣奏议》，卷 7，第 23a-25a 页。

⑤ 《皇清名臣奏议》，卷 7，第 22b-23a 页；《大清世祖章皇帝实录》，第 1097
页（卷 92，第 10b 页）。

巡抚及提督禁止一切海沿贸易，违者将被处死。此外，下令地方官员想方设法——通过建造土堤，竖立木栅栏等——阻止叛军。①

海禁及防御性准备的背后逻辑是，郑成功能够生存并抵抗满人，只是因为沿海地区的商人和民众为他提供了不可或缺的食物以及军需物资。如果政府能够切断他的这些供应来源，那么郑成功必自败。这一主张的内含之意，有时也曾清楚地表达过，就是政府不会针对叛军挑起对方占优的水战。② 一些少有人附和的说法是，要大力建造船只，训练水师③，但这在二十年后才付诸实施。

清廷严厉告诫地方官员，对违抗海禁玩忽职守者，一经查实，将予严惩并罢职，但1656年8月6日的这道上谕形同具文。沿海人口与叛军间的非法贸易和交往，一如既往。东南地区普遍心向郑成功，指望他恢复明朝。而且，利益驱使许多商人出售松木桅杆、铁器、生丝、食物等必需品给叛军。④ 在实施今天可以称之为向叛军"张开双臂"政策，继而海禁都失败之后，清廷转向坚壁清野的办法。⑤

---

① 《明清史料丁编》，第2册，第155页；《大清世祖章皇帝实录》，第1203页（卷102，第10a-11a页）；《大清会典事例》（光绪朝），第14951页（卷776，第10b-11a页）。

② 例子见魏裔介1656年奏疏（《清史列传》，卷5，第41b页），朱国治1660年奏疏（《清史列传》，卷6，第25b页），季振宜1660年奏疏（《皇清名臣奏议》，卷15，第22a-23a页）。

③ 1659年翰林院庶吉士王于玉（《皇清名臣奏议》，卷12，第8a-14a页）、给事中王启祚（《皇清名臣奏议》，卷12，第15a-18a页）所上奏疏。

④ 《明清史料丁编》，第2册，第257页；《大清世祖章皇帝实录》，第1297页（卷108，第21a-22a页）；《清史》，第3886页第5栏；刘献廷：《广阳杂记》，第146页。

⑤ 这一问题此前两位学者做过研究。谢国桢：《清初东南沿海迁界考》（陈同燮英译），《中国社会政治科学评论》第15卷（1932年1月），第559-596页；浦廉一：《清初迁界令考》（赖永祥从日文汉译），《台湾文献》第6卷（1955年12月），第109-122页。

在战时迁移沿海居民，不是清初独有的做法，但满人是第一次将它应用到整个海岸线，作为一项全国性政策，并且沿用了很长时间（二十多年）。

第一个建议将坚壁清野作为国家政策的人是黄梧，他以前是郑成功属下。像郑成功的许多支持者一样，黄梧叛逃是因为他的这位领导人军纪严明。[1] 黄梧以前深得郑成功信任，任命他防卫海澄，海澄的东面就是战略要地、沿海城市厦门。1656 年 8 月，黄梧本人、手下士兵以及海澄这个地方都投降了满人。这对郑成功是极沉重的打击，因为海澄是他的主要供应站，据说他在那里有盔甲、盾牌、枪炮、火药以及三十年的粮食储备。满人封赏黄梧为公爵（海澄公），这封号最初在 1652 年和 1653 年是给予郑成功的。[2]

42 黄梧在 1657 年 5 月上奏了全面的"平台策"，以对付郑成功叛军。他的建议可以概括为五点。[3] 第一，请求处死郑芝龙，掘毁郑氏祖坟。第二，对叛军中的投诚者大加恩赏，他也敦促起用投诚之人，这些人善于水战，在与叛军的作战中有用武之地。更严厉地禁

---

① 刘献廷：《广阳杂记》，第 54 页；甘为霖：《荷据时期的台湾》，伦敦，1903 年，第 460 页。其他投降清朝的人最著名的是施琅（《清代名人传略》，下册，第 653 页）。

② 刘献廷：《广阳杂记》，第 145 页；《大清世祖章皇帝实录》，第 1209 页（卷 102，第 22 页）、第 1219 页（卷 103，第 10b 页）、第 1221 页（卷 103，第 13b 页）。

③ 黄梧的建议内容，史料的说法不一，甚至不能确定他的提议是在一道还是系列奏疏中提出的，被认为是他《平台策》或整个计划的一部分，见《大清世祖章皇帝实录》，第 1296 - 1297 页（卷 108，第 19b - 22a 页）、第 1300 页（卷 109，第 3b - 4a 页）；《清史》第 3886 页第 5 栏；刘献廷：《广阳杂记》，第 146 - 147 页；《清代名人传略》，上册，第 355 页；魏源：《圣武记》，台北：中华书局，1962 年，《四部备要》本，卷 8，第 4 页；江日昇：《台湾外记》，台南，1956 年，1704 年序，第 160 页，英译见谢国桢：《清初东南沿海迁界考》，第 564 - 566 页。大多数史料都开列了五点，但并不总是一样。我从所有的史料中区分出了建议的五大方面。

止贸易、增强沿海防御是第三和第四点。最后一点，也是最重要的建议，是迁移沿海民众。

朝廷讨论了黄梧的所有建议，最后付诸实施。郑芝龙在 1657 年遭贬黜，1661 年被处死。① 黄梧亲自将郑氏祖坟铲平。② 在招揽叛军投诚上，黄梧也极为成功，投诚者或是被派作垦殖人员，或是加入清军。③ 随后几年，清廷强化了贸易海禁和沿海防御。④ 1657 年当地只一例迁海事件，但到了 1660 年，在一些官员如王启祚（给事中）、施琅（当时的福建提督）、苏纳海（兵部尚书）等人进一步建言之后，坚壁清野政策才得以大规模地实施。⑤

迁海令也不会实施得更早，因为叛军控制着很大一部分沿海地区。但郑成功于 1659 年在南京惨败之后，他的军队只能在两个离岸

---

① 《明清史料丁编》，第 2 册，第 255 页；《大清圣祖仁皇帝实录》，第 99 页（卷 5，第 2a 页）。朝廷 1657 年建议处死郑芝龙，但康熙减等命流放宁古塔并籍没家产（《大清世祖章皇帝实录》，第 1296 页［卷 108，第 19b-20b 页］、第 1300 页［卷 109，第 3b-4a 页］）。流放的命令从未执行（《清史列传》，卷 5，第 27b 页），但郑芝龙已失势，财产也消失不见，可见耶稣会士的报告（唐纳德·基恩译：《郑成功之战》，伦敦：泰勒外文出版社，1951 年，第 64 页；皮埃尔·约瑟夫·奥尔良：《两位鞑靼征服者的历史》，埃尔斯米尔伯爵编译，伦敦：哈克卢特研究会，1854 年，第 30-32 页）。

② 魏源：《圣武记》，卷 8，第 13b 页。郑经（郑成功之子和继承人）在三藩之乱期间攻下海澄，他掘了黄梧的坟（刘献廷：《广阳杂记》，第 146-147 页）。

③ 《大清圣祖仁皇帝实录》，第 87-88 页（卷 4，第 2a-3a 页）、第 209 页（卷 13，第 10b 页）；《清史》，第 3886 页第 6 栏；谢国桢：《清初东南沿海迁界考》，第 584 页。

④ 《大清世祖章皇帝实录》，第 1637-1638 页（卷 138，第 14a-15a 页）、第 1641-1642 页（卷 138，第 22a-23a 页）、第 1655-1656 页（卷 140，第 2b-3a 页）；《大清圣祖仁皇帝实录》，第 67 页（卷 2，第 21 页）。

⑤ 《皇清名臣奏议》，卷 12，第 15a-18a 页；刘献廷：《广阳杂记》，第 147 页；夏琳：《海防辑要》，《台湾文献丛刊》第 22 种，台北：台湾银行，1958 年，第 29 页。

小岛厦门和金门活动。后来，1661 年初，郑成功指挥他的军队将荷兰人逐出台湾，在那里建立了他的大本营。现在沿海地区不太容易受叛军的攻击，满人利用这一时机"坚壁清野"。

在福建，迁海的实施始于 1660 年 10 月，在总督李率泰的要求之下，同安和海澄县的八十八个村子的人内迁。① 坚壁清野政策，从福建扩展开来，到了 1661 年秋天，清廷下令江南、浙江、福建、广东的沿海居民内迁②，派满族官员前往这四省以监督内迁的实施，并划定无人区。③ 1663 年，有报告说第五个省山东的人口也开始内迁。④

43　　　除了迁移沿海人口外，清廷还发布了一项新的更为强有力的贸易禁令。在 1662 年 2 月的一道上谕中，辅臣提到对先前海禁的违抗一直存在。违抗既往不咎，但从康熙元年开始，不再宽容。此外，辅臣断言："今滨海居民已经内迁，防御稽察亦属甚易，不得仍前玩忽。"⑤

---

① 《大清世祖章皇帝实录》，第 1657 页（卷 140，第 6 页）。魏源：《圣武记》，卷 8，第 6b 页，将此事误为 1661 年。

② 《大清圣祖仁皇帝实录》，第 91 页（卷 4，第 10b 页）。这是 1661 年 10 月 5 日的上谕，回溯了将沿海人口内迁的命令，但未提此令何时发布。魏源：《圣武记》，卷 8，第 6a 页，说是发布于 1660 年，我翻遍《大清世祖章皇帝实录》《大清圣祖仁皇帝实录》《明清史料》《清史》等，并没有发现是 1660 年还是 1661 年。

③ 兵部尚书苏纳海、吏部侍郎宜里布派往江南、浙江、福建（《清史列传》，卷 6，第 6b 页；《清史》，第 3874 页第 2 栏），兵部侍郎介山派往广东（《大清圣祖仁皇帝实录》，第 467 页［卷 33，第 5b－6a 页］）。

④ 《大清圣祖仁皇帝实录》，第 156 页（卷 9，第 8 页）；《清史列传》，卷 78，第 43a 页。

⑤ 《明清史料丁编》，第 3 册，第 257 页。这一文件已有英译，见傅乐淑：《中西关系文献编年（1644—1820）》，图森：亚利桑那大学出版社，1966 年，第 28－30 页。顺治死于顺治十八年正月初七日（1661 年 2 月），但这年余下的时间仍称顺治十八年。这道上谕发布于顺治十八年十二月十八日，离康熙元年只有十多天。

　　1661—1662 年的坚壁清野和海禁政策，被满族统治者所采纳，用以实施防御性战略，以针对剩余的忠于明朝之人。接下来的二十年，贸易封禁持续实施[①]，五个省的沿海人口被从他们的土地上赶走，背井离乡，为的是使郑成功及其子孙得不到供应、支持和人力。

　　在坚壁清野政策下，沿海人口所承受的并不都一样。最北的两个省，山东和江南，相对少有苦难。[②] 在浙江，温州、台州、宁波的沿海人口在 1661 年内迁，立起木桩作为界限。在巡抚朱昌祚的指挥下，人民在内地得到安置，90 000 多亩土地得到开垦，他们不得不舍弃的土地之上的赋税也被豁免。沿海岸线建起了岗哨，钦差一年五六次视察人口迁出地带。[③] 三藩之一的平南王尚可喜，指挥广东人口的迁移，在沿海建立了防御工事。后来，通过周有德（总督，1668—1670）、王来任（巡抚，1665—1667）、刘秉权（巡抚，1668—1674）等的努力，迁海政策有所宽松，允许人们返回沿海的故园，

---

　　① 康熙初年强化贸易禁令的各种上谕，见《大清圣祖仁皇帝实录》，第 236 页（卷 15，第 7a－8a 页）、第 1038－1039 页（卷 77，第 12b－13a 页）、第 1095 页（卷 81，第 18 页）、第 1100 页（卷 82，第 4 页）、第 1314 页（卷 98，第 20 页）；《康熙会典》，1690 年序，卷 99，第 1a－19a 页；《大清会典事例》（光绪朝），第 14951－14952 页（卷 775，第 11a－13b 页）。

　　② 谢国桢：《清初东南沿海迁界考》，第 585－587 页。山东的迁海，见《大清圣祖仁皇帝实录》，第 156 页（卷 9，第 8 页）、第 195 页（卷 12，第 10b 页）、第 228 页（卷 14，第 23b－24a 页）。江南的迁海，见《大清圣祖仁皇帝实录》，第 119 页（卷 6，第 17 页）、第 158 页（卷 9，第 11a 页）、第 915 页（卷 68，第 2 页），也见《清史列传》，卷 5，第 31a 页。

　　③ 《清史列传》，卷 5，第 20b 页，卷 6，第 7 页；谢国桢：《清初东南沿海迁界考》，第 587 页。

也制定了救济措施。①

　　遭受坚壁清野政策最深苦难的是福建，那里清空沿海人口早已实施。1663 年，据报告那里有 8 500 多迁出人口死亡。② 福建的人口迁移与沿海叛军的战争密切相关。郑成功之子及继任者郑经，*44* 1663 年被逐出厦门，这座城市被毁，人口内迁。第二年，铜山的 30 000 多人被迁出。③ 三藩之乱期间，郑经再次在大陆有了立足之地，福建民众返回了他们的沿海家园。当清军再次控制并将郑经驱逐出大陆，厦门地区的人口再次内迁。④

　　西方人印证了汉文材料中关于福建到处残毁和苦难的记述。西班牙人迪亚斯说："成千上万的村镇"被焚，"大火持续多日——浓烟远达厦门，有二十多里格，广大区域不见天日"⑤。1662 年 10 月，康斯坦丁·诺贝尔，这位博特远征军中的荷兰谈判官，被中国官员告知："我们沿海岸线，只做一件事，就是将城市乡村烧毁，一些可怜的渔民，带着他们的船只和网具离开，经巡抚许可，到山里生活；应皇帝之命，那里所有大的市镇和乡村被夷为平地，以阻止粮食和

---

　　① 谢国桢：《清初东南沿海迁界考》，第 591 - 592 页；《大清圣祖仁皇帝实录》，第 326 页（卷 22，第 20 页）、第 398 页（卷 27，第 16a 页）；《国朝耆献类征初编》，第 5901 页（卷 151，第 1b - 2a 页）。

　　② 《大清圣祖仁皇帝实录》，第 136 页（卷 7，第 19b - 20a 页）。

　　③ 包罗：《厦门历史的一些片段》，《中国评论》第 21 卷（1894 年 9—10 月），第 94 页，引用了厦门地方志；沈云：《台湾郑氏始末》，《台湾文献丛刊》第 15 种，台北：台湾银行，1958 年，第 60 页。

　　④ 谢国桢：《清初东南沿海迁界考》，第 573、580、582 - 583、589 - 590 页；《大清圣祖仁皇帝实录》，第 978 页（卷 72，第 19b - 20a 页）、第 1187 - 1188 页（卷 89，第 6b - 7a 页）；夏琳：《海防辑要》，第 59 页；江日昇：《台湾外记》，第 284 页。

186　　⑤ 布莱尔、罗伯特编：《菲律宾（1493—1898）》，克利夫兰：A. H. 克拉克出版社，1903—1906 年，共 55 册，第 36 册，第 252 页，编者注。（里格 [leagues]，长度单位，一里格约为三英里、五公里或三海里。——译者）

商品送给厦门和金门岛。"汉人这一对沿海残毁活动的描述，后来得到了荷兰人的证实。当荷兰人沿福建海岸游弋之时，发现许多地区被毁，其中一些被郑经的人马占领。[①] 基督教传教团体此时也遭受毁灭性打击。耶稣会士聂仲迁指出：福建沿海的所有教堂被毁，人数很少的基督教教众也由于迁移沿海人口的上谕而四处离散。[②]

从五个沿海省份的迁移记述来看，一些事实是很清楚的。通常是离海三十里（约十英里）以内地带上的人口都要迁移。[③] 这一人口迁出地带以某种方式做了标记，派重兵把守——既防备叛军沿海岸进攻，也防止逃亡者返回家园。这些界限标志或是深沟，或是固定间隔所设立的木桩、土墩，或是以上的组合。[④] 对越界返回者的处罚十分严厉，甚至被处死。闵明我神父说："当规定的迁移时间结束之后，他们野蛮地杀戮所有不遵守规定的人。"[⑤]

在一些地区，这种界标也用以防御。这里的界标建得更靠近海岸线，哨兵沿界标驻扎。更常见的防御设施是工事，每三英里设一个，派重兵驻守，有瞭望塔和土墩，便于观察，有烽火以及声响信

---

① 阿诺尔德斯·蒙塔纳斯：《中国地图册》，约翰·奥格尔比英译，伦敦：托马斯·约翰逊出版社，1671年，第89、97－108页。中国官员也奏报了后一事实（《大清圣祖仁皇帝实录》，第119页［卷6，第18a页］）。1662—1664年荷兰遣博特远征军，谋求与满人联盟，将郑经逐出台湾（卫思韩：《胡椒、枪炮与谈判：荷兰东印度公司与中国［1622—1681］》，剑桥：哈佛大学出版社，1974年，第2章）。

② 聂仲迁：《鞑靼统治下的中国史》，巴黎：让·埃诺出版社，1671年，第239页。

③ 数种西方记述给出的数字都是四里格，约合十二英里；广东，这一数字是五十里（谢国桢：《清初东南沿海迁界考》，第592页）。

④ 谢国桢：《清初东南沿海迁界考》，第583、585－587、591－592页；姜宸英：《海防总论》，载《姜先生全集》，1918年，卷1，第10b－12a页。

⑤ 闵明我：《中华帝国的历史、政治、伦理和宗教概论》，载奥恩沙姆·丘吉尔、约翰·丘吉尔编：《航行记与旅行记》第一卷，伦敦，1704年，第27页。

号作为安全辅助手段，采用木桩封锁港口等特别措施，以应对地方突发事件。[1] 常派钦差视察沿海地区，这些人与地方官一道采取措施，增加或减少沿岸的防御，并迁移或是令沿海人口返回，这要视满人与叛军作战的成败而定。[2]

迁移政策所影响到的城市类型，有着太多的不确定性。大多数西方的记述说，满人不加区别地下令所有人口中心都要疏散：迪亚斯说的是"数千乡镇和城市"，鲍迪埃、杜赫德开列了所有的城市、镇、集、村、关隘。一位佚名的西班牙人在 1663 年记述迁移城市多达一二十万座。[3] 然而闵明我说，皇帝下发命令给沿海各省主政者，"要摧毁近海、不设防的所有市镇和房屋"。御史李之芳——后来成为浙江总督，在奏疏中反对迁移政策，"今兵不守海，尽迁其民移居内地，则贼长驱入内地，直抵城邑"。有的记述说，将百姓从"田舍"中迁出，或是将那些住在"官府驻军势力范围以外"的人迁走。[4] 后面的这些记述揭示出，移民并没有涉及大城市或是有城墙

① 谢国桢：《清初东南沿海迁界考》；布莱尔、罗伯特编：《菲律宾（1493—1898）》，第 36 册，第 252 页。乔治·菲利浦：《郑成功生平》，《中国评论》第 8 卷（1884—1885 年）第 73 页写道，在他写作之时，在厦门仍可看到许多工事。

② 谢国桢：《清初东南沿海迁界考》，第 585、591 页；《大清圣祖仁皇帝实录》，第 165 页（卷 9，第 25a 页）、443 页（卷 31，第 9b 页）、第 915 页（卷 68，第 2 页）；《国朝耆献类征初编》，第 5901 页（卷 151，第 1b 页），台湾"中央研究院"历史语言研究所藏内阁大库残余档案，"敕谕"，洪字 22，列字 95，还有一未归类的，日期都是康熙五年六月初九日。

③ 布莱尔、罗伯特编：《菲律宾（1493—1898）》，第 36 册，第 252 页；鲍迪埃：《中国》，巴黎：菲尔明·迪多·弗雷尔出版社，1839 年，第 434 页；杜赫德：《中华帝国全志》，全 2 册，伦敦：E. 凯夫出版社，1738—1741 年，上册，第 230 页。

④ 鲍迪埃：《中国》，第 27 页。谢国桢：《清初东南沿海迁界考》，引用了其他报告，见第 571、574、578 页。

的城市，只是一些耕作或打渔的小村落以及乡下散居的家庭。当然，我们知道，厦门、金门、舟山等地整个岛的人口都迁走了。不过，总的说来，似乎只有那些在叛军侵扰中难以自保的沿岸地区才被清空。

出台沿海政策——迁海令和贸易禁令——的首要原因是要去除郑成功及其追随者潜在的补给来源，因此被清空的地方也就被摧毁了。房屋乃至整个市镇都被推平，基督教会的教堂和房屋也在摧毁之列。土地撂荒——很像"刀耕火种"的效果。

46

被迁移的人口在内陆会分得土地以便在新的环境中存活。一些官员征用未开垦的土地以供逃难者使用，并通过各种方法帮助安置他们。有的人显然没有任何作为或是将这种责任转给他们的下属，这促使朝廷提醒各省官员，他们必须立即为民众提供耕地和居住场所，以确保他们的生计。① 逃难者的困境也通过其他办法得到了缓解：豁免赋税，官方同意沿海捕鱼和收集柴火等。②

---

① 谢国桢：《清初东南沿海迁界考》，第 578－580 页；《国朝耆献类征初编》，第 5901 页（卷 151，第 2a 页）；《大清圣祖仁皇帝实录》，第 91 页（卷 4，第 10b 页）、第 136 页（卷 7，第 19b－20a 页）。

② 《大清圣祖仁皇帝实录》，第 100 页（卷 5，第 4b 页）、第 119 页（卷 6，第 17 页）、第 158 页（卷 9，第 11a 页）、第 195 页（卷 12，第 10b 页）、第 228 页（卷 14，第 23b－24a 页）、第 326 页（卷 22，第 20 页）、第 1161－1162 页（卷 87，第 6b－7a 页）；《清史列传》，卷 5，第 31a 页；王庆云：《熙朝纪政》，北京，1902 年，卷 1，第 5b 页；《国朝耆献类征初编》，第 5901 页（卷 151，第 1b 页）；谢国桢：《清初东南沿海迁界考》，第 578、587、589、592 页；傅乐淑：《康熙时期两位来华的葡萄牙特使》，《通报》第 43 卷（1955 年），第 86－87 页；闵明我：《中华帝国的历史、政治、伦理和宗教概论》，第 27 页。

圈换旗地

整个辅政期间，辅政大臣内部纷争不已。两个主要的对手是苏克萨哈和鳌拜。索尼德高望重，身体欠佳，也无意于加入他们二人的长期争斗。遏必隆从自己的立场出发，似乎愿意听命于鳌拜，二人都隶属于镶黄旗。苏克萨哈在资历等方面都无法与其他辅臣相比。索尼效命过四位统治者——努尔哈赤、皇太极、顺治以及现在的康熙，出身高贵，是一等伯爵。遏必隆、鳌拜是公爵（九等世爵中最高者），此外鳌拜还屡立战功，成就非凡，而遏必隆的父亲额亦都，是努尔哈赤的心腹之一。苏克萨哈被选为辅政大臣时只是二等子爵，比索尼的爵位还要低，家世也不显赫。若摊牌的话，苏克萨哈根本不是鳌拜的对手。

1666 年发生了一件满族统治阶层极为关注的大事——划拨旗地。1644 年，京畿地区土地被划拨给满族贵族、官员和八旗兵丁，多尔衮作为摄政王，为自己的正白旗在直隶最北部取得了最好的土地——依满族的传统，这一方位应该留给皇帝所领之旗（当时是镶黄旗和正黄旗）。① 鳌拜隶镶黄旗，1666 年的时候感觉自己地位超群，要纠正许多同旗之人都认为的旧有不公。他提出要将镶黄旗和正白旗的土地互换，这当然有利于镶黄旗。苏克萨哈隶正白旗，自然要反对这一提议。

---

① 《清代名人传略》，上册，第 600 页；《大清圣祖仁皇帝实录》，第 270 页（卷18，第 3b - 4a 页）；《大清会典事例》（光绪朝），第 18179 页（卷 1112，第 1a 页）。

1664 年发布了新的旗人圈地禁令，除特殊情况外，甚至互换旗地也不允许。水灾并不属于特殊情况，但鳌拜以此为借口，强势要求换地。据亲王杰书报告，154 000 晌的土地（"晌"是满人旧有的度量单位，一晌合六亩也就是约一英亩）① 被洪水冲毁，可能还有更多的没上报，鳌拜发布谕令派一组调查人员到事发地考察情况。②

1666 年 2 月 24 日任命了钦差人员，由各旗都统（满洲、蒙古、汉军）、户部尚书以及满侍郎、都察院左都御史及满左副都御史、六科各一位给事中组成。整整一个月后钦差一行上报调查结果，结论是镶黄旗土地在洪水中损失最为严重。这当然是鳌拜愿意听到的，而钦差的报告含混不清，没有给出具体的亩数，人们认为这没有事实基础。有了报告在手，鳌拜下令永平府的土地——多尔衮正白旗的所在，要交给镶黄旗。至于其他旗的水淹土地，鳌拜并不感兴趣，他让户部考虑这一问题。③

同之前辅臣发布的命令一样，这一行动又一次打的旗号是"遵照太祖太宗例行"。细思辅政及其政策，就越发看得清楚：对辅臣来说，对顺治的遗诏做改动是多么有用和重要。它为辅臣提供了不受限的权力，可以停止汉化，回归过去的做法。

为执行鳌拜的命令，户部提出两种不同方案，每一种除了两旗 *48*

---

① 杨学琛：《清代旗地的性质及其变化》，《历史研究》1963 年第 3 期，第 175 页。刘家驹：《清朝初期的八旗圈地》，第 3 页，所给史料说是五六亩。

② 刘家驹：《清朝初期的八旗圈地》，第 54 页；《大清圣祖仁皇帝实录》，第 270 - 271 页（卷 18，第 4 - 5 页）。《实录》编纂者在这里及其他地方提到圈换旗地所 *187* 使用的词是"承旨"，而在此之前，总是用"得旨"，指皇帝的吩咐。我认为这种变化揭示的是编纂者谴责鳌拜在此事上肆意妄为。

③ 《大清圣祖仁皇帝实录》，第 276 页（卷 18，第 15a - 16a 页）。

互换土地外，都另想着圈占一些私人土地。辅臣们（实际上是鳌拜）插手了各方案，将正白旗的土地拨给镶黄旗：通州（北纬 39°54′，东经 116°41′）、丰润（北纬 39°53′，东经 118°05′）一线以北的地亩。① 北京东北部的土地，还有承诺的永平府土地，再加上鳌拜所得到的新圈占土地，现在镶黄旗的土地包括了直隶北部的大片区域：西起顺天府的怀柔（北纬 40°19′，东经 116°39′）、顺义（北纬 40°10′，东经 116°40′）两县，东到永平府。就旗地的分配而言，镶黄旗在各旗中占据了尊崇的北方的位置。鳌拜将就此清算与正白旗的旧账，清除多尔衮在清初偏袒正白旗的做法。

鳌拜的方案在户部遇到了第一个反对者，隶正白旗的署满尚书苏纳海。当时兼任大学士的苏纳海认为，原来的土地分配于二十年前，现在任何的重新安排都会引发旗人以及民众无穷无尽、难以名状的苦难。② 苏纳海不但未能阻止鳌拜于 1666 年 2 月的最初提议，而且在这一年秋收之后，他被挑选与直隶总督和巡抚，去监督必要的清丈以完成换地。这无疑是鳌拜为苏纳海设下的陷阱，希望这位大学士继续他所执的反对意见，这样就可以置他于违抗皇命的境地。

苏纳海继续反对这种变更，得到了总督朱昌祚、巡抚王登联的强力支持。两人都上奏抗议这一蓄谋的旗地重新分配，请求立即停止。朱昌祚上奏说，他已监督土地测量约有一个月，其间他听到大量镶黄旗人的抱怨，而这些人本该从这种调换中获益。一些人因离

---

① 《大清圣祖仁皇帝实录》，第 277－278 页（卷 18，第 18a－19b 页）。经纬度出自白挨底：《中国地名词典》，第 2 版，上海：别发洋行，1910 年；重印本，台北：经文书局，1965 年。

② 《大清圣祖仁皇帝实录》，第 270 页（卷 18，第 3b－4a 页）。

开旧居而闷闷不乐，有的抱怨他们的新土地不如以前的肥沃。一些
人从调换中受益——得到了比以前更肥沃的土地。那些从中获益的
旗人，朱昌祚指出，自然是缄默不语。总的来看，这次换地对于旗
人的福祉来说是不必要的。一些民众由于圈地失去了土地，那么很
显然地，朱昌祚认为，交换旗地得不偿失。他认识到了与鳌拜作对
的危险，但职责所在，他报告了它所引发的困难，并请求发布上谕
予以停止。

　　巡抚王登联也单独上报他的见闻。同朱昌祚一样，王登联也收
到旗人和民众的抱怨。此外，他警告说麻烦就在眼前，每个人都对
交换土地和圈占土地不满，许多田地都未备耕或播种，下一年肯定
要减产。苏纳海也加入朱昌祚和王登联，一起请求必须放弃这一
做法。①

　　然而，鳌拜推行此事已不惜代价，不能容忍反对意见。1666 年
12 月 15 日，苏纳海、朱昌祚、王登联及一些旗人官员被抓，指控
他们阻挠皇帝旨意，未尽职责，擅自返回京城，且没有完成旗地互
换。兵部和吏部审理这一案件。1667 年 1 月 8 日，他们建议苏纳
海、朱昌祚、王登联三人革职，交刑部审理，其他的官员应降级或
罚金。辅臣接受了对他们的裁决，此案依鳌拜所希望的继续进行。
一周以后，刑部提交了判决。他们没有找到这三人罪行法定的条款，
但建议每人鞭责一百，抄没财产。②

---

　　① 《大清圣祖仁皇帝实录》，第 295 - 296 页（卷 20，第 10b - 11b 页）；《清史列
传》，卷 6，第 7a、7b - 8a、9 页；刘家驹：《清朝初期的八旗圈地》，第 56 - 57 页。
　　② 《大清圣祖仁皇帝实录》，第 296 - 299 页（卷 20，第 11b - 12a、14b - 15a、
17 页）。

这时康熙介入了此案，他当时只有十三岁，但意识到了鳌拜与苏克萨哈、苏纳海等正白旗重臣间的敌对。康熙召见辅臣并就此事询问他们。鳌拜、索尼、遏必隆都坚持认为苏纳海、朱昌祚、王登联罪大恶极，应当处死，而不仅仅是鞭责。只有苏克萨哈不同意，康熙拒绝批准死刑。这时鳌拜自行其是，发布上谕下令将三人绞死。①

鳌拜还任命户部满侍郎巴格完成旗地的互换。巴格在 1 月 23 日报告了换地所涉及的旗地和旗人的最后处置情况。总共有 40 600 名镶黄旗旗人要安置在 203 000 晌土地之上——其中一些原属于正白旗，一些是圈占的民地。22 361 名正白旗旗人在此换地过程中无家可归，他们被安置在 111 805 晌土地之上。② 一个多月后，3 月 4 日户部宣布换地完成。接着，户部建议将来不再进行任何的旗地互换，这差不多是事后所添加的。③ 鳌拜接受了这一建议，这也清楚地表明了他的意图：近来的旗地互换并不是为了旗人的利益，纯粹是要展示他的权势。既然他已经获胜——现在他的旗（镶黄旗）已重获尊崇地位，要禁止将来再次调换。

积极反对他的三人被处死了，但鳌拜并没有停止他的报复。他发动了一场诋毁多尔衮及正白旗旗人的运动，这些人是刚刚完结事件中他的死敌。英武尔代与苏纳海同族（塔塔喇氏）同旗（正白旗），1667 年 1 月，已经死去的英武尔代因为曾帮助多尔衮为正白

① 《大清圣祖仁皇帝实录》，第 299 页（卷 20，第 17b‑18a 页）。
② 《大清圣祖仁皇帝实录》，第 296 页（卷 20，第 12a 页）、第 300 页（卷 20，第 20 页）。
③ 《大清圣祖仁皇帝实录》，第 306 页（卷 20，第 7b 页）。

旗攫取镶黄旗的土地，此时受到羞辱。尽管英武尔代早已死去（1648），鳌拜仍认为苏纳海是受他的蛊惑——称苏纳海是"正白旗又出一英武尔代"。英武尔代被夺爵，他的继承人失去了以前隶属于他们一家的蒙古和汉军旗的奴隶。[①]

约在此时（1667 年 1 月），满大学士巴哈纳去世，尽管他效力清朝多年，鳌拜拒绝赠予他谥号或任何其他荣誉。鳌拜不悦的原因，是 1651 年发生的一件事，当时巴哈纳是正白旗都统、户部尚书，在军需分配上偏向他的正白旗而牺牲镶黄旗的利益。[②] 很快，兰布晋封郡王（第二等宗室爵位）。[③] 在这一举动背后存在着两种利益。一是兰布的父亲尼堪在 1651 年揭发多尔衮的问题上起着关键作用。二是兰布的福晋是鳌拜的孙女。只用此一招，鳌拜既奖赏了亲戚，又打击了多尔衮。

受鳌拜构陷最深的是辅臣苏克萨哈，他在整个辅政期间都反对鳌拜，当然也反对圈换旗地。在换地争论期间，从 1666 年 2 月到 1667 年 3 月的一整年，鳌拜并没有对苏克萨哈下手，直到 1667 年秋天，鳌拜利用新发生的一件事，才足以反击他的辅政同僚。索尼去世[④]，鳌拜更加跋扈，苏克萨哈怀疑自己将是下一个打击对象。皇帝已开始亲政（1667 年 8 月 25 日），苏克萨哈在 8 月底想法逃避即将到来的疾风暴雨，主动放弃各项职权，声言自己身婴重疾，"伏

---

① 《大清圣祖仁皇帝实录》，第 299－300 页（卷 20，第 18b－19b 页）。
② 《清史列传》，卷 5，第 5b－6b 页；孟森：《八旗制度考实》，第 55 页。
③ 《大清圣祖仁皇帝实录》，第 306 页（卷 21，第 8 页）。
④ 第一次提到索尼之死是在 8 月 12 日《大清圣祖仁皇帝实录》，第 326 页[卷 22，第 20a 页]）。

祈睿鉴，令臣往守先皇帝陵寝，如线余息，得以生全，则臣仰报皇上鞠育之微忱，亦可以稍尽矣"。鳌拜立即针锋相对，下谕旨说皇帝对苏克萨哈的请求困惑不解，追问："不识有何逼迫之处，在此何以不得生，守陵何以得生？"① 通过此，鳌拜暗示，苏克萨哈致仕的请求正表明他不赞同康熙亲掌大权。

按下来是一连串的动作，苏克萨哈被捉拿（9月2日），指控犯二十四款"大罪"（9月4日），处以极刑——所有这些都不顾皇帝的反对。② 也可能康熙的反对是伪装出来的，其实他希望处死苏克萨哈，因为苏克萨哈显然不愿将政府的控制权交给年轻的皇帝。但很明显的是，鳌拜抓住此事不放，打击苏克萨哈，超出了康熙的意图。二十四款大罪中并没有直接说苏克萨哈反对旗地更换，说的都是他整个辅政期间一般性的不合作行为。但鳌拜肯定考虑要最终除掉苏克萨哈，这是他反对正白旗、它的成员以及它的土地这一运动的最高成就。

最初，苏克萨哈可能被判最残忍的凌迟处死，但最后，可能因为康熙的反对，确定的是绞刑。苏克萨哈的一些亲戚和支持者与他一同倒台，八人处死，四十多人解职，其中一些降为兵卒，苏克萨哈其余的家人沦为旗人的奴隶。

鳌拜现在处于他权势的顶峰，尽管康熙已经成年（十四岁），从规定看他已亲政，但鳌拜继续掌权，一言九鼎。两位辅臣索尼和苏克萨哈已死，剩下的遏必隆，一直是鳌拜的支持者，根本构不成威

52

---

① 《大清圣祖仁皇帝实录》，第332页（卷23，第7a-8a页）。

② 《大清圣祖仁皇帝实录》，第332-337页（卷23，第8a-18a页）。苏克萨哈之死没有明确的日期，应该是在遭指控后不久。

胁。反对的力量正在聚集——最具威胁的是皇帝本人。我们已经看
到了康熙日益不满于鳌拜强加给自己的政策和决定，这位年轻的统
治者不会永远遭受恫吓。但是康熙亲掌政权还是两年以后的事，他
的政治见习还没有结束。

第三章

康熙的政治见习

康熙朝的前八年，都是辅臣掌控着国家，康熙本人几乎是在幕后，几年都看不到他的真面目。政令虽都以他的名字颁行，但其中肯定没有他的见解或是利益。他最早作为个人现身，是在十二岁的时候，就是在刚刚描述过的鳌拜与苏克萨哈的争斗过程中。但不出三年，康熙个人就开始主政朝廷，介入并决定了一项重要朝廷事务，然后就大胆地推毁了辅政体制，乾纲独揽。一瞥成长中的皇帝的最初阶段，我们就能领略将主导接下来半个世纪中国政治的这个人的统治风格。

年轻的皇子与统治者

康熙是顺治的第三子，1654 年 5 月 4 日出生。① 尽管他是满人

---

① 《大清世祖章皇帝实录》，第 974 页（卷 82，第 16b 页）。

所建立王朝的第四位皇帝，但他的满人血统还不到一半。皇太极是他的祖父，血管中流淌有蒙古人的血，因为皇太极的母亲（努尔哈赤的孝慈皇后）是蒙古一部落首领的女儿。① 康熙的祖母——孝庄皇后，是蒙古贵族之女，她的父亲是成吉思汗兄弟的后人。② 因此，康熙的父亲从民族上说更多的是蒙古人而不是满人。康熙的母亲孝康皇后，是一半满人一半汉人血统，她的父亲佟图赖，一直为满人效力，但祖先过去长期生活在辽东，为明朝效力。③ 关于孝康皇后的母亲，除了知道她出自满族的觉罗氏④，其他的一无所知。如果将这些所有的条件简化为分数表示，那么康熙有着四分之一汉人血统（出自佟图赖），四分之一蒙古血统（出自孝庄太后），四分之一满人血统（出自佟图赖的福晋），另四分之一是混合血统——大概满、蒙对半（来自皇太极）。康熙的先世表明，即便是清朝初期，满人和汉人的血统也是混合的，最高层的人也是这样。然而，从政治上看，年轻的康熙只能被认作满族皇子。

　　这个小男孩可能少有其他皇子的幸福家庭生活经历。⑤ 他的父亲顺治，很快就对孩子的母亲，可能也对小孩本人失去了兴趣，因为顺治在康熙两岁时，找到了他的真爱——董鄂妃。董鄂氏 1656 年进宫，时年十八岁，立刻就成了顺治的爱妃。他想升任她为皇后，

54

---

① 《清代名人传略》，上册，第 1 页；下册，第 898 页。郑天挺《清史探微》第 18-19 页指出，我们不能肯定皇太极母亲蒙古血统是否纯正。

② 《清代名人传略》，上册，第 300 页。

③ 《清代名人传略》，下册，第 796-797 页。

④ 《大清圣祖仁皇帝实录》，第 919 页（卷 68，第 10b 页）；郑天挺：《清史探微》，第 20 页。

⑤ 例子可见宣统皇帝谈及与他父母亲关系时悲伤的话（溥仪：《从皇帝到公民：溥仪自传》，北京：外文出版社，1964 年，上册，第 19、39-40、47-50 页）。

但是他的母亲孝庄太后，以及官员反对这么做。她被封为皇贵妃。1660 年她去世，皇帝悲伤欲绝，想到了自杀，后来想要出家，几个月后他去世，但去世前还是追封他心爱的妃子为孝献皇后。①

有则故事——可能是虚构的——说的是顺治和康熙间的一次谈话。当时康熙五岁，他和两位兄弟到宫里探望父亲。顺治问每个孩子的志向。最小的常宁只有两岁，无法回答。皇长子福全说他愿意成为贤王。轮到康熙回答，他占得了上风，说的是，长大只愿效法了不起的父亲。② 顺治对康熙的回答特别满意，但从后来看，他只是与儿子有着正式的父子名分，别无其他。

55　　母爱可能也遥不可及，因为康熙的母亲在他出生时只有十四岁。③ 无论如何，当时习惯做法是将皇子交由乳母和保母照料。康熙甚至与保母一起在宫外的京城内城生活了一段时间。④ 我们只知道其中的一位保母孙氏，她是曹寅的母亲。不管还有谁，康熙的保母尤其是乳母，必定对他的性格养成留有印记，甚至在政治决定上有着影响，或两者兼而有之。⑤ 她们的服侍并非没有回报：孙氏的丈夫，还有她的儿子在康熙长大成人后都得到了恩赏。⑥

---

① 《清代名人传略》，上册，第 257、301-302 页。

② 《大清圣祖仁皇帝实录》，第 44 页（卷 1，第 3b-4a 页）。这两兄弟的传记分别见《清代名人传略》，上册，第 69-70、251-252 页。

③ 因为女孩入宫服役是在十三岁（《大清会典事例》［光绪朝］，第 19212 页［卷 1218，第 7a 页］），孝康身怀将来的皇帝，应是在顺治注意到她不久。

④ 《清代名人传略》，上册，第 328 页；皮埃尔·约瑟夫·奥尔良：《两位鞑靼征服者的历史》，第 48 页。

⑤ 参见顺治（《清代名人传略》，上册，第 257 页）和宣统（溥仪：《从皇帝到公民：溥仪自传》，第 71-72 页）的乳母的故事。

⑥ 史景迁：《曹寅与康熙皇帝：奴才与主子》，第 24-25 页。

　　除了乳母和保母，与这位皇子形影不离的就是太监。康熙出生的前一年，太监的复兴达到了顶峰，这时成立了内十三衙门。这位皇子无论到哪里，无论做什么，太监都会在场服侍。我们有一些关于年轻的康熙与太监关系的直接材料——无论是当皇子还是后来当皇帝的时候，并且借助后来的一位皇帝（宣统）对自己幼年的回忆，可以重建许多情景。

　　首先，生活的基本方面——吃、穿、睡，所有一切都在太监的照料下完成。吃可能最讲排场和最具仪式感。宫中各关键地点已安排好的侍奉太监，接力式地喊出皇帝想吃的食物，这是一种原始但有效的沟通体系，会在极短的时间内将命令传到御膳房。总是备好并等着端上的吃食，快速地上桌，先由太监试吃以防万一，接着在皇帝面前摆好并打开盖子。康熙是否吃就另当别论了。宣统（清朝末代皇帝）是不吃的，他享用的是由皇太后专门为他另备的餐食，不过，御膳房依然照旧备办。①

　　就寝对于年轻的康熙，如同所有的小孩子一样，可能是讲故事的时间，太监们讲起来没完没了。鬼怪的故事，宫殿以及它从前居住者的故事，不仅可以逗乐，也可能吓唬这位皇子，当然也是教育他。故事当然不限于就寝时间；皇子醒着的时候，可能也在听故事。康熙从曾在明宫廷当过太监的人那里了解到许多晚明历史的细节。②宣统皇帝也承认太监们的教育作用，他说过，这些人既是他的奴隶，也是他最早的老师。他称呼总管太监为"实际的启蒙老师"。③

56

---

　　① 溥仪：《从皇帝到公民：溥仪自传》，第 42 - 43 页。
　　② 史景迁：《康熙皇帝自画像》，第 86 - 87 页。
　　③ 溥仪：《从皇帝到公民：溥仪自传》，第 64 页；所说的故事见第 65 - 67 页等。　*188*

　　皇子渐渐长大，要嬉戏玩耍，这时太监就成了伙伴。任何外出的场合，太监都陪伴着皇帝，从花园里闲逛到庄严的行进队伍，但皇帝的玩性使得行进队伍一团糟。①

　　康熙作为小孩子，得过最令满人恐怖的疾病——天花。在早期的征服战争中，只有得过天花的满洲军官才被派去经由蒙古地界的远征，那里被认为天花肆虐。② 同一道理，康熙得过天花，被认为可能是顺治在遗诏中立他为太子的最主要原因。七岁时，康熙就成了中国的统治者——名义上的，不是事实上的。政策的真正制定者，上面说过，是几位满洲辅臣，孝庄太皇太后也会起一些作用。康熙的生母，孝康皇太后于 1663 年二十四岁时去世，她没有机会对政策施加影响，她是皇太后，本来可以有相当大的影响力。她死后，祖母承担起了抚育、教育的责任，后来在康熙碰到危机时协助他。据说她从来没有干涉过朝政，但康熙常常就内务府的事情征求她的意见。③

　　可能孝庄太皇太后最重要的决定是选择了康熙的第一位皇后——孝诚皇后。这位皇后是德高望重的辅臣索尼的孙女，这一婚姻显然有明显的政治意图。它给辅政时期种下了不和谐的种子，促成了嫉妒心重的鳌拜实施自己的夺权计划。④ 孝诚皇后和康熙在

---

① 溥仪：《从皇帝到公民：溥仪自传》，第 39 - 41、65 页。
② 《清代名人传略》，下册，第 898 页。
③ 《清代名人传略》，上册，第 301 页。
④ 安熙龙：《马上治天下：鳌拜辅政时期的满人政治（1661—1669）》，第 169 - 170 页。

1665 年大婚，两人只有十一岁，皇后还比皇帝大三个月。① 孝诚皇后生了两个儿子：一个在 1669 年，不久就殇亡，一个在 1674 年。后者的出生时运不济：母亲难产而死，这个儿子（胤礽）后来堕落败坏，可能精神错乱，这导致了他的太子之位被废黜，引发了康熙其他儿子为争夺皇位的激烈斗争。② 康熙的另两位皇后——一个是辅臣遏必隆的女儿，一个是佟国维的女儿——都没有生育，但康熙还有其他妃嫔所生的不少儿女。③

在康熙幼年的活动中，人们知道他的早期教育情况更多些。宫廷史家告诉我们他四岁开始读书。不仅如此，他喜欢读书，通宵达旦。他的阅读带有目的性：他选择的是各王朝史书，儒家经典，以及关于统治的书。康熙可以一目十行，知其大意，能够作为现代速读课程的范例。在 1684 年第一次南巡时，康熙自己向师傅高士奇，反复讲到这个他早年阅读习惯的故事（或是传奇）。此前高士奇请求皇帝不要在深夜甚至是早晨读书，这有损于健康，但是皇帝向他保证说从四岁时他就读书，毫无倦意，兴趣盎然。成为皇帝后，他继续学习，立志要记住《大学》和《中庸》。④

① 孝诚皇后出生于 1654 年 2 月 4 日（《清代名人传略》，下册，第 924 页）；康熙出生于 5 月 4 日。他们是在 1665 年 10 月 16 日大婚（《大清圣祖仁皇帝实录》，第 252 页［卷 16，第 16b 页］）。

② 《大清圣祖仁皇帝实录》，第 651 页（卷 47，第 18a 页）；《清代名人传略》，下册，第 924 - 925 页。

③ 《清史》，第 3495 页第 2 栏至第 3496 页第 3 栏。第四位皇后，参领威武之女乌雅氏，康熙生前只是妃子，但 1723 年在他的儿子雍正继位后被封为康熙的皇后（《清代名人传略》，上册，第 302 页）。佟国维的传记，见《清代名人传略》，下册，第 795 页。

④ 《大清圣祖仁皇帝实录》，第 43 页（卷 1，第 2b 页）、第 1572 页（卷 117，第 19b 页）。感谢史景迁提供后一条史料。

另一个清朝统治者宣统皇帝也很早就开始了学习，有伴读，皇帝犯错时这些人代为受过。① 康熙也可能是以这种方式开始学业的，现在知道他在宫外长大，有一些伙伴。这里有一个线索——当然仅是线索而已——曹寅，康熙保母之子，可能就是这些儿时伙伴中的一个。② 康熙也可能与他的兄长一起学习，乾隆与宣统皇帝就是这种情况。③

尽管康熙早年就表现出了对学习的嗜好，并以此闻名，但是他接受师傅的正式教育，是在他擒治鳌拜并开始亲掌大权之后。从1661 年康熙继位开始，直到 1669 年鳌拜倒台前夕，御史们一直请求，应该为皇帝指派师傅教授经史。④ 除了最后一次，对于所有这些请求，答复都相同："报闻"。只有最后的上奏者得到将要实施的承诺。这个人的奏疏，是 1669 年 5 月 18 日所上，得到了康熙的赞许，交礼部讨论此事。仅仅四天之前，皇帝正式前往翰林院，鼓励那里的师生勤奋攻读。⑤

康熙 1669 年 5 月的言行，清楚地表明他意在很快能开始他的学业，但恰在此时一场重大危机发生，推迟了他的正式学业，直到

58

---

① 溥仪：《从皇帝到公民：溥仪自传》，第 53、57 页。

② 皮埃尔·约瑟夫·奥尔良：《两位鞑靼征服者的历史》，第 48 页；史景迁：《曹寅与康熙皇帝：奴才与主子》，第 27 页。

③ 康无为：《皇子教育：皇帝角色的学习》，载费维恺、罗兹·墨菲、芮玛丽编：《中国近代史研究》，伯克利：加利福尼亚大学出版社，1967 年，第 17 页；溥仪：《从皇帝到公民：溥仪自传》，第 57 页。乾隆皇帝的例子中伴读是他的弟弟。

④ 《大清圣祖仁皇帝实录》，第 87 页（卷 4，第 2a 页）、第 153－154 页（卷 9，第 2b－3a 页）、第 324－325 页（卷 22，第 16a－17b 页）、第 331－332 页（卷 23，第 6a－7a 页）、第 369 页（卷 25，第 17a 页）、第 379 页（卷 26，第 5b 页）、第 414－415 页（卷 28，第 20b－21a 页）。

⑤ 《大清圣祖仁皇帝实录》，第 413－414 页（卷 28，第 18b－19b 页）。

1670 年。我指的当然就是擒鳌拜及随后大规模的政府清洗。康熙日理万机，无暇顾及学习。鳌拜事件的爆发实际上是皇帝经历的第二次洗礼：此前有 1668—1669 年的历法之争，他第一次与西学接触，并首次尝试着个人进行决策。

历法之争

从一开始，清朝就将它的历法，建立在西方的天文计算之上，这是由在北京的耶稣会士做出的。在华最重要的传教士是德国耶稣会士汤若望。明朝最后一个皇帝统治期间他就在钦天监服务，后来他也同样忠诚地为新的统治者效劳。[1] 汤若望用西方的方法准确地预报了日食过程，这给多尔衮留下了深刻印象，之后的 1644 年 12 月 23 日，他被授权管理钦天监事务。汤若望后来被任命为监正，这是正五品官员，并多次得到顺治和康熙辅臣的嘉奖。[2]

可以想见，钦天监的回人和汉人官员看到汤若望步步高升而自己的地位遭到削弱，就会反对耶稣会士和他们的方法。回人官员吴

---

[1]　史景迁：《改变中国》，波士顿：利特尔 & 布朗出版社，1969 年，第 3-22 页，简述了汤若望的活动。汤若望更详尽的传记，见约瑟夫·迪尔：《在华耶稣会士汤若望》，布鲁塞尔：世界出版社，1936 年。

[2]　《清代名人传略》，下册，第 890 页。《大清世祖章皇帝实录》，第 77 页（卷 7，第 1b 页）、第 134 页（卷 11，第 19b 页）、第 314 页（卷 26，第 19a 页）、第 865-866 页（卷 73，第 2b-3b 页）；除了第二条外，其他材料的英译见傅乐淑：《中西关系文献编年（1644—1820）》，第 4、5、12-13 页。1646 年 1 月提到汤若望时他已是监正（《大清世祖章皇帝实录》，第 257 页［卷 21，第 17b 页]）。

明烜，争取到一位古怪、以自我为中心的江南人杨光先。① 杨光先直接叩阍②告御状，认为西洋人会给国家带来危险。差不多从 1659 年开始，杨光先不断发起攻势，著书立说，并向皇帝上奏，反对汤若望，反对他的宗教，反对他的历算。到了 1664 年，他的行动取得了成功。9 月中旬，他向礼部上呈所收集的所有汤若望及其同僚——包括西洋人和中国人——颠覆国家的证据，请求礼部提醒辅臣并采取行动。

59   杨光先的证据，正如他的《摘谬论》一文中所给出的，包括各类问题。汤若望罪行中重大恶极者，是他宣扬异端宗教，诱骗人们信奉。更为恶毒的是，耶稣会士有教堂"共三十"，收徒"百万"，遍布各地，包括京城，他们利用这些，大规模地刺探情报。杨光先认为，他们必定在谋反。③ 对于谋反的指控——就像看起来的那样毫无根据，荒诞不经——肯定触到了辅臣的痛处。各省平定还不算太久，忠于明朝的残余分子仍在东南沿海兴风作浪。辅臣可能怀疑杨光先别有图谋，但他们不能不重视它们。

杨光先解释耶稣会士妄图颠覆帝国权威的另一条证据，是他们拟定的历法封面的用语——"依西洋新法"。这只是说这部历法是依照新的由传教士引入的方法进行计算的，但杨光先却从中读出了更深的具有悖逆的意思来。④ 历法是帝国权威的象征，也是儒家世界

---

① 传记资料见《清代名人传略》，下册，第 889 - 892 页。此条目由房兆楹所写，包括用英文写的最清晰的历法之争。

② "叩阍"字面意思是敲击宫门，就是上呈冤情，是为普通人开放的渠道。

③ 傅乐淑：《中西关系文献编年（1644—1820）》，第 36 - 37 页，译自杨光先为自己辩解的小册子《不得已》。

④ 傅乐淑：《中西关系文献编年（1644—1820）》，第 37 页。

秩序的支柱；属国必须采用当时中国的历法作为臣服中国宗主地位的标志。① 对于将他们在汉人眼中的合法性记挂在心的满人来说，制定正确、无可挑剔的历法无疑有着双重重要意义。因此任何对中国历法的公认优越性的质疑——即便只是计算方法而不是历法本身或它的意识形态功用——都被解释为大逆不道。最重要的是，汤若望所呈进的康熙朝历法只包含了两百年。这么做是轻率的，这与中国人万世长存统治的情感格格不入。②

　　杨光先最后说到由一个中国皈依者在汤若望的指导下所写的异端宗教小册子。这本书叫《天学传概》，将基督教在中国的起源追溯到伏羲时代，伏羲是中国的文化英雄，这位作者认为他是以色列一个消亡部落的首领。这表明了中国人是希伯来人的后代——对中国人来说这想法荒谬绝伦——并将中国的经典降至只是异端宗教的注解，这种崇拜上帝的宗教（天学）在中国周朝时就已灭绝，现在由耶稣会将它复兴。③

　　杨光先又向礼部上呈《选择议》一文，控诉耶稣会士，尤其是汤若望对"风水"的不当使用。它指控说，汤若望早在 1658 年就用一套错误的风水理论，选择荣亲王安葬的日期和地点，荣亲王是顺治宠妃的孩子。杨光先以为，汤若望做出不祥选择的意图，是要诅咒年幼皇子的父母。1660 年 9 月孝献皇后的死，以及五个月后顺治

60

---

① 费正清：《美国与中国》，修订版，纽约：维京出版社，1962 年，第 117 页。

② 《大清圣祖仁皇帝实录》，第 230 页（卷 14，第 27b–28a 页）。

③ 《清代名人传略》，下册，第 890 页；傅乐淑：《中西关系文献编年（1644—1820）》，第 35 页。

的死，似乎足以支持杨光先的说法。[1]

朝廷将杨光先监控起来，同时考虑行动方案。1664 年 9 月 24 日，礼部和吏部得到旨令，就杨光先的指控审讯汤若望。[2] 此案由礼部和吏部交议政王大臣会议，仔细讯问汤若望和杨光先，逐条核实指控。议政王大臣承认天算不是他们的专长，难以确认哪一方的历法正确。但他们知道一件事：汤若望的一些方法有别于中国的传统程序。他们也知道，汤若望的二百年历法和他的风水选择极其不当。站在传统和迷信的立场，议政王大臣会议在 1665 年 4 月 30 日宣判，汤若望及七位钦天监同僚凌迟处死，他们的亲人中有五人处斩（包括汤若望的养子潘尽孝）。

这一严厉的判决不符合近期宣布的大赦，大赦是在 4 月 16 日北京地震之后发布的。在复议这些判决时，辅臣（代表康熙）认为汤若望年老（当时七十四岁），且长期为本朝效劳，应该从轻发落。他的两个汉人同事也被给予了特别照顾，因为他们以前在挑选皇帝陵寝上做得很成功。议政王大臣会议认真地重新考虑他们的意见，5 月 17 日，将汤若望、两位汉人风水师，以及汤若望养子减为鞭刑并流放，其他九人仍处死刑。上谕最终对案件的处置更为宽仁：钦天监七位官员中被判处斩的五人，都被宽免；汤若望等人也没有流放。[3]

然而，经过这次磨难的耶稣会士，大伤元气。所有传教士都被

---

① 《大清圣祖仁皇帝实录》，第 230 页（卷 14，第 28a 页）；《清代名人传略》，下册，第 891 页。

② 傅乐淑：《中西关系文献编年（1644—1820）》，第 36 页。

③ 《大清圣祖仁皇帝实录》，第 225 页（卷 14，第 17 页）、第 230 - 231 页（卷 14，第 28a - 29a 页）、第 233 页（卷 15，第 1b - 2a 页）。

集合起来送往澳门——从帝国发配到这里，当时只有在北京的四人不必如此——汤若望、南怀仁、利类思、安文思。① 不久之后，汤若望去世，由南怀仁担任北京传教团的领袖，以及钦天监的首席专家。不过他的知识能为朝廷所用，还要数年，因为审判的第二个结果是，在钦天监，耶稣会士和西洋方法被杨光先和传统方法取代。

杨光先的天文学素养很差，他试图推卸身为钦天监监正的业务，但请求未被理睬。他少得可怜的历法和天文知识都来自吴明烜，他将吴明烜带到钦天监做他的助手。二人都对自己的能力没有信心，提交了数份奏疏请求帮助。② 杨光先和吴明烜就这样疲于应付，直到 1668 年，康熙决定亲自验证这些相互冲突的方法。

康熙亲政正式始于 1667 年 8 月 25 日，当时十四岁，顺治就是在这个年龄亲政的，对于朝廷所有人来说，康熙遵循乃父先例的做法是允当的。不过，康熙仍旧未亲掌政府或是决策。他不赞同鳌拜在处理更换旗地中对反对自己一方的冷酷无情，但当时他无权阻止他的这位辅臣。很容易想象这位年轻的皇帝韬光养晦，与鳌拜一决高下。他可能看到了历法之争是他亲自决策、一试身手的良机，是在危险宫廷政治中历练的机会，也是测试"风向转变"的好时机。

康熙于 1668 年 10 月 5 日介入历法之争。吴明烜请求礼部寻求专家对历法的意见，因为他和其他天文专家对制定的历法有分歧。礼部认为吴明烜的历法最为精确，应该在康熙九年（1670）颁布；　*62*

---

① 闵明我：《中华帝国的历史、政治、伦理和宗教概论》，第 281 页。
② 《大清圣祖仁皇帝实录》，第 273 页（卷 18，第 9b–10a 页）、第 367–368 页（卷 25，第 14b–15a 页）、第 384–385 页（卷 26，第 16b–17a 页）。第二条材料是寻找天文生的上谕，可能是应杨光先和吴明烜的请求下发的。

因为第二年的历法业已颁布，无须收回。康熙不满意于此事这种漫不经心的处理，下令吴明烜制定康熙八年的历法，他要亲自验证。① 康熙持续关注此事，日益怀疑负责钦天监的这些人②，他寻求南怀仁神父的意见。

1668 年 12 月 29 日（康熙七年十一月二十六日），这位佛兰芒耶稣会士收到吴明烜所制的康熙八年历法。他仔细研究了一个月，找到其中的一些错误。例如，他认为十二月后不应再置闰月。吴明烜的历法还包括了两个春分、两个秋分等错误。南怀仁也指出吴明烜没有考虑帝国内时区的变化，只是以北京为基础计算所有一切。接下来，他将问题上升至国家荣耀以引起关注，他问道，皇帝的美德和权力的传播至远至广，吸引众多国家成为属国并成为中国历法的使用者，那皇帝如何能容忍不精确的历法呢？③

1669 年 1 月 27 日南怀仁的奏疏上呈康熙。皇帝立即要求议政王大臣和其他高级官员会商南怀仁所指出的问题。他们请求任命一个特别班子，公开验证对立双方南怀仁和杨光先及其西洋的和传统的方法。康熙任了二十个人组成班子，以内阁大学士图海为首。④

这个班子，与钦天监监正马祐一道检验了双方康熙八年历法的准确性，关于预测两次刚刚经历的"立春"和"雨水"的太阳周期，

---

① 《大清圣祖仁皇帝实录》，第 384 - 385 页（卷 26，第 16b - 17a 页）、第 389 页（卷 26，第 25b - 26a 页）。

② 例子见《大清圣祖仁皇帝实录》，第 396 页（卷 27，第 11b 页）、第 399 页（卷 27，第 18a 页）。

③ 傅乐淑：《中西关系文献编年（1644—1820）》，第 42 - 43 页，翻译南怀仁等人的《熙朝定案》。

④ 《大清圣祖仁皇帝实录》，第 402 - 403 页（卷 27，第 24、25 页）。

以及计算这一时期木星和火星的星相。结果证实，南怀仁的预测与实测一致，而吴明烜的计算不正确。杨光先、吴明烜的传统方法不可信，汤若望、南怀仁的西洋方法正确。2 月 26 日，这个班子报告了他们验证的结果，结论是制定历法应再次交给耶稣会士。

　　这场争论本可以结束，但很显然康熙并不满意，想要一问到底。他想知道，为什么四年前议政王大臣判定汤若望的方法不准确，而现在又宣布是准确的？为什么班子没有因案件完全反转，想要质询杨光先、吴明烜、南怀仁以及钦天监的官员，难道他们要隐藏什么？康熙命他们再次问案。①

　　这个班子于 3 月 8 日再次回奏，还是同样的决定，不过有了更多细节。此外，他们建议惩罚杨光先和吴明烜，以为这可能是康熙对他们第一次报告所做回应的暗示。我认为康熙还暗示了别的——应该涉及鳌拜以及要削弱他对政府的控制，但康熙没有得到想要的。因此，康熙权且接受了将杨光先和吴明烜革职。② 4 月 17 日，南怀仁被任命为钦天监监副，历法也再次要用西洋方法制定。取消了康熙八年十二月置闰月，改用南怀仁的建议，置于康熙九年二月之后。这样，"雨水"会在阴历的正月，这是它总出现的月份。当然有一件事没有回归以前的做法，"依西洋新法"这话不再印在日历的封面上。③

63

---

　　①　《大清圣祖仁皇帝实录》，第 407 页（卷 28，第 6 页）；傅乐淑：《中西关系文献编年（1644—1820）》，第 44 页。

　　②　《大清圣祖仁皇帝实录》，第 408－409 页（卷 28，第 8b－9b 页）。两个人当时都没有受处分，杨光先甚至免于受审，而吴明烜被判处的绞刑也被取消。后来，8 月，吴明烜因为错误声称知道如何用西法制历，受笞刑（《大清圣祖仁皇帝实录》，第 436 页［卷 30，第 20 页］）。我认为吴明烜是极力迎合形势，以恢复在钦天监的地位。

　　③　《大清圣祖仁皇帝实录》，第 412 页（卷 28，第 15b－16a 页）；《大清会典事例》（光绪朝），第 18105 页（卷 1104，第 1 页）。

1668—1669 年的历法之争，让我们领略了康熙作为统治者的初露峥嵘。他名不虚传的特点——坚韧不拔加上观察细致入微——在这里第一次尽显无遗。可以说，我们目睹了在后来危机如三藩之乱或 1711 年科场案中他决策风范的一次预演。① 如果我们认为他有意将鳌拜与此案联系在一起的话，他似乎未能从历法之争中得到如愿的结果，但毕竟这是他在政务上初试身手，而他也只有十五岁。

鳌拜最后被牵连进来，也只是康熙在找到了其他方法能够制服他之后。对此案的重新发落，即便不是有利于康熙，也有利于耶稣会士。1669 年 9 月 5 日，南怀仁指控杨光先在 1664—1665 年受鳌拜宠信，借此诽谤汤若望和基督教，清除他在钦天监的对手。成为钦天监监正之后的杨光先犯下大错，显示出他对天算的懵懂无知。议政王大臣会议利用这些指控，将杨光先绳之以法，证实了先前的受害者无罪。对于杨光先，他们建议处斩，但康熙饶了他一命。汤若望已于 1666 年去世，这时恢复了他的荣衔官职，并予祭葬。汤若望曾建有教堂（即南堂）的土地被没收，这时也返还耶稣会神父们。五位被处死的钦天监官员的家人从流放中召还，所有失去官位的官员官复原职（有的是在死后）。基督教仍然被禁，传教士依然被限制在广州和澳门，只有南怀仁和当时另两位耶稣会士不在此列。② 此

---

① 前者参见本书第四章，后者见史景迁：《曹寅与康熙皇帝：奴才与主子》，第 240 - 254 页。

② 《大清圣祖仁皇帝实录》，第 440 - 441 页（卷 31，第 4a - 5a 页），英译见傅乐淑：《中西关系文献编年（1644—1820）》，第 45 - 46 页。对于南怀仁和五位已被处死的中国天文专家的平反昭雪仅在几周之后（《大清圣祖仁皇帝实录》，第 442 页［卷 31，第 7b 页］）。

后，直到 19 世纪，耶稣会士都执掌着钦天监。①

从这一事件中，康熙生出了一种强烈的对耶稣会士的敬重之情，尤其是对南怀仁以及他们所擅长的西方科学的新技术。他对西学的兴趣与日俱增，这使得他与西方传教士的关系日益亲密。我会在后面做全面讨论。

亲政

鳌拜与同党有效地压制了反对者差不多七年时间。这从苏纳海、苏克萨哈等人在圈换旗地问题上因反对鳌拜而付出了生命的代价就可以看到。受害人不止他们几个。早在 1664 年，费扬古及子倭赫在皇帝面前表现出对鳌拜某些真实或想象的侮慢而被处死。② 蒙古正蓝旗都统伊里布与鳌拜作对，鳌拜下令禁止他参与朝廷问题的讨论。③ 汉官，比如大学士李霨，发现唯一躲避麻烦的办法就是在朝时缄默不语，不公开反对鳌拜，不管自己的真实想法是什么。④

那些死心塌地支持鳌拜的人得到了奖赏。玛尔赛与鳌拜同旗，

① 这些耶稣会士中一些人的名单可见《清代名人传略》，下册，第 892 页。从制度上讲，西方人取代了汉监正，还设有一名满监正。见《大清会典事例》（光绪朝），第 18092 页（卷 1103，第 1a 页）。

② 《大清圣祖仁皇帝实录》，第 187 页（卷 11，第 22 页）；《清史列传》，卷 6，第 11a 页。这个费扬古不是顺治宠妃的弟弟（《清代名人传略》，上册，第 248－249 页），而是内大臣，此事的具体情况不详。

③ 《清史列传》，卷 6，第 12a 页；《大清圣祖仁皇帝实录》，第 421 页（卷 29，第 9a 页）。

④ 《清史》，第 3809 页第 4 栏。

65 1668 年升至户部尚书，尽管当时已有满户部尚书。为了解决这一困难，鳌拜声称前朝该部有两位满尚书同时在任的情况。1669 年，玛尔赛去世，鳌拜未经皇帝同意就赠予他谥号。[①] 鳌拜一党权势熏天之时，将三十九人置于高层文武职位，包括大学士班布尔善，他是努尔哈赤之孙，满尚书阿思哈、济世、噶褚哈，满侍郎泰璧图、迈音达、罗多，总督莫洛以及巡抚白清额、阿塔。[②]

康熙亲政伊始，一些官员就敢于反对鳌拜。1666 年有御史请求皇帝第二年亲政，因为那时他十四岁，这样做是遵循顺治所定的先例。[③] 康熙对这一奏疏没有采取任何的行动，到了十四岁（1667 年的新年），他仍没有任何的准备以限制辅臣的权威或是废止辅政。康熙六年（1667）的三月，德高望重的索尼，再次请求康熙亲政，这一请求再次无声无息。其实这是康熙的意图，或是这样记载的，再等待几年直到他感到足以应付皇帝要做的竭尽心力的工作。他的这一决定得到了祖母孝庄太皇太后的支持。但是辅臣们——机敏地平衡着意识形态和政治——坚持康熙至少要形式上亲政，而他们继续协助。如此，辅臣既可以尊重顺治的先例，又不放松对权力的控制。这一计划也令太皇太后满意，她令礼部选择吉日举行大典。选定的日子是 8 月 25 日，当天康熙宣布亲政，修缮乾清宫以理政务，此后

---

① 《清史列传》，卷 6，第 14 页；《大清圣祖仁皇帝实录》，第 418 页（卷 29，第 4a 页）。

② 鳌拜一党的人员构成，见安熙龙：《马上治天下：鳌拜辅政时期的满人政治（1661—1669）》，第 175 - 177 页。

③ 《大清圣祖仁皇帝实录》，第 288 页（卷 19，第 16a 页）。

这就成了他的日常行为。①

鉴于辅臣过去和以后的襄助之功，康熙对他们大行赏赉。索尼德高望重，第一个得到恩赏。1667 年皇帝晋封他一等公，同时允许他保留伯爵，两个爵位都可以世袭。② 索尼去世（1667 年 8 月）后不久，康熙宣布，将以同样的方式赏赐另三位辅臣，但到了实际加封爵位的时候，苏克萨哈已死。鳌拜和遏必隆都赐一等公，他们以前的爵位（二人都已是公爵，遏必隆是一等，鳌拜是二等）赠予他们的儿子。③

尽管政令仍出自鳌拜等辅臣，但无论怎样康熙亲政还是鼓舞了对满洲辅政的批评，可能是因为现在可以更多地见到皇帝，可以更多地求助于皇帝。最初反对鳌拜的声音还弱小，说的也是细末小事。有一次总管内务府大臣米思翰拒绝了鳌拜临时要使用皇帝的物品。又有一次，都察院左都御史冯溥向康熙奏报，奏疏批红已经发抄，但鳌拜予以改批。冯溥因秉公办事得到表扬，鳌拜受到了皇帝严厉斥责。④

第一个扩大批评范围，全面攻击鳌拜和辅政的是熊赐履（1635—1709）。熊赐履是位年轻的湖北人，因为 1667 年和 1668 年

---

　　① 《大清圣祖仁皇帝实录》，第 329 - 331 页（卷 23，第 2b - 3a、3b - 5a 页）。安熙龙（《马上治天下：鳌拜辅政时期的满人政治［1661—1669］》，第 185 - 186 页）更是将此解释为太皇太后等皇帝的支持者的提议，以维护他们的权力，而不是（比如我就认为）辅臣们为了挽救他们地位的动议；我们的认识可以互相补充，但对于认识权力怎样从一个集团转到另一个集团究有不同。

　　② 《大清圣祖仁皇帝实录》，第 314 - 315 页（卷 21，第 24a - 25a 页）、第 317 页（卷 22，第 1 页）。

　　③ 《大清圣祖仁皇帝实录》，第 329 - 331 页（卷 23，第 5、19b、22b、24a 页）。

　　④ 《清史列传》，卷 6，第 20a 页；卷 7，第 38b 页。

对鳌拜的大胆直言而声名大噪。他慷慨陈词，而自己没有特别的权势，当时只是内三院的侍读（正六品官）。他十年前即 1658 年中进士，被任命为翰林院检讨。1663 年，他调任国子监司业，直到 1665 年任内弘文院侍读。①

熊赐履最早引人注意是在 1667 年 7 月，当时辅臣和太皇太后在争论年轻皇帝亲政要采取什么样的行动方针。为回应皇帝对治理不善和百姓疾苦的关切，熊赐履上呈了一份长长的奏疏（1 636 字）。他提出建议，要改善四个方面，他奏疏的引言和结语部分都有着对改革的根本要求的论述。②

67　熊赐履起首的话呈现出对改革的认识，也是上奏的汉人常用的表达：改革在整个政治体中传播，就如同在水中的落点周围形成越来越大的同心圆一样。他的说法是："京师者，四方之倡也。本原之地，亦在乎朝廷而已。"依此意再向前一步，人们就会说皇帝是国家的轴心，但熊赐履将此留到了他的结语。在进行具体论述之前，他也指出民众不堪两种重负：额外的赋税和贪婪的官员。为了减轻民众的负担，熊赐履看重官员的考核以及晋升程序。地方官员也就是守令应该视他们所服务的百姓的幸福与疾苦进行评定，而各省的长官也就是督抚应该视他们属下的贪污或是廉正情况进行评判。他认为这是消除腐败和减轻疾苦之道。

熊赐履首先讨论了帝国的行政律法。编纂《会典》是王朝的当

190　　① 《清史列传》，卷 7，第 48a 页。《清代名人传略》，上册，第 308 页，任命他的日期有些令人迷惑不解。

　　② 这一长篇奏疏，正文中的几段已给出了撮要，可以在《大清圣祖仁皇帝实录》，第 322 - 325 页（卷 22，第 11b - 17a 页）中找到。

务之急，否则人们会继续改变法律以迎合自己的目标。这样的人只看到当下可见的好处，而他们对法律的滥用会打开潘多拉盒子且视而不见。以古代的体制和现今条件为基础的《会典》将会限制野心勃勃之人，并且也提供行动的准则，为高尚以及低等的人提供可遵循的法律。

官场的道德败坏是第二点不足。熊赐履承认政府中根本性的满汉复职制，同时也承认上下等级之分，但这不应成为汉官对他们的满洲同级官僚唯唯诺诺的理由，不应成为下级迎合上级、上级庇护下级的原因。每一个官员——满人和汉人，上级和下级——都必须凭良心行事，大胆反对邪恶，而不需要有任何的顾虑或是为后果担心。

教育和学校也遭受破坏，熊赐履认为，需要皇帝的大力改进。身为恪守理学正统的程朱学派的信徒，熊赐履担心学子没有学到经典的要义，而是被陆王学派的学说及其他异端思想带向歧途。[1] 皇帝一定要注意整个国家的学校课程应严格遵循正统学说：六经、四书以及程朱对经典的阐述。熊赐履也提倡国家奖学体系，通过此，*68* 将高官的子弟以及各州县广有前途的年轻人送至国子监[2]学习三年。

第四点，也是国家生活中令熊赐履震惊的最后一点，需要改革习俗和礼仪。他抨击服饰和娱乐奢靡之风盛行，甚至卑微的仆人、妓女都穿戴着缙绅、贵妇的衣服和珠宝。他建言应制定节约法令并

---

① 程颐、朱熹代表了理学的理性主义一派，而陆九渊、王阳明代表了理想主义一派（冯友兰：《中国哲学简史》，卜德编，纽约：麦克米伦出版公司，1960 年，第 24 - 26 页）。

② 所用的词是"国雍"，可能专指国子监里的辟雍这个殿（布鲁纳特、哈盖尔斯特罗姆：《当代中国的政治组织》，条目第 412 页）。

严格执行，而皇帝要节俭为先，以示表率。

在奏疏的结尾部分，熊赐履回到他在引言中所表达的主题：帝国的改革应该从宫室车马、一切器用开始。他不再犹豫，如他在引言中所说的那样，将改革的重任置于皇帝肩上。他强烈呼吁，康熙尽管还很年轻，但现在正是培植美德并扩展知识之时。师傅和侍众应用心挑选，以指引这位年轻的皇帝的思想和行动。至于他的学业，熊赐履选择的是《大学衍义》①，这是宋代一部研究《大学》箴言的著作，是能做到圣君般统治的原则和实践的极佳指导书。此外，皇帝应该学习经史。

熊赐履的奏疏并未得到回应——不论赞成还是反对，但是他的一些意见肯定引起了鳌拜的警觉。为了私利而操纵制度和法律的野心家，阿谀奉承的满人以及唯唯诺诺的汉人，与同党狼狈为奸的官员，对上级望风希旨的下级，这些类型的人都很容易被看作鳌拜及其支持者的"漫画形象"。不过指责朝廷对帝国的种种不幸负有责任仍显得很刺耳。但这一次，出于某种原因，鳌拜并没有大张其事。但熊赐履第二次的疾呼，就没有这么幸运了。

熊赐履呼吁大刀阔斧改革的第一次奏疏和第二次奏疏间隔了一年多。其间他升任内三院的侍读学士②，与他人一道阻止皇帝出巡东北。对于此次出巡，熊赐履建议延期，待到任命起居注官以记录

---

① 由宋代真德秀所写，他是朱熹的追随者（纪昀等编：《四库全书总目》，台北：艺文印书馆，1964年，共10册，第3册，第1838-1839页［卷92，第40b-42a页］；伟烈亚力：《汉籍解题》，上海：美华书馆，1922年；重印本，台北：经文书局，1964年，第86页）。

② 《清史列传》，卷7，第48b页。

皇帝的言行①；而另一位上奏之人请求皇帝等到气候转好、更为吉利的时节：现在是寒冷的 10 月，刚经历了洪涝和地震。康熙接受了他们的反对意见，取消了这次出巡。② 就在宣布取消出巡的当天 *69*（1668 年 10 月 22 日），熊赐履呈递第二份奏疏，同样针砭时弊，大胆放言。③

这次熊赐履依然坚持批评皇帝未能开始学习并亲政。康熙有着圣君的认识和领导力的潜质，"天下之人，靡不翘踵拭目，以观德化之成"，但迄今为止，熊赐履悲伤地指出，人民的期盼并没有得到回报，他开列了一些令人失望之处：

> 早临午御，勤政矣，而章程之丛脞犹烦也；蠲荒赈乏，恤民矣，而井间之疾苦犹剧也。诏修太学矣，而辟雍之钟鼓不闻；疏请经筵矣，而文华之几案未设。

另有其他令人失望之处，但一切都可以简化为一种控诉：行不配言。熊赐履给出的解决方案，可以想见是建立在对皇帝的教育之上。这里所给出的建议如同以前的一样：任命博学正直之人为师傅；规划每日经典的讲读；最重要的是将所学付诸实践。

康熙阅读此奏疏时，几句话映入他的眼帘："朝政积习未除"，"国计隐忧可虑"，"设施措置未大厌服斯人之望"。这些话刺激着康熙，他要求熊赐履据实明白具奏。熊赐履的答复只是加剧了康熙的

---

① 1670 年晚些时候设立了起居注馆，熊赐履是第一位提议创设这样机构的官员（《大清会典事例》[光绪朝]，第 17610 页 [卷 1055，第 1a 页]）。

② 《大清圣祖仁皇帝实录》，第 392 - 393 页（卷 27，第 4a - 5a 页）。

③ 下面所撰述的整个奏疏，可见《大清圣祖仁皇帝实录》，第 393 - 394 页（卷 27，第 5a - 7a 页）。

忧虑。这位上奏人视近来的自然灾害是上天对人事的不悦，他"隐忧可虑"的话指的就是这种信念。至于"斯人之望"，他的意思是说康熙的臣民希望他如圣君尧、舜般进行统治。熊赐履为他的警告之语辩解，理由是要"制治于未乱，保邦于未危"。

康熙对熊赐履的回答并不甚满意。的确，他的这些警句似乎比要他解释的词更为凶险。皇帝斥责他妄行渎奏，将他的案子交刑部。刑部决定对熊赐履降级调用，康熙最终予以宽免。①

我们能从这件事中解读出什么呢？熊赐履的传记说，斥责他含混不清的上谕不是出自康熙而是鳌拜，鳌拜疑心这一批评针对的是他本人，但从这份现存文献的措辞并不能看出这一点。② 而且，在1669年，指控鳌拜的罪行之一就是压制熊赐履敢言的奏疏。③ 我认为，这可能是康熙的作为，严厉批评熊赐履，是预先阻止鳌拜进一步的严惩。康熙一年前在与鳌拜的直接交锋中告负，未能挽救苏克萨哈的性命，因此这里他正在测试一种更间接、更巧妙的方法是否有效。

熊赐履的第二份奏疏和所受谴责，步康熙插手历法之争的后尘，这两件事的发展，一并预示着政治的转变。这种迹象也得到了此前发生的一件事的支持，这是1668年春，顺治去世七周年④，在他的陵寝立了一块墓碑，上面是康熙所写的悼文。这本不足异，但在悼

---

① 《大清圣祖仁皇帝实录》，第394页（卷27，第7a-8a页）。

② 《清史列传》，卷7，第48b页。《实录》用词是"得旨"而不是"承旨"。

③ 《大清圣祖仁皇帝实录》，第420页（卷29，第8b页）。这是第十六项罪名所开列的。

④ 实际上，阴历造成了时间上后延了一些天。顺治在顺治十八年正月初七日（1661年2月5日）去世，而此事发生在康熙七年正月十一日（1668年2月22日）。

文中，他特意赞扬他的父亲，包括坚持先人的行政，满汉一视同仁，严厉约束太监。① 不论确切与否，康熙选择称颂顺治的几个方面，恰是满洲辅臣所认为先皇帝的不足之处。这一悼文，无疑是康熙要补偿他父亲死后在辅臣之手所遭受的羞辱，也可能是康熙向辅臣发出的挑战。

朝廷政治中权力的这种平衡转换，在任命顺治朝实录的编纂官员上也有所揭示。1667 年 10 月，鳌拜的最重要同党之一班布尔善，被任命为总裁官。然而就在一年之后，他被康熙最早任命的大学士对喀纳取代。② *71*

鳌拜及同党的覆亡来得迅疾且没有警示。1669 年 6 月 14 日，鳌拜在朝廷之上被习武的年轻人擒拿。③ 在这一大胆行动中，康熙得到了索额图的建议和支持，他是索尼之子、吏部侍郎。索额图有理由厌恶鳌拜，因为鳌拜设法阻止皇帝迎娶索额图兄长噶布拉的女儿，不过未能得逞。④ 索额图成了康熙朝最显赫的官员，他成功的很大一部分原因可以从此次事件他所做功绩得到解释。孝庄太皇太后、未来的满族显要人物如亲王杰书以及明珠等人也支持康熙反对

---

① 《大清圣祖仁皇帝实录》，第 362 - 365 页（卷 25，第 3b - 9a 页，尤其是第 5b 页和第 6b 页）。

② 安熙龙：《马上治天下：鳌拜辅政时期的满人政治（1661—1669）》，第 192 - 193 页。

③ 《清史》，第 68 页第 7 栏；萧一山：《清代通史》，台北：商务印书馆，1962—1963 年，5 册，修订本，第 1 册，第 436 - 437 页。

④ 《清代名人传略》，下册，第 664 页；《大清圣祖仁皇帝实录》，第 420 页（卷 29，第 8 页）。

鳌拜。①

鳌拜的罪行，康熙在擒拿他当天就简要说过，但他将此留给了当时主持议政王大臣会议的亲王杰书，他要向朝廷提交鳌拜及同党的详尽罪行。差不多两年前鳌拜曾命杰书拟定苏克萨哈的二十四款大罪，现在又设法拿出更长的针对鳌拜的罪状（共有三十款）。②

对鳌拜的一些指控涉及上面讨论过的问题：僭越权力（例如发布上谕未经皇帝同意或是违背皇帝的意愿）；在政府中大量安插支持他的人，打击反对他的人；处死反对圈换旗地的苏克萨哈等人；反对康熙迎娶索尼的孙女；任命玛尔赛为户部第二位满尚书；反对批评他统治的熊赐履和御史；不让蒙古旗都统参与廷议。

此外，亲王杰书和议政王大臣会议还提出一些事情，如鳌拜使用皇太极和顺治时期被革职不用之人；购买私人奴隶；改变顺治所定的顺序，他排在遏必隆之前；恶言相向或威胁要肉体摧残以恐吓康熙和大臣。康熙自己回忆在朝廷之上，鳌拜多次威逼，迫使反对他的人屈服。③

在细数了鳌拜的罪行之后，议政王大臣会议瞄准了鳌拜的支持者。当大清洗结束之后，康熙几乎要与新人共事。辅臣、大学士、部院尚书侍郎、八旗官员以及底层人等，他们所有人都与鳌拜一起

---

① 安熙龙：《马上治天下：鳌拜辅政时期的满人政治（1661—1669）》，第 186 - 188 页。

② 《大清圣祖仁皇帝实录》，第 418 - 421 页（卷 29，第 3b - 5a、6b - 10a 页）。尽管杰书在清除鳌拜中发挥了作用，但似乎议政王大臣会议并没有卷入 1660 年代的党争，这个班子既不是鳌拜一党，也不是反鳌拜的工具（安熙龙：《马上治天下：鳌拜辅政时期的满人政治 [1661—1669]》，第 74 页）。

③ 《大清圣祖仁皇帝实录》，第 418 页（卷 29，第 4a 页）。

垮台。遏必隆，是除鳌拜之外唯一在世的辅臣，被指控十二款大罪，大部分缘于他默认鳌拜的作为。大学士班布尔善，在皇帝的秘书班子中是鳌拜的代言人，被认定二十一款大罪，许多是与鳌拜相勾结，但也有一些看起来是自己的作为，比如有几次未经皇帝同意而改动谕旨的措辞。①

追随鳌拜而遭清洗的官员名单很长，这里详列所有对他们的指控也没有什么意义。仅从他们的名字和职位，就可以知道关涉人员的范围之广，人数之多，这些人包括：尚书阿思哈、玛尔赛（已死，他的第二满尚书职位，现已被取消)②、噶褚哈、济世，侍郎泰璧图、绰克托、迈音达，学士吴格塞，总督莫洛，巡抚白清额、阿塔，提督刘邦柱，都统刘之源及子刘光，副都统希福。鳌拜家人中的成年男性，包括三个兄弟、一个儿子、四个侄子、一个女婿和一个孙婿被惩处。这些遭清洗的人中有十人包括许多上面已开列的，都是八旗的高级官员，鳌拜是在八旗结党拉派。③

议政王大臣会议很快就通过将鳌拜及支持者判处死刑，但康熙还是减轻了大多数人的惩处。最后只处死了九人：班布尔善、塞本特、讷莫（鳌拜的两个侄子）、阿思哈、噶褚哈、穆里玛（鳌拜的弟弟）、泰璧图、济世、吴格塞。康熙说，他挑出这几人是因为他们是朝廷所信任的高级官员或侍从，但这并不能解释为什么其他高官如

---

① 《大清圣祖仁皇帝实录》，第 421 - 423 页（卷 29，第 10a - 14a 页）。

② 《大清圣祖仁皇帝实录》，第 430 - 431 页（卷 31，第 8b - 9a 页）。

③ 安熙龙：《马上治天下：鳌拜辅政时期的满人政治（1661—1669）》，第 125 - 126 页。他们案子的讨论见《大清圣祖仁皇帝实录》，第 419 页（卷 29，第 5b - 6a 页）、第 423 - 424 页（卷 29，第 14a - 15b 页）、第 427 页（卷 30，第 2 页）、第 429 页（卷 30，第 5b - 7a 页）、第 443 页（卷 31，第 9b - 10a 页）。

绰克托、迈音达被宽免。①

鳌拜得以不死，投入了监牢，他不久死去，所有财产被抄没。②遏必隆也得到宽免，只是丢掉了公爵，七个月后又归还给了他。他依然出入内廷，死于 1674 年初。③ 另一个得到特殊待遇的是侍卫阿南达，他来自蒙古正蓝旗，深得康熙的信任，令康熙伤心的是，阿南达过去一直夸赞鳌拜品行端正，皇帝还是拒绝将阿南达处死，甚至是流放。④ 与鳌拜有牵连的其他人得到了各种各样身体、政治、经济的惩罚。然而有一个案子（涉及数位高级官员的一起贿赂案），康熙决定放弃一切调查，因为担心牵连太多。出于同样的考虑，以前支持过鳌拜的许多低级官员也都被放过。⑤

在对鳌拜一党进行清洗的同时，那些因反对鳌拜而遭到迫害的人也被重新起用。苏纳海、王登联、朱昌祚等在 1666 年未能成功反对圈换旗地之人得以平反昭雪，恢复职位，他们的子侄都给予荫生。⑥ 鳌拜的垮台对许多人包括在北京的耶稣会士来说是一有利时机，开始矫正以前的不公正，但有一些情况，发现申诉者遭贬斥是

---

① 《大清圣祖仁皇帝实录》，第 424 - 425 页（卷 29，第 16b、18 页）、第 443 页（卷 31，第 10a 页）。

② 《清代名人传略》，下册，第 600 页；《大清圣祖仁皇帝实录》，第 424 页（卷 29，第 16a 页）。

③ 《清代名人传略》，上册，第 200 页；《大清圣祖仁皇帝实录》，第 424 页（卷 29，第 16a 页）、第 454 页（卷 32，第 3a 页）。他原有的公爵，已给其子，这次未受影响。

④ 《大清圣祖仁皇帝实录》，第 419 页（卷 29，第 5a 页）、第 424 页（卷 29，第 16 页）。

⑤ 《大清圣祖仁皇帝实录》，第 425 页（卷 29，第 18b 页）、第 428 页（卷 30，第 3b - 4a 页）。

⑥ 《大清圣祖仁皇帝实录》，第 434 页（卷 30，第 16 页）、第 437 页（卷 30，第 21b 页）、第 442 页（卷 31，第 7a 页）。

出于正当的理由，而不是鳌拜的专断。①

随着辅政被废止，以及这次大清洗中将鳌拜的支持者逐出政府，康熙开始了亲裁大政。他现在可以将他在历法之争中拍板和在打破辅政时娴熟运用的统治术，应用到帝国的治理。1669 年 7 月 3 日，清洗还在全面进行，他命令所有官员，要他们发誓，帮助他解决所面对的问题。仍有腐败要根除，有反叛和土匪要平定，首先，人民承受的苦难要解除——他尤其需要合作，给长期遭受苦难的人民带来和平与繁荣。这是他们的分内职责，要荐举好人以及有益的政策，并谴责一切坏的、邪恶的或有害的人与物。② 秉持这种儒家思想的精义，康熙开始了长期、富有成效的统治。

---

① 《大清圣祖仁皇帝实录》，第 432－433 页（卷 30，第 12b－13b 页）、第 435－436 页（卷 30，第 17、19b－20a 页）、第 467 页（卷 33，第 5b－6a 页）、第 501 页（卷 35，第 13 页）；《国朝耆献类征初编》，第 3229 页（卷 47，第 6 页）。关于耶稣会士，见本章前面的部分。

② 《大清圣祖仁皇帝实录》，第 427－428 页（卷 30，第 2a－3a 页）。

第四章

战争与胜利成果

当第一次军事危机突然降临康熙和清王朝之时，康熙几乎没有时间去集合军队并且不知道如何应对。看起来似乎静谧的帝国——在内陆，如果不算海上的话——突然变成了动荡和战争之地。从1673年叛乱爆发的那一刻起，直到1684年康熙早期统治结束，甚至是超出这一时段，直到1689年《尼布楚条约》签订之时，年轻的皇帝面对数次军事威胁，优先考虑自己的角色是人民的统帅，是王朝生死存亡的保护人。当然，这些斗争的胜利，对于满人作为军事征服者和统治集团，以及对于保存他们的王朝和他们对于中国的控制都必不可少。军事胜利自然也带来了政治上和心理上的巨大收益。得到检验的满人的征服实力，它的统治意愿，以及康熙处理数次危机的得心应手，都有助于一个饱尝改朝换代国内战争和动荡之苦的汉人国家，对于满人权威的最终接纳。

对于三次战争也就是平定三藩、收复台湾以及1684—1686年雅克萨之战的简要记述，将会揭示康熙军事领导的精髓。头两次呈现的是满洲王朝内部的威胁，而第三次代表的是外部对中华帝国的威胁，但从康熙投入的精力和安排来看，两者没有区别。在这些斗争过程中，不论是在战时还是和平时期，中国的军事制度都因势而变。 75

撤藩

康熙所采取的最英勇无畏的步骤是他在 1673 年撤去三藩①，解散他们的军队。这一决定加速了吴三桂的反叛，这一点已有人提醒过皇帝，中国也因此陷入一场八年内战，蔓延十个省并极端威胁到了新生清朝的生死存亡。但康熙所想要多于自己和王朝所面对的危险，他的作为如同许多中国历史上的皇帝一样，为了帝国的完整而反对地方军阀的离心力量。反对藩王的这场斗争无可避免，只要不牺牲中国的统一——只要不挑战同一个天下、同一个中国、同一个皇帝的信念。

三藩是征服中的满人费尽心思、顺时应势，利用中国古老格言——"以汉制汉"所造成的结果。这意味着，当满人进行着征服中国南方的战争时，这些由汉人将领所带领的汉人军队，将担负主要的战斗以及绥靖这些地区的职责。派遣汉人而不是满人到南方去，可能有几个原因：让他们离开满人所在的京畿地区，减少与当地人口间发生摩擦的可能性；八旗军队的人数不足；汉人军队的装备更

---

① 时常是作为"后三藩"以与"前三藩"相区别，前三藩是南明的福王、唐王、桂王。例如杨陆荣的《三藩纪事本末》（《台湾文献丛刊》第 149 种，台北：台湾银行，1962 年），所写是前三藩，而不是后三藩。

适宜在南方起伏山地作战。①

1649 年，三位在满人征服中国北方起着关键作用的汉人将领被派南下，共有四万军队。孔有德带领两万入广西，尚可喜、耿仲明共同率两万入广东。他们每人被授予广泛的军事和政治处置大权以及王的头衔——孔有德是定南王，尚可喜是平南王，耿仲明是靖南王。② 两年之后，第四位汉人吴三桂，他在 1644 年封平西王，也被任命率领一支军队并派往四川。③

76 这些王在 1650 年代为应付军事突发事件，在整个中国南方四处调动。④ 到了 1660 年，他们中的三人已在南方建立了半独立的封地，尚可喜在广州的大本营统治着广东，而耿继懋（他在乃父 1649 年死后承袭了靖南王）调往福建。⑤ 吴三桂平定陕西、四川、贵州、云南，最后于 1659 年得到了对云南的控制权，这是洪承畴建议的结果。⑥ 第四位王孔有德，1652 年自尽，当时他被忠于明朝的军队包

---

① 罗尔纲：《绿营兵志》，重庆：商务印书馆，1945 年，第 1 - 3 页。

② 曹凯夫：《三藩之乱：背景与意义》，第 43 - 44 页；《大清世祖章皇帝实录》，第 513 - 516 页（卷 44，第 6a - 11a 页）。这三人在他们的指挥官毛文龙被明廷处死之后，归附满人。他们的传记见《清代名人传略》，上册，第 435 - 436 页（孔有德）；上册，第 416 - 417 页（耿仲明）；上册，第 567 - 568 页（毛文龙）；下册，第 635 - 636 页（尚可喜）。

③ 《大清世祖章皇帝实录》，第 704 页（卷 60，第 7b - 8a 页）、第 116 - 118 页（卷 10，第 3b - 7a 页）；《明清史料丁编》，第 8 册，第 701 - 702 页。

④ 细致描述见曹凯夫：《三藩之乱：背景与意义》，第 51 - 56 页。

⑤ 杨雍建建议要为广东人减轻支持两位藩王的负担（《清史列传》，卷 6，第 18b 页）。直到 1651 年耿继懋在指挥的位置上证明了自己的能力，才被封亲王（《清代名人传略》，上册，第 415 页）。

⑥ 《大清世祖章皇帝实录》，第 1471 - 1472 页（卷 124，第 14b - 15a 页）；《清史》，第 3724 页第 3 栏；《平定吴逆略》，载《续云南通志稿》，云南，1901 年，卷 78，第 1a 页。

围。因为没有男性继承人生还，无法继承他的爵位和指挥权，广西的藩封暂时取消。①

作为对这些藩王的一种控制手段，朝廷将每位王的一个儿子留在北京做人质——名义上不是，事实上是。当吴三桂南下时，他的儿子吴应熊留在了京城，1653 年迎娶皇太极的小女儿恪纯公主，成为和硕额驸。除了 1670 年曾短时间探望他的父亲外，他一直待在京城，直到 1674 年被处死。② 1654 年尚可喜将二儿子也是继承人尚之信送往北京，做皇帝的侍从。然而一段时间后，尚之信回到了广东，有记载说 1668 年他又被送回，效力皇帝。1671 年，尚之信彻底离开北京，分担他疾病在身的父亲沉重的军事指挥重任。③ 耿继懋的儿子耿精忠，也在 1654 年送往北京侍奉顺治，他也娶了一位满洲郡主。应耿继懋的请求，1664 年耿精忠返回福建，以便他能"熟悉情况"，并准备最终接手封地的指挥权。耿精忠在 1671 年暂领指挥大权，接着承袭了整个封地的控制权，在 1671 年 6 月耿继懋死后，他承袭成为平南王。④ 可以说，当 1673 年反叛发生时，只有吴三桂的儿子仍在北京当人质，而这位父亲的反叛断送了儿子的性命。

---

① 《清代名人传略》，上册，第 436 页；孟森：《孔四贞事考》，载《明清史论著集刊》，第 455－456 页。

② 《大清世祖章皇帝实录》，第 920 页（卷 77，第 15 页）；《大清圣祖仁皇帝实录》，第 484 页（卷 34，第 8 页）。杨联陞描述了中国历史上与皇亲联姻作为一种人质形式，见杨联陞：《中国历史上的人质》，载《中国制度史研究》，剑桥：哈佛大学出版社，1961 年，第 54－55 页。

③ 《清代名人传略》，上册，第 634 页；《大清圣祖仁皇帝实录》，第 383 页（卷 26，第 13b－14a 页）、第 523 页（卷 37，第 9 页）。

④ 《清代名人传略》，上册，第 415 页；《大清圣祖仁皇帝实录》，第 179－180 页（卷 11，第 6b－7a 页）、第 496 页（卷 35，第 4 页）、第 507 页（卷 36，第 1b 页）、第 511 页（卷 36，第 9a 页）。

　　藩王给帝国政府所造成的威胁可以从吴三桂的仕途明白无误地看出，吴三桂是三位藩王中最为强大的。尚可喜控制的军队约有一万人，耿精忠的军队约是这数字的两倍。① 而吴三桂，在他造反之时云南有六万五千人的军队。② 吴三桂得到了其他藩王所没有的特别恩宠和特权，这也进一步凸显他的地位。首先，他在 1662 年晋封最高等级的爵位——亲王，而这通常由皇族专享，因为他俘获了南明最后一位统治者朱由榔。③

　　当 1659 年吴三桂驻云南时就被赋予了许多军政大权，可以决定云南一省的所有行政、军事、财政事务，其他省和中央官员不得插手。然而，这一权力（称为"总管"）只是暂时的，待云南完全平定后将会停止。④ 在南明的皇帝被清除以及这一地区稳定之后，吴三桂上奏非汉少数民族所造的麻烦，夸大其词，设法使自己待在云南并维持无可挑战的威权多年。邻省贵州就居住着一些少数民族，但贵州总督并没有见到来自这些人的任何军事威胁。⑤ 尽管如此，吴三桂维持了他的权力，还以此为借口有了进一步扩展。1663 年 1 月 30 日，朝廷给予吴三桂在贵州同云南一样的权力，这一变化给出的

① 曹凯夫：《三藩之乱：背景与意义》，第 66 - 67 页。

② 1660 年，他有 70 000 人（《大清世祖章皇帝实录》，第 1617 页［卷 136，第 22a 页］），1662 年，经同意又添 1 000 人（《大清圣祖仁皇帝实录》，第 125 页［卷 6，第 29a 页］），但在 1665 年，他的军队减少了 5 400 人（《大清圣祖仁皇帝实录》，第 238 - 239 页［卷 15，第 12b - 13a 页］），总数是 65 600 人。

③ 《大清圣祖仁皇帝实录》，第 121 页（卷 6，第 22b - 23a 页）；《明清史料丁编》，第 8 册，第 701 - 702 页。早在 1645 年，他就拒绝了亲王封爵（《清代名人传略》，下册，第 878 页）。

④ 《大清世祖章皇帝实录》，第 1533 页（卷 129，第 9b - 10a 页）。

⑤ 曹凯夫：《三藩之乱：背景与意义》，第 62 - 63 页；《清史列传》，卷 6，第 26b 页；《大清圣祖仁皇帝实录》，第 245 - 246 页（卷 16，第 2b - 3a 页）。

唯一具体理由是，这两省的苗蛮问题不可分割。此后，应吴三桂的请求，"听王节制"一词被加在云南和贵州总督、巡抚的敕书中。①之后，1665 年数位总督之职或撤销或合并，朝廷征求并接受吴三桂的建议，将云贵总督驻地安设在贵州的贵阳。若有高级官员驻扎在云南也就是吴三桂的首府，那将是对他野心的制约。在挑选贵州提督的驻地问题上，兵部也顺从了吴三桂的意见。②

最后，吴三桂有着人员任命权力，即"西选"，他借此将同僚和属下安排到重要职位上，不仅是在云南和贵州，还有其他地区。③许多总兵的任命都是应吴三桂之请。④ 有时，同一职位上有两个任命——一个是由中央相关的部（兵部或吏部），另一个是由吴三桂。因为后者的人选总是优先，部选官员总是弃用，1666 年，他们拒绝再对云南和贵州的空缺任命官员，除非是吴三桂提出特别的请求。⑤

很显然，北京为了维护吴三桂的藩王地位在政治上付出了高昂代价。在财政上，它也付出了高昂代价，中央政府每年花费数以百万计的银两以支持吴三桂和其他藩王的军队。到了顺治末年，吴三桂军队的开支达九百万两，这占国家赋税现金收入的约五分之二。云南本身提供不了必需的收入，不得不自江南、湖广、河南等其他

------

① 《大清圣祖仁皇帝实录》，第 138 - 139 页（卷 7，第 24b - 25a 页）、第 146 页（卷 8，第 12a 页）。

② 《大清圣祖仁皇帝实录》，第 239 页（卷 15，第 14 页）、第 242 页（卷 15，第 19a 页）、第 243 页（卷 15，第 22 页）、第 272 页（卷 18，第 8a 页）。

③ 《清史》，第 3935 页第 5 - 8 栏。

④ 例如《大清圣祖仁皇帝实录》，第 201 页（卷 12，第 21 页）、第 435 页（卷 30，第 18 页）。

⑤ 《大清圣祖仁皇帝实录》，第 294 - 295 页（卷 20，第 8b - 9a 页）。

省份调取。① 向朝廷上奏之人特别偏爱的解决办法是在云南和贵州进行屯田。② 无论屯田可以提供多少军饷，有上奏者依然抱怨，1667 年帝国每年收入的一半花在了三藩的军饷之上。仅云南和贵州的需求就有 400 万两，约是这两省赋税收入的十倍。③ 到了 1672年，三藩军事开支已降至 500 万两：云南，170 万；贵州，50 万；福建，160 万；广东，120 万。④

上面的开支还只是由国库以及富裕省份所承担的，后者也经由国库。此外，藩王治下的百姓要缴纳由这三位藩王征收的特别赋税。⑤ 在商业活动中，百姓也面临盘剥和不公平竞争，他们面对的除了官员，还有藩王们的附庸商人。⑥

从他们开藩伊始，提醒关注藩王的警告就源源不断地抵达朝廷，但是在 1660 年代末之前清廷并没有认真考虑过撤藩问题。已知的第一个警告来自四川巡按郝浴，他在 1652 年说到了吴三桂的野心。而

---

① 曹凯夫：《三藩之乱：背景与意义》，第 67 页；《大清世祖章皇帝实录》，第 1617 页（卷 136，第 22a 页）；《清史列传》，卷 78，第 60a 页；《清史》，第 3905 页第 4 栏。

② 《清史》，第 3902 页第 3-4 栏；《皇清名臣奏议》，卷 17，第 36a-40a 页，卷 18，第 44b-45a 页；《大清圣祖仁皇帝实录》，第 346 页（卷 24，第 3b 页）；《清史列传》，卷 8，第 2a 页。

③ 《清史列传》，卷 8，第 2a 页；《国朝耆献类征初编》，第 2216 页（卷 4，第 6a 页）。

④ 《皇清名臣奏议》，卷 18，第 44b-45a 页。

⑤ 《大清圣祖仁皇帝实录》第 550 页（卷 39，第 16b 页）记述云南情况；第 1227 页（卷 92，第 2b 页）、第 1259 页（卷 94，第 13b-14a 页）、第 1407 页（卷 106，第 1b 页）记述其他各藩情况。

⑥ 《大清圣祖仁皇帝实录》，第 228 页（卷 14，第 23 页）、第 320 页（卷 22，第 7 页）、第 329 页（卷 23，第 2 页）；《清史列传》，卷 8，第 2a 页；卫思韩：《胡椒、枪炮与谈判：荷兰东印度公司与中国（1622—1681）》，第 4 章。

吴三桂却控告郝浴奏疏中的不忠，郝浴因此被流放了二十年，后来才再次起用。① 另一位四川御史杨素蕴，同样被吴三桂中伤，因为杨素蕴在 1660 年大胆质疑吴三桂的西选特权。杨素蕴在申辩中，否认对素未谋面的吴三桂有任何的私仇，他说的只是大的原则。他认为，允许皇帝之外的任何人随意任命和调任官员，是对国家权威的蚕食，不是明智之举。他称他原奏"防微杜渐"的说法背后就是这个意思。他并没有预言吴三桂会造反。②

1660 年代，两位汉人高级官员就三藩问题向朝廷发出警告。都察院左都御史魏裔介在 1662 年建言，国家应该派满人心腹军队在湖北的荆州和襄阳地区驻守以防出现紧急情况。他的提议被拒绝，但湖广总督由武昌迁至荆州以防不测。另一位左都御史王熙，竭力主张朝廷减少吴三桂麾下的军队数目，也就是削弱他的势力。③ 甚至皇族成员济尔哈朗，也设法让皇帝撤回三藩的亲王爵位，但没有成功。④

朝廷错过了重新控制云南和贵州的良机，1667 年吴三桂以目力衰退、身体欠佳为由，请求休致，以此测试政治风向。皇帝和吏部意欲接受吴三桂的请求，让云南和贵州回归正常的行政架构，但最终他们改变了想法。促成这一转变的决定性因素是来自云贵总督和

---

① 《清代名人传略》，上册，第 279 页；《清史列传》，卷 7，第 29b 页；《大清世祖章皇帝实录》，第 986 页（卷 83，第 15b 页）。

② 《大清世祖章皇帝实录》，第 1681 - 1682 页（卷 142，第 18b - 20b 页）；《清代名人传略》，下册，第 893 页；《大清圣祖仁皇帝实录》，第 104 页（卷 5，第 2 页）。1659 年御史朱绍凤又一次抨击这些藩王（《皇清名臣奏议》，卷 12，第 1a - 4a 页）。

③ 《清史列传》，卷 5，第 42b 页，卷 8，第 2a 页；《皇清名臣奏议》，卷 17，第 1a - 3a 页。

④ 《清代名人传略》，上册，第 398 页。

云南、贵州提督的合署奏疏，陈言军事形势，要求保留吴三桂的特别位置。皇帝表达了对吴三桂健康的关注，不希望进一步恶化，可以保留他军务方面的权势。① 这暗示要他放弃民政权力，但没有证据表明吴三桂这样做过，中央政府与这位藩王的关系并未受到任何影响。

　　然而，朝廷正直面这一问题，没过几年，对吴三桂意图的怀疑日增。例如，有人要出任云南巡抚遭否决，因为他是吴三桂的属下。② 在北京的吴应熊了解到了朝廷的疑心，将此告知了自己的父亲。③ 双方都在为即将到来的摊牌做着准备。多年以后，康熙回忆，他完全了解吴三桂的权势，认识到只要在正常的政府架构之外还存在独立的权威，那皇帝的统治就是薄弱的。他也意识到了挑战吴三桂所要面对的任务，但是他觉得这一挑战迟早要做出，在对手变得更强大之前，越早挑战可能越好。④

　　1673 年又出现了改变这一形势的机会，当时尚可喜——这是最受信任的藩王，因为年老请求休致，并将广东的控制权留给儿子尚之信。十五天后，5 月 13 日，议政王大臣会议同意尚可喜休致，但不同意由他的儿子承袭王爵或广东的指挥权。他们的理由是，不存在父亲还在世就由儿子承袭爵位的先例，也不必在广东保留封地，

---

　　① 《大清圣祖仁皇帝实录》，第 321 - 322 页（卷 22，第 10、11 页）、第 348 页（卷 24，第 8 页）；《清史列传》，卷 7，第 46b - 47a 页；《清史》，第 3693 页第 5 - 7 栏。
　　② 《大清圣祖仁皇帝实录》，第 362 页（卷 25，第 3a 页）。
　　③ 刘献廷：《广阳杂记》，第 164 页。
　　④ 《大清圣祖仁皇帝实录》，第 1320 页（卷 99，第 8a 页）；《清史》，第 3693 页第 9 栏至 3694 页。皇帝的话是在 1682 年叛乱被平定之后说的。

因为广东已经平靖，而让父子分离也不妥当。① 事实上，尚可喜已经给康熙提供了撤藩所需要的"楔子"，这可能是尚可喜的本意。

另两位藩王别无选择，只能效仿尚可喜，假装自愿休致并取消他们的权力，吴三桂是在 8 月 14 日，耿精忠是在 8 月 20 日。② 因为前面已定了要裁撤尚藩，因此对于后面的"试验气球"的回应，本应没有什么好迟疑的。对于耿精忠的情形，就是这样。9 月 8 日，皇帝下令将耿精忠及同族人迁回辽东。③

吴三桂的奏疏，自然要更认真对待，它引发了一场大讨论。三十三天之后（可以做对比的是，尚可喜的是十五天，耿精忠的是十九天），议政王大臣会议上报它的决定时，内部出现了分歧。一派建议撤藩，但要用满洲重兵驻防云南。另有意见反对这种改变，因为它会无谓地加重迁移家庭以及云南百姓的负担。④ 这很难说是这些持异议者的真正理由，因为这也适用于广东和福建的藩王，而他们的迁移是议政王大臣会议刚刚通过的。很显然，他们真正害怕的是吴三桂对此的反应，许多官员都预测他会公开反叛。

议政王大臣会议的两种截然不同建议被原原本本上呈康熙，以做最后决定。这位年轻的皇帝（当时十九岁）寻求谋臣的意见。他最后我行我素，因为大多数人反对撤藩。反对康熙采取削藩行动的，知道名字的有索额图、图海、熊赐履。在高级官员中，除了四个人

81

---

① 《大清圣祖仁皇帝实录》，第 579 - 580 页（卷 41，第 17、20b 页）、第 581 页（卷 41，第 21 页）。

② 《大清圣祖仁皇帝实录》，第 592 - 593 页（卷 42，第 19、21b - 22a 页）。

③ 《大清圣祖仁皇帝实录》，第 595 页（卷 42，第 26b 页）。

④ 《大清圣祖仁皇帝实录》，第 597 - 598 页（卷 43，第 2b - 3a 页）。

外，据说都反对这一决定。① 大学士中没有一人站在康熙一边。他的四位支持者都是尚书，三位满人，一位汉人，他们是明珠、米思翰、莫洛、王熙。米思翰的支持，就有了他作为户部尚书所兼管的国库的保证，如有需要，它可以支持十年战争，不需要额外征税。② 反对者的理由是，吴三桂年事已高，可以在他死后撤藩，没有任何风险，但现在撤肯定会引发反叛。康熙对此没有考虑，认为是一厢情愿，他说："三桂蓄异志久，撤亦反，不撤亦反，不若及今先发犹可制也。"9 月 16 日，他先发制人，从云南召回吴三桂和他的军队。③

三藩之乱

为了执行撤藩的决定，康熙特派钦差前赴云南、贵州、广东、福建，下令对于相关人员尽快、尽可能平稳地裁撤。此外，户部侍郎被派往盛京与当地的盛京户部侍郎商议，划定土地以安置从南方

---

① 关于索额图，见《清代名人传略》，下册，第 664 页。关于图海，见《清史》，第 3819 页第 3 - 4 栏；《大清圣祖仁皇帝实录》，第 1320 页（卷 99，第 8a 页）。关于熊赐履和章梫，见《康熙政要》（1910 年），卷 3，第 34a 页。

② 《清代名人传略》，上册，第 577、581 页；《清史列传》，卷 6，第 20 页；《清史》，第 3826 页第 3 栏。其他两位少有名气者塞克德、苏拜因为支持皇帝的决定，后来得到了康熙的表扬（《大清圣祖仁皇帝实录》，第 1320 页 [卷 99，第 8b 页]）。王熙的支持，皇帝没有明言，但他的一篇传记提到了（《国朝耆献类征初编》，第 2223 页 [卷 4，第 19b 页]）。

③ 《大清圣祖仁皇帝实录》，第 598 页（卷 43，第 3a 页）；《清史》，第 3694 页。

迁来的士兵和他们的家人。①

康熙为使吴三桂接受撤藩也是煞费苦心。他亲笔写信给这位亲王，解释他如此行事的原因。他引述了军事威胁过后解散军队的先例，也表达了对吴三桂健康的关心。他大力赞扬吴三桂对清朝的忠心耿耿，向他保证会尽一切努力满足他及手下的需求。② 吴三桂的最初反应似乎表明他愿意依议而行：12 月 11 日，他为手下在东北请求额外的土地，康熙欣然接受。③ 但就在这一年结束前，吴三桂树起了反叛的大旗。

这位最早邀请满人入关之人现在对自己再将他们逐出去信心十足。吴三桂麾下军队众多，他相信能轻易打败虚弱不堪的满洲军队。据称他警告钦差："我将回到北京——若他们坚持的话，不过我会领兵八万人。"④ 他的许多旧部下被安置在西南做提督或总兵，这极有战略眼光。他在北京的儿子是件麻烦事，事实确实如此。再者，吴三桂必定想象自己对于有反满种族仇恨、挥之不去的明遗民来说是一个聚合点。⑤

反叛开始于 1673 年 12 月 28 日（康熙十二年十一月十九日），吴三桂囚禁了派来安排他迁移的两位钦差，处死了云南巡抚朱国治，宣布建立新的王朝——周。这比原计划提前了三天，因为朱国治此

① 《大清圣祖仁皇帝实录》，第 598 - 599 页（卷 43，第 3b - 4a、5、6a 页）、第 601 - 602 页（卷 43，第 9、11b - 12a 页）。

② 《大清圣祖仁皇帝实录》，第 600 - 601 页（卷 43，第 8b - 9a 页）。

③ 《大清圣祖仁皇帝实录》，第 609 页（卷 44，第 2b 页）。

④ 《大清圣祖仁皇帝实录》，第 1378 页（卷 103，第 19 页）；冯秉正：《中国通史》，13 卷，巴黎：P. D. 皮埃雷斯出版社，1777—1785 年，第 11 卷，第 67 页。

⑤ 早在十年前或更早，就有明遗民接近吴三桂，鼓动他起兵反对满人，但吴三桂并不感兴趣（刘献廷：《广阳杂记》，第 163 - 164 页）。

时正派兵去保护用以迁移藩王人马北上的道路。反叛在云南和贵州立即大功告成。这两省大部分的文武大员包括贵州巡抚、云南和贵州的提督都加入了吴三桂的反叛队伍，但云南巡抚因拒绝加入而被杀；云贵总督甘文焜对此抵制，被投降吴三桂的清朝军队包围而自杀；云南按察使、云南府知府及同知拒绝投降，他们或遭囚禁或被流放。①

吴三桂反叛，对此最早的报告是 1674 年 1 月底抵达北京的，两位钦差乘马沿驿路日夜兼程，通知康熙南方发生了可怕事变。恐慌笼罩着京城，这时要寻找替罪羊。索额图等此前反对撤藩决定之人，现在义正词严，建议将促成反叛的明珠一伙人处死。② 谣言四起，说满人将放弃北京，返回他们的故土。南怀仁，这位佛兰芒耶稣会士，为此行做了准备，期望着康熙带他一起走。③ 许多汉人官员做了最坏的打算，送家人回老家，一些人甚至认为朝廷不会派军队与叛军作战。城门暂时关闭，为的是抓捕一位造反而未能成功的首领。百姓逃离城市，极度焦虑不安。④

显然，很多人都认为吴三桂是镇压不了的，满人根本没有斗志。

---

① 《大清圣祖仁皇帝实录》，第 614 - 615 页（卷 44，第 12a - 13a、13 页）；《清史列传》，卷 6，第 25b - 26a、27 页，卷 80，第 4b - 5a 页。同知刘昆处于流放中，写了好几种著述记述这次叛乱，这构成了其子著作《庭闻录》（刘健，1720 年）的基础。流放的刘昆劫后余生，在 1683 年因忠心耿耿而受到嘉奖（《大清圣祖仁皇帝实录》，第 1488 页 [卷 112，第 4b 页]；朱希祖：《吴三桂周王纪元释疑》，《中央研究院历史语言研究所集刊》第二本 [1930—1932 年]，第 394 页）。

② 《清代名人传略》，下册，第 664 页；《大清圣祖仁皇帝实录》，第 1320 页（卷 99，第 8b 页）。

③ 皮埃尔·约瑟夫·奥尔良：《两位鞑靼征服者的历史》，第 57 页。

④ 《清史》，第 3813 页第 1 栏；《大清圣祖仁皇帝实录》，第 622 页（卷 45，第 4 页）。

闵明我神父在中国一直工作到 1670 年，他在马德里听到了反叛的消息，暗示满人面对的艰巨任务，他评论："1674 年来自马尼拉的信告诉我，在中国一位掌管四省的长官已经造反，有许多追随者，1673 年的信没有提及此，我对此很怀疑；我知道掌管四省的长官只有吴三桂，别无他人，如果是他造反，那鞑靼人就危险了。"①

　　但康熙准备应战。他揽下了这一事变的全部责任，拒绝责备他的谋臣。他处死吴应熊并粉碎了与他相关的"奴隶造反"。这次起义是由一个叫杨起隆的人策划的，他自称是"朱三太子"。② 杨起隆很显然招募旗人的家内奴隶，预备在 1 月 29 日举行大规模暴动。他们计划烧毁皇宫并杀死任何遇到的官员。就在选定日子的前两天，一些奴隶向他们的主子揭发了这一密谋，主子们立即动手。正黄旗图海带领的军队抓捕了数百涉事人员，但杨起隆本人逃脱了。③ 数百人被处死，大规模搜捕杨起隆，但始终没有找到。④

　　吴应熊与杨起隆所谋划的造反间的关系现在还不清楚。大多数西方人的记述将吴应熊刻画为这次起义的煽动者，策划与他父亲的

---

　　①　闵明我：《中华帝国的历史、政治、伦理和宗教概论》，第 310 页。很难想象"掌管四省的长官"的檄文是如何传播的。难道这也指其他的藩王？只有福建的耿精忠在 1674 年造反；广东一直是平静的，直到 1676 年尚之信才入伙吴三桂。

　　②　不应将他与真正的朱慈焕混淆了，后者从未挑起任何的反满叛乱（《清代名人传略》，上册，第 192 页）。

　　③　《大清圣祖仁皇帝实录》，第 616 页（卷 44，第 15a - 16a 页）、第 1232 页（卷 92，第 11a - 12a 页）。佟国维是康熙的舅父，隶正蓝旗，也授命荡平这次反叛（《清代名人传略》，下册，第 795 页）。

　　④　《大清圣祖仁皇帝实录》，第 622 页（卷 45，第 4 页）、第 624 页（卷 45，第 9 页）、第 627 页（卷 45，第 13b - 14a 页）。一个自称杨起隆的人在 1680 年被图海抓获并处死，但此人不是 1674 年密谋造反的杨起隆（《清史列传》，卷 6，第 50b 页；《大清圣祖仁皇帝实录》，第 1232 页 [卷 92，第 11a - 12a 页]、第 1246 页 [卷 93，第 12 页]）。

造反同时并举。① 而汉文的记述模糊。在这一计划被揭发的数天后，议政王大臣会议拘押审问吴应熊，表明对吴应熊的怀疑。② 然而，没有发现他与此有任何直接牵连的证据，康熙不愿批准处死吴三桂之子的请求。皇帝最后不再拒绝，令他自尽——而不是凌迟处死，算是对他过去效力的一种表态，这样做不是因为任何罪行，只是因为康熙极不满于吴应熊的父亲要求满人退出中原，以及因为如王熙所推断的，吴三桂的儿子被处死将瓦解造反者的士气，让民众知道满人战斗的决心。③

身为父亲的吴三桂的公开反叛，如同北京的骚乱一样迅速，但危险更大，这是作为儿子的吴应熊的私密筹划不能比拟的。康熙立即行动，迎接军事挑战。他首先取消了另两人的撤藩令，无疑是希望尚可喜和耿精忠能继续效忠清朝，利用他们的军队对抗吴三桂，尽管吴三桂也对二人甘言劝诱。④ 吴三桂被褫夺了王爵，宣告为不法之徒，但从一开始，政府宣称会更宽大地处理跟随造反的普通人。分化头领与追随者，鼓励普通人投诚清军，承诺赦免他们的罪行甚至予以奖赏，如果他们能杀死或活捉他们的首领，或带部投降或整

---

① 皮埃尔·约瑟夫·奥尔良：《两位鞑靼征服者的历史》，第 57-58 页。高第：《中国通史》，4 卷，巴黎：帕伊·热特内出版社，1920 年，第 2 卷，第 269 页；沃耶·德布鲁嫩［约瑟夫·茹夫］：《鞑靼征服中国史》，上下册，里昂：弗雷尔·迪普兰出版社，1754 年，下册，第 156-160 页。

② 《大清圣祖仁皇帝实录》，第 617 页（卷 44，第 17 页）。不过佟国维的传记确实将吴三桂与这次叛乱联系在了一起（《清代名人传略》，下册，第 795 页；《清史列传》，卷 11，第 13b 页）。

③ 《大清圣祖仁皇帝实录》，第 645-646 页（卷 47，第 5b-7a 页）；《清代名人传略》，下册，第 819 页；《清史列传》，卷 8，第 2b-3a 页。

④ 《大清圣祖仁皇帝实录》，第 615 页（卷 44，第 14a 页）；《清史列传》，卷 80，第 5a 页。

个城市投降，这是素来行之有效的谋略。① 这种大赦定期发布，一直持续到1680—1681年，这时对于清朝军队而言胜利已指日可待。此后，康熙觉得收紧他的赦免政策范围也是安全的，认为造反者此前早有许多投诚机会。②

在军事上，皇帝自始至终亲自——在北京——指挥平叛战争，当然有着英明的战略部署。他得到反叛的消息，第一反应就是确保荆州、常德以及后来武昌的安全，以阻止吴三桂的军队横扫湖南，直至长江一线。③ 当然康熙也认识到叛军还有其他的选择，他要将这些都严密封堵。占领四川和陕西，以防止叛军从西北进攻北京，警告广西的将领停止与广东举棋不定人员联合的反叛行为。④ 最后，对江苏-安徽-江西这些重要的赋税征收地区，重点加强防御，不是因为这里有迫在眉睫的军事威胁，而是因为控制这一地区，确保帝国政府有一个强大的财政基础，这在当时及将来都至关重要。⑤

在这一外缘防线后面，皇帝布置了他的补给线和增援线。他选定山西太原、山东兖州分别作为西线、东线去南方的中转站。来自

85

---

① 《大清圣祖仁皇帝实录》，第616-618页（卷44，第16a、18a-19b页）。

② 例子见1677年、1678年、1679年的大赦（《大清圣祖仁皇帝实录》，第912页［卷67，第16页］、第1047-1048页［卷78，第6a-8a页］、第1083页［卷80，第25b-26b页］），可以将它们与1680—1681年的大赦（《大清圣祖仁皇帝实录》，第1217页［卷91，第13b-14b页］、第1247页［卷93，第14页］）做比较。

③ 《大清圣祖仁皇帝实录》，第614-617页（卷44，第12b-13a、16b-17a页）、第623页（卷45，第5a-6a页）、第626页（卷45，第11b-12a页）、第628页（卷45，第18页）。

④ 《大清圣祖仁皇帝实录》，第615页（卷44，第14b页）、第621-622页（卷45，第2b-3a页）、第636-637页（卷46，第12a-13a页）。

⑤ 《大清圣祖仁皇帝实录》，第622-623页（卷45，第4b-5a页）、第625-626页（卷45，第9b-10a、12a页）、第638页（卷46，第15页）。

北方的人员和物资在前往作战区之前先在其中的一处集结，到了作战区后又将有援军取而代之，等等。前方基地设在如下地点：陕西西安、湖北武昌、江西南昌、安徽安庆。① 巡抚和总督通常为在他们省内活动的军队提供军需，但经常出现的辖区争执阻碍了他们的努力。为了纠偏，康熙特派钦差筹措军需并协调它们的分配而无须考虑通常的行政划分。例如，湖南北部岳州军队的补给就遵循了这一政策，它依靠紧临的湖北省供应它的大部分军需。② 通过兵部给战场上的各军队增添更多的译员以及情报官员，康熙也改进了军事情报系统。他也沿从北京到前线的主要路线建立了许多军队休整的站点。③

康熙的战略和部署并没有立即生效，他后来责备将领们对他的命令反应不够迅速。实际上真正破坏皇帝计划的，是几个关键地方的军队头领投靠了吴三桂。到 1674 年底，福建的耿精忠、广西的孙延龄、陕西的王辅臣都反叛了。④ 庆幸的是，广东的尚可喜依然对清朝忠心；如果不是这样，整个南方都将不保。战争的第一年，叛军控制了云南、贵州、四川、陕西、湖南、广西，并威胁甘肃和江

---

① 《大清圣祖仁皇帝实录》，第 617 页（卷 44，第 17b 页）；赵翼：《平定三逆述略》，载《皇朝武功纪盛》，《丛书集成》本，上海：商务印书馆，1935 年，第 2-3 页。

② 《大清圣祖仁皇帝实录》，第 659 页（卷 48，第 5b-6a 页）；曹凯夫：《三藩之乱：背景与意义》，第 100-101 页。

③ 《大清圣祖仁皇帝实录》，第 623 页（卷 45，第 6a 页）、第 638 页（卷 46，第 16a 页）、第 651 页（卷 47，第 17b 页）、第 1327 页（卷 99，第 22a 页）；曹凯夫：《三藩之乱：背景与意义》，第 98 页。

④ 他们在三藩之乱中的作用，见他们的传记，《清代名人传略》，上册，第 415 页，下册，第 683、816 页，也见曹凯夫：《三藩之乱：背景与意义》，第 94、101-111、113-120 页。

西。后来，1676 年尚之信在广东与吴三桂结盟。①

　　尽管吴三桂军事上告捷，但他从未能够吸引反满的明遗民的重要学者加入他的事业，他对此本满怀希望。1678 年在湖南衡州自称周朝的皇帝之时，吴三桂甚至未能得到王夫之的支持，王夫之就是衡阳当地人。② 王夫之是著名的理学家和史学家，他在 1648 年聚集一支地方军队与满人作战，因此他三十年后拒绝吴三桂，充分表现出人们对恢复明朝事业信心的丧失，以及明遗民对吴三桂的情感淡漠。毕竟是吴三桂迎满人入关，又是他为满人在缅甸抓住并处死了明朝最后一个统治者，因此吴三桂任何求助于他们反满民族情绪的做法都令人怀疑。而且，吴三桂现在不是试图恢复明朝，而是建立自己的新王朝。顾炎武，另一位举足轻重的学者和明遗民，在吴三桂造反之初，谨慎地抱有希望，但后来他讽刺地称之为"蠕动"而已。③ 只有两位稍有名气的明代学者加入了造反队伍——屈大均，是广东诗人；顾祖禹，是来自江西的地理学家。④

　　我不打算详述平定三藩之乱的八年军事行动⑤，而是指出一些特别的问题以及康熙的应对之道。吴三桂早期的成功使得他控制了

---

　　① 《清代名人传略》，下册，第 634 页；曹凯夫：《三藩之乱：背景与意义》，第 111 - 113 页。

　　② 《国朝耆献类征初编》，第 13237 页（卷 403，第 32b 页）；《清史》，第 5423 页第 9 栏；白乐日：《传统中国的政治理论和行政现实》，伦敦：伦敦大学亚非学院，1965 年，第 39 页。

　　③ 《清代名人传略》，上册，第 421 - 425 页；卫德明：《1679 年的博学鸿儒科》，《美国东方协会学刊》第 71 卷（1951 年），第 63 页。

　　④ 分别见《清代名人传略》，上册，第 201、420 页。

　　⑤ 详情见曹凯夫：《三藩之乱：背景与意义》，第 77 - 78、89 - 140 页；萧一山：《清代通史》，第 1 册，第 456 - 480 页。

帝国的半壁江山，他提出将中国一分为二，划江而治，满人在北，吴三桂的周朝在南。这位反叛领袖的军队迅速推进到湖南，然而他不太情愿跨江进入湖北，这表明他还是愿意巩固他在南方拥有的一切。吴三桂的领土要求第一次抵达康熙御前是在1674年5月，以奏疏的形式提出，由吴三桂交给被释放的两位钦差递送。当时吴三桂只做了极少的让步：他承诺满人只可以拥有他们的故土和朝鲜。康熙对此没有直接回应，但他的态度很坚定，就是要压垮吴三桂个人：将他的儿子在北京处死。① 这一行为浇灭了一切的和解可能，中断了对立双方的所有直接通信联系。吴三桂的第二次要求是通过中间人——西藏的达赖喇嘛——传递的。

在征服中原之后满人继续赞助喇嘛教，作为与蒙古人和西藏人结盟政策的一部分。② 达赖喇嘛应顺治的邀请，1652年前往北京，而清初的统治者（特别是康熙）多次亲身前往喇嘛教的圣地五台山，表明他们的支持态度。③ 当反叛发生，康熙派两名钦差前往这位西藏领袖那里寻求他的支持，吴三桂也曾这样做。甚至在造反之前，吴三桂已与达赖喇嘛建立了友谊，并通过割让云南极西之地，希望达成交易。然而，达赖喇嘛在1675年向康熙声言，他并不与吴三桂交好，吴三桂在反叛时收回了土地，他（达赖喇嘛）又用武力将土

_87_

---

① 《大清圣祖仁皇帝实录》，第643页（卷47，第1b-2a页）；《清代名人传略》，下册，第879页。

② 陈观胜：《中国佛教的历史考察》，普林斯顿：普林斯顿大学出版社，1964年，第450页。1683年10月4日南怀仁的信，见皮埃尔·约瑟夫·奥尔良：《两位鞑靼征服者的历史》，第125页。

③ 《清代名人传略》，上册，第256页。康熙1683年头两次前往五台山，见《大清圣祖仁皇帝实录》，第1429-1433页（卷107第17b页至卷108第2a页）、第1491-1496页（卷112，第10b-19b页）。

地夺回。① 这似乎更可能是吴三桂在 1674 年或 1675 年又一次愿意将土地还给达赖喇嘛，以换得后者就帝国一分为二问题与北京进行调解。②

不论出于何种想法，达赖喇嘛确实在 1675 年 5 月之前（此时皇帝说到了此事），将这一建议转达康熙。康熙严词拒绝，他帝国的完整性不容妥协，并谴责达赖喇嘛的军队正在劫掠甘肃。西藏的这位领袖在 1674 年末就曾得到康熙的警告，说他不应该利用中原的请求，作为劫掠西北边界地区的借口。皇帝坚持说，如果达赖喇嘛需要一次远征的军需，那也应该从四川-云南地区也就是从吴三桂军队占领的地区获取，而这将是很困难的任务。③ 这一上谕公开表明了一种关系，它由康熙刻意营造，为了掩盖一个事实：他正请求蒙古军队进入中原，帮助他与吴三桂作战，他当然知道这将会造成一些劫掠。皇帝后来很后悔这一举动，做出这一举动时，南方形势很不乐观，他对政府在没有协助的情况下能够平叛没有把握。

康熙一直对达赖喇嘛有疑心，清军在 1680 年最后进攻云南，他向将领下令寻找叛军与达赖喇嘛之间所有的通信。同时，被派往边境的军队对达赖喇嘛的活动保持密切关注。④ 1681 年军队推进到云

---

① 《大清圣祖仁皇帝实录》，第 666 页（卷 48，第 19a-20b 页）、第 738 页（卷 54，第 16b 页）、第 1305-1306 页（卷 98，第 2b-3b 页）。

② 孟森：《清国史所无之吴三桂叛时汉蒙文敕谕跋》，第 482-483 页；沙畹：《关于丽江的历史与地理文献》，《通报》第 2 系列第 13 卷（1912 年），第 573 页。

③ 《大清圣祖仁皇帝实录》，第 666 页（卷 48，第 20a 页）、第 738-739 页（卷 54，第 16a-17b 页）；《明清史料丁编》，第 9 册，第 815 页；孟森：《清国史所无之吴三桂叛时汉蒙文敕谕跋》，第 480-481 页。

④ 《大清圣祖仁皇帝实录》，第 1201 页（卷 90，第 5 页）、第 1203 页（卷 90，第 9b-10a 页）。

南府时，清军将领确实找到了西藏领袖与吴世璠之间的信件，吴世璠在他祖父吴三桂 1678 年死后继任叛军首领。皇帝再次确信达赖喇嘛表里不一，要求全面拷问所有被捉叛军以得到此事的更多信息。①

88

平叛期间，康熙在与察哈尔蒙古的盟友关系上要幸运得多。数位察哈尔王公一听到吴三桂造反的消息，就前来清廷为战争提供人手、马匹。皇帝欣赏这一姿态，允诺对所有提供载重役畜的人蠲免赋税，但告诉他们要等到春末，看是否需要蒙古军队的帮助。蒙古支援的第一个标志是在 1674 年 2 月派遣人员去帮助防御山东兖州，这是两个军需转运点中的一个。后来察哈尔蒙古人在战争中最远打到南方的福建。② 在平乱之后，康熙派代表到所有蒙古部落对他们的支持表示感谢并予以奖赏。③

皇帝对于将领们在平叛期间的军事指挥表现极其不满。在整个 1674 年他任命了一些满洲王公为"大将军"：勒尔谨、洞鄂、杰书、喇布、尚善、岳乐。后来又有一些人加入了这一集团：1676 年，图海；1678 年，察尼；1679 年，彰泰；1680 年，赉塔。④ 为了说明这一看似过分的裙带关系自有道理，康熙指出，作为皇亲，他们的声望和权威有利于在现场第一时间做出决策。但是王爷们并没有达到

---

① 《大清圣祖仁皇帝实录》，第 1282 页（卷 96，第 11a 页）、第 1284 页（卷 96，第 16 页）。沙畹：《关于丽江的历史与地理文献》，第 573 页，参考了这一通信。

② 《大清圣祖仁皇帝实录》，第 619 页（卷 44，第 21 页）、第 623 页（卷 45，第 6b 页）、第 624 页（卷 45，第 8a 页）；《国朝耆献类征初编》，第 3230 页（卷 47，第 7b 页）。

③ 《大清圣祖仁皇帝实录》，第 1375－1376 页（卷 103，第 13a－16b 页）。

④ 《清代名人传略》，上册，第 396、439 页；《大清圣祖仁皇帝实录》，第 616－617 页（卷 44，第 16b－17a 页）、第 663 页（卷 48，第 13a－14a 页）、第 683 页（卷 49，第 25a－26b 页）、第 810 页（卷 59，第 20 页）、第 1025 页（卷 76，第 5b 页）。

康熙的期望，王辅臣 1675 年反叛，1678 年当收复岳州的战斗陷入
僵局时，他再次反叛，康熙极为焦虑，甚至扬言要御驾亲征。每次
他都被大臣劝说，认为皇帝的安全和京城的安全要比战场指挥的取
胜重要得多。① 康熙除了对他的指挥官们的无能，也对他们未能保
持纪律严明而大为不悦。②

只要战争还在进行，皇帝就要容忍将领们的无能、拖延、漫无
纪律，而一旦胜利在即，就等着清算了。在最后攻打叛军在云南和
贵州的老巢时，康熙更多倚重的是汉人而不是满人将领。从 1680 年
底直到 1683 年夏最终对他们厌烦之前，康熙源源不断收到关于将领
在刚刚结束的战争中种种不足的报告。他进行了适当的处罚——夺
爵，罢官，鞭责，抄没财产。他的满洲大将军中只有赉塔得以宽免，
三名汉人将领中甚至有两人在最后的平定战斗中遭到训斥。③

战争在 1676—1677 年发生反转。吴三桂的盟友一个个离他而
去，投降清军——王辅臣是在 1676 年 7 月，耿精忠是在 11 月，尚　*89*

---

① 白晋：《中国皇帝之历史肖像》，海牙：梅恩德·乌伊特维尔夫出版社，1699
年；天津重印本，1940 年，第 33 - 34 页；《大清圣祖仁皇帝实录》，第 700 - 701 页
（卷 51，第 7b - 9b 页）、第 1025 - 1026 页（卷 76，第 6a - 8a 页）。

② 《明清史料丁编》，第 9 册，第 820 页；《大清圣祖仁皇帝实录》，第 618 页
（卷 44，第 20 页）、第 624 - 645 页（卷 45，第 8b - 9a 页）、第 635 - 636 页（卷 46，
第 10b - 11b 页）。

③ 赉塔，见《清代名人传略》，上册，第 410 页。赵良栋、孙思克，见《清代
名人传略》，上册，第 77 - 78 页；下册，第 682 页。勒尔谨、察尼、尚善在 1680 年
12 月受到处罚（《大清圣祖仁皇帝实录》，第 1241 - 1243 页［卷 93，第 2b - 5a 页］）。
岳乐、喇布、杰书在 1683 年受到处罚（《大清圣祖仁皇帝实录》，第 1417 页［卷 106，
第 22 页］）。图海 1682 年自杀，在遭到皇帝的责骂之后（《清代名人传略》，下册，第
817 页）。彰泰也被认为无能（《清代名人传略》，上册，第 396 页）。低级将领的优劣
评价在 1683 年上半年到处可见（《大清圣祖仁皇帝实录》，第 1415 - 1457 页［卷 106
第 17a 页至卷 109 第 25b 页］）。

之信是在 1677 年 1 月。① 孙延龄在 1677 年被吴三桂的人杀死，当时他对反叛的支持发生了动摇。② 1678 年 10 月 2 日吴三桂死去，反叛大势已去。他的孙子吴世璠，作为周朝的第二任皇帝，又统治了三年，但清军缓慢地——对于康熙来说太慢了——有条不紊地将他包围，逼回云南，他于 1681 年 12 月 7 日自尽。叛乱最终结束。③

康熙为重建和平，同他战时一样小心翼翼。1679 年春，就在岳州和长沙从叛军手中收复之后，他命兵部和吏部准备一份云南和贵州大员的候选名单。这些人要跟随军队进入收复的领土，并要将这些地方带回到正常的政府管理框架内。④ 此前已有人建议，另派亲王驻守西南，但这种想法遭到否决：因为这就意味着，除掉一个藩王的八年战争，只是为了另立一个藩王。

在叛军都城被攻陷之前，康熙还为他的高级将领举行宴会，这不是为了庆祝胜利，而是因为胜利在望，他要感谢所有人的忠心耿

195　　① 《大清圣祖仁皇帝实录》，第 834 页（卷 61，第 9a 页）、第 860 - 861 页（卷 63，第 16b - 17a 页）、第 872 页（卷 64，第 15a - 16a 页）；曹凯夫：《三藩之乱：背景与意义》，第 126 - 130 页。

　　② 《清代名人传略》，下册，第 683 页。他死亡的日期不详。北京最早的报告是 1677 年 1 月 14 日（《大清圣祖仁皇帝实录》，第 873 页［卷 64，第 17a 页］），但 1678 年的奏疏给的时间是 1677 年 10 月、11 月间（《大清圣祖仁皇帝实录》，第 989 页［卷 73，第 9b 页］）。身为广西巡抚，他的传记也是这么记述的（《清史列传》，卷 6，第 30b 页）。

　　③ 《清代名人传略》，下册，第 879 - 880 页；曹凯夫：《三藩之乱：背景与意义》，第 134 - 140 页。对云南府的进攻始于 1681 年 4 月 9 日，直到 8 个月后吴世璠自杀（《大清圣祖仁皇帝实录》，第 1268 页［卷 95，第 7 页］、第 1312 页［卷 98，第 15b - 16b 页］）。

　　④ 《大清圣祖仁皇帝实录》，第 1067 页（卷 79，第 21 页）；《国朝耆献类征初编》，第 6044 页（卷 156，第 8b 页）。

耿，在这场危机期间代表王朝所做的不懈努力。① 真正的胜利庆祝是在 1682 年 2 月 20 日，皇帝再次盛宴款待官员，与他们九十三人共同赋诗一首，欢迎和平的到来。② 他大赦天下，允诺和平、善政。③ 对于以前生活在这些藩王统治下的人民，他宣布（在 1680 年末）停止非法盘剥，归还过去三十年藩王官员抢夺他们的所有土地。④

不过对于他自己，康熙拒绝了所有的荣誉。他着意于此事，因为它的宣传价值显而易见。他说，因为重现和平就为他上尊号，这样做不对，因为是他在 1673 年的决定，才招致了八年的苦难。经过将领、官员们的努力，才赢得了这场战争。他还说，赢得战争，这胜利空洞无物，只有当他在这些地区做出一些成就，人民有好的政府，享有安全，才算真正的胜利。当这些都实现了，他觉得才值得自夸一番。做一个勤勉、无私、仁慈的皇帝是康熙的追求目标，面对官员和王公（包括他的兄长福全）接受尊号的请求，他执意拒绝，出自诚心。他反倒是给太皇太后和皇太后上尊号（后者是追赠）。⑤ 1682 年，康熙决定编纂一部关于三藩之役的史书《平定三逆方略》

90

---

① 《大清圣祖仁皇帝实录》，第 1289 页（卷 96，第 26 页）。

② 《大清圣祖仁皇帝实录》，第 1332－1335 页（卷 100，第 3a－10b 页），记录了 93 人每人的诗句。

③ 《大清圣祖仁皇帝实录》，第 1323－1324 页（卷 99，第 14b－16b 页）；《明清史料丁编》，第 10 册，第 988－990 页。

④ 《大清圣祖仁皇帝实录》，第 1227 页（卷 92，第 2b 页）、第 1259 页（卷 94，第 13b－14a 页）、第 1407 页（卷 106，第 1b 页）；《清史》，第 3811 页。

⑤ 《大清圣祖仁皇帝实录》，第 1318－1319 页（卷 99，第 3b－5b 页）、第 1321－1322 页（卷 99，第 9a－11b 页）、第 1323 页（卷 99，第 13a－14a 页）、第 1345 页（卷 101，第 10b 页）。

（勒德洪纂），他再次坚持这次钦定编纂书籍应有的一些标准仪式都不必举行。[1] 最后，康熙在他祖先的陵前亲自宣布胜利，标志着在他的军事领导下第一次重大胜利的结束。[2] 我愿意相信，他们面露微笑，无言的满足，为他们子孙的成熟感到自豪，纵使他们对满族将领在疆场的错误心存不安。

收复台湾

在平定三藩之乱后，皇帝转向一个不那么急迫但仍必须对待的军事问题——立足于台湾的郑氏叛军。在整个 1660 年代和 1670 年代，迁海和贸易禁令，对于清朝军队对付这一忠于明朝的军队来说，依然是首要的战略认识。这些政策并不特别有效，因为对手占领台湾拥有了坚固的经济和军事基地，但同时，叛军被迫远离大陆，这一时期通常平静无事。

待到 1674 年吴三桂的叛乱波及福建，情况顿时改变。台湾对面的沿海省份落入另一反满集团之手，郑经（郑成功之子，在一场惨烈的家族内斗之后于 1662 年成为继承人）有机会将他的行动扩展至大陆。郑氏重新对大陆施加压力，提醒满人朝廷这一老对手的存在，

---

[1] 《大清圣祖仁皇帝实录》，第 1383 - 1384 页（卷 104，第 5a - 6a、7b - 8a 页）、第 1390 页（卷 104，第 19 页）。这些编纂人员是 1682 年 11 月选出的（《大清圣祖仁皇帝实录》，第 1403 页 [卷 105，第 14 页]）。

[2] 《大清圣祖仁皇帝实录》，第 1348 - 1351 页（卷 101，第 15a - 22a 页）。皇帝由太子陪同，于 1682 年 3 月 23 日出发，返回是在 6 月 9 日（《大清圣祖仁皇帝实录》，第 1345 页 [卷 101，第 10a 页]、第 1360 页 [卷 102，第 12b 页]）。

他们需要设计一套新的战略将郑经从所在岛屿大本营拔掉。台湾是应有领土，对它的收复是统一的要求，而且只要台湾不受满人控制，叛军就可以时常侵扰大陆，给王朝造成麻烦。① 此后，政策逐渐从防御转为进攻，最终，在三藩平定之后，清军攻取台湾。

91

1674 年 4 月耿精忠反叛，成为吴三桂的同盟。② 这一举动肯定是处心积虑的结果，此前耿精忠就已派特使到台湾，寻求郑经的援助。援助的代价，当然首先是耿精忠要付出的，他要交出泉州、漳州两府的控制权。刘国轩等郑经的指挥官，先期抵达厦门，5 月，郑经带领约百艘船只抵达。③ 郑经军队沿东南海岸线的出现，令满人极其关注江苏海岸之外的崇明岛的安危，他们快速加强了防御。④

耿精忠和郑经的大联盟并没有给清廷带来他们所担心的威胁，因为处处不信任和嫉妒，联盟破裂。耿精忠对于允诺的领土自食其言，因此郑经攻打并占有了福建一些沿海城镇。而且，郑经认为自己与这位藩王平起平坐，甚至地位更高，因为他是台湾的"独立统治者"并为恢复明朝而战。吴三桂试图平息这两个盟友的争吵但未有大的成效。最终，两人分道扬镳，没有建立任何有效的合作。⑤

从这种敌军的不和中清军坐得渔翁之利，康熙通过向郑经做出和解的姿态，试图加大他们间的罅隙。⑥ 但最后是耿精忠背信弃义，

---

① 《大清圣祖仁皇帝实录》，第 1471 页（卷 111，第 5a 页），有对这一观点的表述。

② 《大清圣祖仁皇帝实录》，第 640 页（卷 46，第 19a 页）。

③ 包罗：《厦门历史的一些片段》，第 94 - 95 页。

④ 《大清圣祖仁皇帝实录》，第 649 页（卷 47，第 14b 页）。

⑤ 《清代名人传略》，上册，第 111 页；冯秉正：《中国通史》，第 11 册，第 73 - 75 页；朱希祖：《吴三桂周王纪元释疑》，第 396 页。

⑥ 《大清圣祖仁皇帝实录》，第 672 页（卷 49，第 4b 页）。

投降清朝（1676 年 11 月），郑经继续在福建沿海袭击清朝，直到 1680 年 3 月从金门和厦门被逐回台湾。① 这次战役历时一年多，双方都想寻求荷兰人的支持，但最终还是中国人决定自己解决问题。② 对于那些离岸岛屿的攻打并不像参战者所讲的那么辉煌：后来才发现，当发动攻击时，防御的叛军已秘密地同意交出这些地方。③

这次胜利之后并没有直接攻取台湾。当时康熙正指挥对云南的决战，不愿意在其他地方分散兵力与精力。1680 年秋，他采纳了明珠的建议，进攻台湾可以再等待；同时希望福建官员再尝试劝导郑氏投降。④ 郑经死于 1681 年初，他的长子被迫自尽后，由第二子郑克塽继位。在得知反叛者内讧以及第二年春天有利的信风将至，康熙认为进攻的时机已经成熟。⑤

直到此时，主要是由福建水师提督万正色负责对郑氏叛军作战。他得到了福建巡抚吴兴祚和总督姚启圣的鼎力支持。万正色与三藩

---

① 《大清圣祖仁皇帝实录》，第 1188 页（卷 89，第 7b - 8a 页）。郑经拒绝考虑清廷提出的纳降条件（《大清圣祖仁皇帝实录》，第 957 页［卷 71，第 5a 页］、第 1111 页［卷 83，第 1b - 2a 页］）。

② 《大清圣祖仁皇帝实录》，第 1064 页（卷 79，第 15a - 16b 页）、第 1066 页（卷 79，第 19 页）、第 1074 页（卷 80，第 7 页）、第 1143 - 1444 页（卷 85，第 18a - 19a 页）、第 1166 - 1167 页（卷 87，第 16a - 17a 页）、第 1182 - 1183 页（卷 88，第 23b - 25a 页）；卫思韩：《胡椒、枪炮与谈判：荷兰东印度公司与中国（1622—1681）》，第 167 - 187 页；魏源：《圣武记》，卷 8，第 15a 页；皮埃尔·约瑟夫·奥尔良：《两位鞑靼征服者的历史》，第 68 页；傅乐淑：《中西关系文献编年（1644—1820）》，第 51 - 56 页。

③ 《大清圣祖仁皇帝实录》，第 1258 页（卷 94，第 11b - 12a 页）。

④ 《大清圣祖仁皇帝实录》，第 1216 页（卷 91，第 12a 页）。起居注稿本（台湾"中央研究院"历史语言研究所，内阁大库残余档案），康熙十九年八月初三日，记录了颁布上谕之前的讨论。

⑤ 《清代名人传略》，上册，第 111 页；《大清圣祖仁皇帝实录》，第 1283 - 1284 页（卷 96，第 14b - 15a 页）。

的叛军在洞庭湖水战中取得了辉煌胜利。当湖南不再需要他时，康熙调他至家乡福建。但是在1681年，皇帝急切想要收复台湾，用施琅取代万正色出任水师提督。① 当时并没有给出解释，但此前万正色因夸大自己在一次胜利中的功劳而遭到斥责，后来康熙回忆说，万正色认为打不下台湾，这表明他缺乏信心，这令皇帝很气愤。②

施琅是郑芝龙和他儿子郑成功最早的支持者之一，但在1646年归降了满人。他熟悉水战，熟悉郑氏叛军的战略，被任命担任福建一些军事职位。他有着"靖海"爵位——1664年时先是一名将领，后来封侯爵。早在1668年他就提交了收复台湾的计划，甚至前去北京亲自解释他的想法，但这一计划当时被搁置。1681年，在李光地、姚启圣的强烈建议下，康熙起用施琅，派他南下协助台湾之役。③

在施琅离京前，康熙令他与地方官员合作，尽可能迅速行动并摧毁海上叛军。这两样施琅都没有做到。④ 他和福建督抚姚启圣、吴兴祚就指挥权的问题发生了争执。施琅数次抱怨，他们及其他官员干涉他的部署。他希望有专征之权，其他的人或解职或位于其下，做各种协助工作。皇帝佩服并相信他的能力，决定站在施琅一边，　*93*

---

① 《大清圣祖仁皇帝实录》，第1078－1079页（卷80，第16b－17a页）、第1291页（卷96，第29页）；《清史列传》，卷9，第16b页。

② 《大清圣祖仁皇帝实录》，第1258页（卷94，第11b－12a页）、第1550页（卷116，第8a页）。

③ 《清史列传》，卷9，第12b－13a页；《大清圣祖仁皇帝实录》，第203－204页（卷12，第26b－27a页）；《清代名人传略》，上册，第474页；下册，第653、899页。

④ 《大清圣祖仁皇帝实录》，第1295页（卷97，第5a页）。

赋予他想要的自主行事权力。① 至于战争的进度，施琅数次请求推迟——说是风向不利，最终定于 1683 年 7 月发起攻击，这时距他被任命已近两年。此时他已训练了一支两万人的军队，聚集了约三百艘战船。② 他名义上的上级总督姚启圣，仍希望推迟进攻，同时他接待郑克塽派出的和谈使者。叛乱者愿意如琉球般进贡，但拒绝剃发、登岸。康熙认为这些条件不可接受，遂下令施琅进攻台湾。③

施琅的船队出发，在 1683 年 7 月经过一周的战斗，从郑克塽最善战的将领刘国轩手中夺得澎湖，这事实上决定了整个台湾之役的走向。刘国轩逃回台湾岛，他说服他的主人守住台湾已无可能。9月 5 日，郑克塽派人送一封降书给施琅。10 月 1 日，施琅起航赴台，两天后抵达，10 月 8 日正式接受郑克塽的投降。④ 台湾连同郑氏帝国被荡平，没费一枪一弹。郑克塽和将领以满人的式样剃发并前去北京，在那里他们交出所有明朝的玺印以及自 1644 年以来郑氏所接受的所有封号。郑克塽入汉军正蓝旗，赏公爵，他的两位将领

---

① 《大清圣祖仁皇帝实录》，第 1309－1310 页（卷 98，第 10b－11a 页）、第 1398 页（卷 105，第 4 页）、第 1440－1441 页（卷 108，第 16b－17a 页）；起居注稿本（台湾"中央研究院"历史语言研究所，内阁大库残余档案），康熙二十一年十月初四日、初六日；《清代名人传略》，下册，第 899 页。

② 《大清圣祖仁皇帝实录》，第 1358 页（卷 102，第 8 页）、第 1398 页（卷 105，第 4a 页）、第 1367 页（卷 102，第 26 页）。

③ 《清史列传》，卷 8，第 50a 页；《清史》，第 3879 页；《大清圣祖仁皇帝实录》，第 1457 页（卷 109，第 26 页）；起居注稿本（台湾"中央研究院"历史语言研究所，内阁大库残余档案），康熙二十一年十月初六日。

④ 《大清圣祖仁皇帝实录》，第 1465－1466 页（卷 110，第 14b－16a 页）、第 1473－1474 页（卷 111，第 9a－11a 页）、第 1480－1481 页（卷 111，第 24a－25a 页）、第 1485 页（卷 111，第 33b－34b 页）；傅乐淑：《中西关系文献编年（1644—1820）》，第 59 页。

赏伯爵，手下之人或入旗，或遣送回籍。①

　　清朝这边，康熙对施琅赏赉甚优，因为他结束了四十年来郑氏四代人对满人统治的对抗。给予施琅侯爵，世代承袭，直至清朝结束；他的军队予以奖赏且没有遣散（遣散是惯常做法），这些人就可以有持续不断的生活来源。凭借施琅的功绩，他的两个儿子仕途煊赫，一个是高级文官，清廉卓著，另一个是水师将领，1721 年平定了台湾一次大规模的反叛。② 如同在三藩之乱过后一样，康熙再次在他祖先陵前亲自宣布最终战胜了王朝的敌人。③ 然而，这一次他仅拜谒了北京东北顺治的陵墓，因为王朝头两位皇帝——努尔哈赤和皇太极，他们与郑氏如同跟藩王一样，都没有任何关系。

94

　　康熙还有一件未完成之事：如何处理王朝的这一最后所得领土。既然台湾不再是反叛者的栖息之地，那么它应该加以守卫并入帝国还是舍弃？ 在 1660 年代和 1670 年代，荷兰人有几次被告知在平定之后将台湾"送给"他们。康熙一开始对台湾及它对于帝国价值的态度极其含混。为平定该岛，投入了巨大的努力，自然对那里有着强烈的个人和情感使命。郑经提出，只要给予与琉球同等的属国地位，就可以投降，康熙提醒郑经说，他是中国人，岛上许多是福建人，不可能被视为属国。但是当台湾投降，朝廷在 1683 年请求康熙

---

　　① 《清代名人传略》，上册，第 111 页；《大清圣祖仁皇帝实录》，第 1584 页（卷 118，第 7 页）。

　　② 《大清圣祖仁皇帝实录》，第 1491 页（卷 112，第 9a - 10b 页）、第 1524 页（卷 114，第 15a - 16a 页）；《清代名人传略》，下册，第 635 - 655 页。但姚启圣并未因他对收复活动的早期支持和合作而得到奖赏（《清代名人传略》，下册，第 899 页）。

　　③ 康熙于 1684 年 1 月 7 日启程，23 日返回（《大清圣祖仁皇帝实录》，第 1508 - 1509 页［卷 113，第 11b、14b 页］）。

上尊号时，康熙的回答是："台湾属海外地方，无甚关系。"①

有人显然赞同后一种情绪，赞成放弃台湾岛。这群人，我们不知道姓名，但常常被那些赞同保留台湾的人提及。施琅在报告郑克塽投降之时，从一开始就提出了这一问题，请求皇帝定夺。康熙将此事推还给施琅，征求他以及其他人的意见，包括：福建督抚（姚启圣以及 1682 年取代吴兴祚出任巡抚的董国兴）、兵部侍郎苏拜，他被派往福建监督台湾之役的军需供应，后继续留在那里帮助安置遣散的叛军。② 现在不见董国兴的意见材料，而施琅和苏拜都强烈要求保留台湾岛，他们出于同样的理由，认为如果不加防卫，荷兰人将回来夺取它，以后会引发事端。姚启圣后来同意这种看法。接着皇帝将这一问题交廷议，1684 年 3 月 5 日，讨论的结果是支持施琅和苏拜的意见。③ 台湾入版图，成为福建的一个府，官兵率领八千人驻防，负责守卫。④

95　　晚明以来第一次彻底消除了沿海侵扰，康熙很快就结束了贸易禁令以及将沿海人口迁入内地的迁海令。这两项政策已遭人诟病多

① 《大清圣祖仁皇帝实录》，第 1457 页（卷 109，第 26 页）、第 1496 页（卷 112，第 20a 页）。荷兰一方，见卫思韩：《胡椒、枪炮与谈判：荷兰东印度公司与中国（1622—1681）》，第 86 - 87、181 - 183 页。

② 《大清圣祖仁皇帝实录》，第 1480 - 1481 页（卷 111，第 24b - 25a 页）。对苏拜所下的旨令，见《大清圣祖仁皇帝实录》，第 1474 页（卷 111，第 12a 页）、第 1485 页（卷 113，第 4 页）。

③ 朝廷的报告，以亲王杰书领衔，时间是康熙二十三年正月二十日（台湾"中央研究院"历史语言研究所，内阁大库残余档案，康熙题本第 76 包）；实录在第二天所记并不是全文（《大清圣祖仁皇帝实录》，第 1519 页［卷 114，第 5 页］）；也见傅乐淑：《中西关系文献编年（1644—1820）》，第 59 - 60 页；《清史列传》，卷 7 第 32b 页，卷 9 第 14b - 15a 页。

④ 《大清圣祖仁皇帝实录》，第 1534 - 1535 页（卷 115，第 4b - 5a 页）；《清史列传》，卷 9，第 15a 页。

年，海上禁令的结果之一是限制了福建官员从邻近省份购买大米并海运至省平抑高物价。同时，沿海地区的人口移出，意味着赋税收入的流失，也给百姓带来了极大困苦。①

现在帝国海晏河清，这些政策已不再有什么意义。时任广东总督吴兴祚奏请准许在广州附近的沿海人口返回故园。对于这一请求，1683年12月6日皇帝下令结束迁海政策："著遣大臣一员前往展立界限，应于何处起止，何地设兵防守，著详阅确议，勿误来春耕种之期。"② 随后，任命数位官员对沿海边界进行考察，监督重新安置事宜。任命吏部侍郎杜臻、内阁学士席柱往福建、广东；工部侍郎金世鉴、都察院左副都御史雅思哈往浙江、江南。③ 官员们完成了使命，这些地区的农业、养蚕业、渔业和盐业开始复苏。在广东，28 192顷（一顷等于100亩）土地重新分配给31 300名再安置的农民；在福建，31 108顷土地在回迁的40 800人间分配；在浙江，9 000亩耕地和74 000亩盐地归还百姓。④

这些钦差官员也建议重开沿海贸易，同施琅、吴兴祚等人自台

---

① 《大清圣祖仁皇帝实录》，第1314页（卷98，第20页）；《清史》，第3928页第9栏。

② 《大清圣祖仁皇帝实录》，第1498页（卷112，第23页）。

③ 《大清圣祖仁皇帝实录》，第1501页（卷112，第29b页）、第1506页（卷113，第7b页）。

④ 《清史》，第3928页第9栏至第3939页第2栏；《清代名人传略》，下册，第777页；谢国桢：《清初东南沿海迁界考》，第579、582页。亩数可能并不准确，因为各地亩制不同。此问题，见何炳棣：《明初以降人口及其相关问题（1368—1953）》，剑桥：哈佛大学出版社，1959年，第104-116页。中国的数词与量词普遍存在的问题，见杨联陞：《中国经济史上的数词与量词》，载《中国制度史研究》，剑桥：哈佛大学出版社，1961年，第75-84页。

湾投降以后就提出的一样。① 钦差金世鉴在 1684 年 5 月上报，认为应该允许百姓出海捕鱼和贸易。他提出了数项预防措施：（1）限制他们的船只大小；（2）由地方官将他们的名字登记在册，发给出海执照，由各出海港口的守卫官员查核；（3）沿海岸部署一些船只以保护并稽查海面。②

96

席柱亲自向皇帝简要报告了广东、福建一些官员反对弛禁贸易。③ 然而，康熙要重开贸易并将这一贸易置于更严厉的帝国控制之下。在南怀仁看来，皇帝开海的意图主要是进行财政的试验。如果皇帝两年后发现国库收入增长，他就会对此坚定信心；若这一贸易被证明无利可图，那么他将同过去一样关闭口岸。④ 1684 年重开贸易，康熙自己给出的理由是，关税收入将会补偿广东和福建的军事支出，可以减轻此前援助沿海地区粮食和财政的内地省份的负担。⑤ 康熙对外贸易的实用态度，反映了早期满人的大胆尝试和开放，这与传统的中国儒家对商业和对外关系的认识——这是后来的皇帝（著名的乾隆皇帝）所接受和维护的——完全相反。⑥

贸易和关税征收都是户部的职责范围。1684 年夏，户部忙于考虑制定规章及选派官员前往沿海地区。户部在 10 月 4 日给出了初步

① 傅乐淑：《中西关系文献编年（1644—1820）》，第 61 页；《清代名人传略》，下册，第 777 页。

② 《大清圣祖仁皇帝实录》，第 1535 页（卷 115，第 6 页）。

③ 《大清圣祖仁皇帝实录》，第 1548 页（卷 116，第 3a - 4a 页）。

④ 博斯曼斯：《南怀仁：北京钦天监监正》，《科学问题评论》第 57 卷（1912 年），第 341 页，注。

⑤ 《大清圣祖仁皇帝实录》，第 1555 页（卷 116，第 18 页）。

⑥ 麦克·曼考尔：《释清代朝贡体制》，载费正清编：《中国的世界秩序》，剑桥：哈佛大学出版社，1968 年，第 85 - 89 页。

人选。然而，皇帝谕内阁，反对在内陆道路、渡口、桥梁征税。户部在 10 月 18 日最后的报告，回应了皇帝的反对意见，包括如下建议：(1) 税收只可加征于远洋航行大帆船的交易货物；(2) 出海之人应注册登记，由地方监管人员颁发执照；(3) 特别差遣人员应依据先例和关口所在的位置制定税则；(4) 允许特别差遣人员一年两次上报他们的账册（取代通常的一年四报），每次应该派一名额外的书吏处理此事。皇帝在 10 月 22 日谕允户部的提议。① 12 月 1 日，他再次下令废除沿海贸易禁令，同时提醒各省官员强化反对走私贸易。②

以下地方设立了处理将来对外贸易的税关：广东的澳门、广州，福建的漳州、厦门，浙江的宁波，江苏的云台山（位于沭河河口）。西方商人现在可以自己前来这些港口贸易，不必与进贡使团扯上什么关系。③ 对于中国沿海居民来说，海禁与迁海令的废除意义重大，他们能够再次通过捕鱼和贸易为生。正如一位时人的感叹，尽管夸张不可尽信："耄倪欢娱，喜见太平，可谓极一时之盛矣。"④

---

① 《明清史料丁编》，第 8 册，第 745 - 746 页；《大清圣祖仁皇帝实录》，第 1555 页（卷 116，第 18 页）、第 1558 - 1559 页（卷 116，第 24b - 25a 页）。

② 《康熙会典》，卷 99，第 19a 页；《大清圣祖仁皇帝实录》，第 1567 页（卷 117，第 10b 页）。

③ 李明：《中国现势续录》，第 3 版，伦敦：B. 图克出版社，1699 年，第 85 - 87 页；傅乐淑：《中西关系文献编年（1644—1820）》，第 61 页；热苏斯-马里亚：《中国与日本的亚洲》，博克塞编，上下册，澳门，1950 年，下册，第 100、104 - 105 页。

④ 转引自谢国桢：《清初东南沿海迁界考》，第 579 页。

北方战争

1670 年代和 1680 年代成功平定内部叛乱，"给军事机器上了润滑油"①，康熙和他的继承者开始开拓中国外部疆域。在收复台湾之后，康熙自由地采取进攻性政策，对付北方的俄国人和蒙古人，这些人现在比过去更有理由敬佩满人的军事和政治能力。最后胜利的取得不是在 1684 年，但康熙初期已经为后来更辉煌的拓展至中亚的战争定下了先例。

从 1650 年代起，位于东西伯利亚的俄国哥萨克人，已在黑龙江流域蚕食中国的领土，但征服战争以及接下来的内部叛乱，令满人无法对他们进行任何强有力的抵抗。不过，小规模战争以及宣传、外交的努力，使得局势多变，一直持续到可以实施更积极的政策为止。同时与此不甚相关的，在莫斯科的俄国朝廷派遣外交和商业使团前往北京，但清朝对此没有回应。② 开始，北京和莫斯科都没有将外交努力与沿黑龙江的双方对峙联系起来，因为在那里双方基本

---

① 这一用语引自曹凯夫：《三藩之乱：背景与意义》，第 179 页。

② 康熙之前中俄关系的最新研究，见麦克·曼考尔：《1728 年之前的中俄外交关系》，剑桥：哈佛大学出版社，1971 年，第 20 - 56 页。仍然有用的以前的记录，包括戈尔德：《俄国向太平洋的扩张（1641—1850）》，克利夫兰：阿瑟·克拉克出版社，1914 年，第 33 - 55 页；约瑟夫·塞伯斯：《耶稣会士与中俄尼布楚条约：徐日昇日记》，罗马：历史研究所，1961 年，第 19 - 25、59 - 61 页；文森特·陈：《十七世纪的中俄关系》，海牙：马丁努斯·奈霍夫出版社，1966 年，第 34 - 58 页。俄文记述早期出使中国的使节，见约翰·巴德利编：《俄国、蒙古、中国》，两卷本，纽约：布尔特·富兰克林出版社，1919 年，第 2 卷，第 128 - 168 页。

上都不了解对手的身份。莫斯科可能觉察到了黑龙江哥萨克人已与臣属于中国的人开战，但北京并不将哥萨克人视作俄国人，而东西伯利亚军政长官一直到1670年米洛瓦诺夫使团出使前，并没有认识到他们正与中国皇帝进行着书信往来。①

康熙第一次与俄国人打交道是在1669年，时逢来自莫斯科的商业使团抵达北京。尽管清廷记载这是一个进贡使团到访，但贸易是它的首要目的，在皇帝戒备并饶有兴趣的注视下，俄国人可以自由地做生意。② 不久之后，康熙就根特木尔的地位问题与尼布楚军政长官联系。根特木尔是黑龙江领域通古斯一部落的首领，率先回击哥萨克人的蚕食，但后来转而效忠并向俄国人进贡。满人认为他是逃人，为了能让他回国，1670年4月康熙派人将一封信交给尼布楚军政长官阿尔申斯基。阿尔申斯基将此信的译本转交莫斯科并派一不识字的哥萨克人伊格纳·米洛瓦诺夫与皇帝的特使一起回北京。因为并不确切知道派米洛瓦诺夫去哪里或见谁，阿尔申斯基的指令包括收信人要臣服于俄国沙皇。这位军政长官很显然持有沙皇颁发的旧敕书，其中含有在与当地部落首领打交道时使用的言语，他就将这些话融入写给中国皇帝的信中。俄国代表团很走运，性命无虞，因为中国官员无法理解这封信，米洛瓦诺夫和这份文件的翻译者趁

---

① 麦克·曼考尔：《1728年之前的中俄外交关系》，第34－35、53页；艾瑞克·魏德默：《十七世纪俄国关于中国文献中的"Kitai"与清帝国》，《清史问题》第2卷第4期（1970年11月），第24－32页。

② 《大清圣祖仁皇帝实录》，第445页（卷31，第13页）；麦克·曼考尔：《1728年之前的中俄外交关系》，第56－59页。

机将它的语气变得柔和，成了得体的恭顺形式。①

当米洛瓦诺夫携带着给沙皇的信返回尼布楚，阿尔申斯基认识到了他的错误——他派遣的代表团原来去的是北京，见的是中国皇帝。康熙现在也将在黑龙江地区侵袭的哥萨克人、尼布楚军政长官，以及以沙皇为首的俄国联系了起来。在给沙皇的信中，康熙要求这位俄国领袖努力控制他黑龙江地区的臣民，以避免进一步的冲突并将此作为拥有任何商业特权的前提条件。康熙也要求归还根特木尔，但是阿尔申斯基转交给莫斯科的译文省略了信中的这一部分内容。②

莫斯科收到康熙的正式书信，促使沙皇派遣另一使团前往北京，以寻求贸易和外交关系的机会。尼古拉·米列斯库（就是通常人们知道的斯帕法里）③，是这一代表团的负责人，在边境滞留了四个月后，于 1676 年 5 月 15 日抵达中国都城。在北京，又因要熟悉传统中国外交规则，深受困扰，他又花了四个月。实际上有一次他获准免于这些程序中（对于一个外国人来说）最不能容忍的——叩头，当时他对此坚决反对。米列斯库的整个违抗行为大大地激怒了清廷，他在 9 月被逐出北京，没有得到任何改善中俄关系的承诺，甚至康熙连信也没有写给沙皇。康熙坚持只有归还根特木尔等逃人，并选

---

① 麦克·曼考尔：《1728 年之前的中俄外交关系》，第 60 - 62 页；艾瑞克·魏德默：《十七世纪俄国关于中国文献中的"Kitai"与清帝国》，第 33 - 35 页。米歇尔·巴甫洛夫斯基：《中俄关系史》，纽约：哲学资料馆，1949 年，第 127 - 144 页，详细讨论了米洛瓦诺夫使团的情况，以及他所携带的信件。约翰·巴德利编：《俄国、蒙古、中国》，第 2 卷，第 195 - 203 页；傅乐淑：《中西关系文献编年（1644—1820）》，第 46 页、第 453 页注 73 - 74。

② 麦克·曼考尔：《1728 年之前的中俄外交关系》，第 62 - 64 页；艾瑞克·魏德默：《十七世纪俄国关于中国文献中的"Kitai"与清帝国》，第 35 - 37 页。

③ 我采纳了曼考尔的观点（《1728 年之前的中俄外交关系》，第 324 页注 9）。

派一个新的更讲道理的特使，双方才能建立友好关系。① 为了弥补失败，米列斯库得到了南怀仁（在许多方面给予他帮助）所写的一封证明书信，说明了这位使节在北京执行使命的情况。②

康熙在外交上进行努力的同时，作为辅助，军事上也小心以待。在米洛瓦诺夫令人奇怪的 1670 年使团来华之后，皇帝指示宁古塔将军巴海，对俄国人的任何动向都要保持警惕，立即报告北京。③ 1676 年，巴海的大本营由宁古塔迁至松花江畔的吉林，在那里集结了水师。同时，沿黑龙江生活的各蒙古部落内迁到新的安置地，为他们提供更好的保护，也防止他们叛逃到俄国人那里。大多数黑龙江地区的土著人口被组织编入"新满洲"各旗，作为军事动员的兵力储备。④

三藩之乱结束，康熙准备了一场多方协作、多阶段的外交行动和军事战争，以阻击俄国的入侵并划定帝国北方的边界。康熙在胜利之时的言论，表明他认为这种外交行动和军事战争将会是一种模式。⑤ 即便他声称从 1667 年亲政就开始筹划对付俄国人的说法是标

---

① 麦克·曼考尔：《1728 年之前的中俄外交关系》，第 82 - 110 页；约翰·巴德利：《俄国、蒙古、中国》，第 2 卷，第 242 - 422 页（俄文记述）；《大清圣祖仁皇帝实录》，第 832 页（卷 61，第 3b - 4a 页）、第 842 页（卷 62，第 3 页）。后两者中文文献的英译见傅乐淑：《中西关系文献编年（1644—1820）》，第 49 - 50 页。

② 约瑟夫·塞伯斯：《耶稣会士与中俄尼布楚条约：徐日昇日记》，第 67 页；米歇尔·巴甫洛夫斯基：《中俄关系史》，第 119 页。麦克·曼考尔：《1728 年之前的中俄外交关系》，第 98 - 101、108 - 109 页，指出南怀仁背叛了康熙的信任，向米列斯库泄露了清廷对此事的考虑。

③ 《大清圣祖仁皇帝实录》，第 520 页（卷 37，第 3 页）。

④ 麦克·曼考尔：《1728 年之前的中俄外交关系》，第 116 - 117 页；罗伯特·李：《清史中的满洲边疆》，剑桥：哈佛大学出版社，1970 年，第 50、64 页。

⑤ 《大清圣祖仁皇帝实录》，第 1622 页（卷 121，第 11 页）。

准的说辞，但他确实花费了不少时间透彻地研究了地形、运输、通信设施、供应形势以及相关人员的才能。在三藩危机期间，他是在压力之下行动；在平定台湾期间，他更多依靠娴于水战的施琅等人的建议，而不是自己的想法；但在对俄战争期间，他有时间做准备并筹划自己的战略。

开始是派遣情报人员。1682年，康熙派了两位满人将领郎坦、彭春，以捕鹿为名前往俄国逃人于1669年所建的城市雅克萨以观察形势，雅克萨是俄国殖民行动的一个中心。[①] 皇帝告诫他们，对于那里的俄国人不要表现出任何的敌意，甚至说，若受到攻击就撤退，他说，这样做是因为"朕别有区画"。这两位"猎人"唯一的任务是搞清楚通往尼布楚的道路，流向大海的水道走向，以及俄国人防御的战略要点。[②]

郎坦、彭春于1683年返回并做了汇报。他们的判断是，击败俄国人是件轻松的任务——只需三千人。康熙尽管同意他们的看法，但仍然警惕能否速战速决。他不喜欢轻率或是无准备的开战。他希望和平谈判，避免战争，但如果战争是必需的，那么他愿意精心准备。因此整个1683年，康熙都在筹划他的基本战略并开始将计划付诸实际。他任命以前效力于吴三桂的福建人林兴珠，在吉林监管水师筹建方案，为此给他一千五百人。[③] 他也下令将荷兰火炮——以

---

① 麦克·曼考尔：《1728年之前的中俄外交关系》，第29-31页；约瑟夫·塞伯斯：《耶稣会士与中俄尼布楚条约：徐日昇日记》，第24页。

② 《大清圣祖仁皇帝实录》，第1384-1385页（卷104，第8b-9b页）；傅乐淑：《中西关系文献编年（1644—1820）》，第56-57页；麦克·曼考尔：《1728年之前的中俄外交关系》，第117-118页。

③ 《大清圣祖仁皇帝实录》，第1414-1415页（卷106，第16b-17a页）。

及知道施放之人——开往前线，在黑龙江下游的瑷珲、呼玛尔建造了两个军事基地，预备头三年的军需供应，建设更多的驿站。清朝军队到这些基地之后，要在那里屯田，以保证粮食的持续供应。①

巴海身为宁古塔的军事长官，全面负责这次军事集结，但他对一些细节持反对意见。他反对瑷珲、呼玛尔的基地建设，因为离俄国雅克萨指挥中心太远。他欲趁俄国人还没有加强防守，立即攻打雅克萨。皇帝不赞同巴海的意见，怀疑他心存嫉妒，因为萨布素、瓦礼祜被派去做战地指挥官，而不是巴海。在前线的巴海（还有萨布素）与在北京的皇帝谋臣间也有矛盾。在这样的形势下，康熙本人不得不做出大多数战略和后勤决定。在这一点上，他决定等待，直到两位指挥官有时间评估形势，并在进攻之前，精心训练部下。②

萨布素早先是郎坦、彭春侦探队伍的一员，1683 年擢升为新设立的瑷珲军事长官，瑷珲这时成了清朝对俄战争的指挥中心，这进一步动摇了巴海的地位。③ 1683—1684 年整个秋天和冬天，萨布素和康熙都在讨论筹备情况以及他们仍然面临的问题。严寒和大雪使得人员、供应和弹药运输根本无法进行，遑论额苏哩庄稼的生长，额苏哩是最早提议的位于瑷珲与呼玛尔间清军的行动基地。额苏哩最终被舍弃，而将瑷珲作为永久基地，将呼玛尔作为高级情报基地。

101

① 《大清圣祖仁皇帝实录》，第 1418 页（卷 106，第 23b - 24a 页）；傅乐淑：《中西关系文献编年（1644—1820）》，第 58 页；麦克·曼考尔：《1728 年之前的中俄外交关系》，第 119 页。

② 《大清圣祖仁皇帝实录》，第 1448 - 1449 页（卷 109，第 7a - 9a 页），英译见傅乐淑：《中西关系文献编年（1644—1820）》，第 62 - 63 页；麦克·曼考尔：《1728 年之前的中俄外交关系》，第 120 - 123 页。

③ 《清代名人传略》，下册，第 630 页；《大清圣祖仁皇帝实录》，第 1500 页（卷 112，第 28a 页）。

198

在瑷珲与呼玛尔之间，为了高效联系，建立了系列的十个驿站。萨布素抱怨瑷珲开垦土地和建造设防前哨等的人手不足，对此康熙允诺春天从盛京给萨布素派六百士兵，但拒绝了他从吉林、宁古塔派兵三千五百人的请求。一支一千二百人的部队和八十艘战船被聚合，以转送够吃两年的粮食到瑷珲。①

从上面对于 1682—1684 年战争的情报和后勤准备阶段的简单描述，显然可以看出康熙在认真擘画即将到来的与俄国的较量。同时他也没有忘记外交上的努力，不止一次说过："战，危事。"② 他希望他的军事备战会震慑敌人，不诉诸战争就解决他们的争端。两个被俘的俄国人被送回，带着康熙的严正声明，除非俄国人交还根特木尔，并从阿尔巴津和尼布楚撤兵，否则将兵戎相见。所有俄国定居者想留下来的都可以，只要他们接受中国的宗主国地位并遵守规矩。③ 俄国人没有正式回复康熙的这封信，但有些定居者的确决定留在东北，答应所提出的条件。这些俄国人以及在边境侵扰被抓的其他人于 1683 年被编入镶黄旗的一个佐领。④

战争的最后阶段——进攻并夺取雅克萨——开始是突袭战。萨

---

① 《大清圣祖仁皇帝实录》，第 1489－1490 页（卷 112，第 6a－8a 页）、第 1505 页（卷 113，第 5 页）；麦克·曼考尔：《1728 年之前的中俄外交关系》，第 122－123 页。

② 《大清圣祖仁皇帝实录》，第 1418 页（卷 106，第 23b 页）、第 1622 页（卷 121，第 11b 页），对最后结果的表态。

③ 《大清圣祖仁皇帝实录》，第 1476－1477 页（卷 111，第 16b－17a 页）、第 1488－1489 页（卷 112，第 4b－6a 页）；傅乐淑：《中西关系文献编年（1644—1820）》，第 64－65 页。

④ 《大清圣祖仁皇帝实录》，第 1495 页（卷 112，第 17b－18a 页）、第 1507 页（卷 113，第 9b－10a 页）；《清代名人传略》，下册，第 631 页；约瑟夫·塞伯斯：《耶稣会士与中俄尼布楚条约：徐日昇日记》，第 154－160 页。

布素和派往前线作为视察者的钦差玛喇，建议摧毁尼布楚和雅克萨周边的庄稼，以饥饿迫使俄国人屈服。康熙对此欣然接受，同时也建议不要摧毁庄稼而是运回瑷珲，补充清朝军队的军需。但 1684 年夏派远征军出发之时，萨布素却加以阻止，提出一些反对这一计划的意见。皇帝对失去这一机会大为光火，决定任命其他人负责来年夏天直接攻打雅克萨。如果那时攻打俄国的大本营太过困难，康熙准备重拾原来摧毁他们粮食的方案。①

　　彭春在郎坦等人的协助下，指挥了 1685 年的雅克萨之战。雅克萨城的守军拒绝最后的和平提议：俄国人撤至雅库茨克；交换逃人（没有专门提到根特木尔）；允诺边境贸易。② 进攻始于 6 月 24 日，三天之后结束，俄国人投降。大多数人被遣送回俄国境内，但约有五十人留了下来，承认中国的宗主地位。雅克萨被夷为了平地，不过皇帝的命令没有得到执行，没有摧毁庄稼。③

　　这短暂战斗中令人感兴趣的一点是参战的藤牌兵。这支五百人的部队，由福建人组成，以前效力于郑氏集团，精于用长刀和藤牌作战。他们的独门技艺在 1684 年冬得到康熙的关注，他与林兴珠当面交流火器技术以及如何对它进行抵挡。林兴珠描述了在藤条中填

---

　　① 《大清圣祖仁皇帝实录》，第 1542－1543 页（卷 115，第 19b－21a 页）、第 1547 页（卷 116，第 1b－2b 页）、第 1590－1591 页（卷 119，第 4b－6b 页）；《国朝耆献类征初编》，第 9223 页（卷 275，第 24a 页）；麦克·曼考尔：《1728 年之前的中俄外交关系》，第 123－125 页。

　　② 《大清圣祖仁皇帝实录》，第 1591－1592 页（卷 119，第 6b－8b 页）；傅乐淑：《中西关系文献编年（1644—1820）》，第 74－78 页；麦克·曼考尔：《1728 年之前的中俄外交关系》，第 127 页。

　　③ 《大清圣祖仁皇帝实录》，第 1621 页（卷 121，第 10 页）；麦克·曼考尔：《1728 年之前的中俄外交关系》，第 131－133 页。

塞棉花所制盾牌的使用方法，证明了它们的有效。令皇帝高兴的是，他最好的六名射手都射不穿它们。因为当时正谋划攻打雅克萨，他询问了正在训练、能够利用的藤牌及人数。担心带福建人北上需时太久，皇帝派八旗官员前往山东、河南，这里安置有许多在台湾之役中被抓的叛军，去找藤牌和五百福建人，置于林兴珠、何佑的管理之下，何佑是郑氏军队的一名指挥官。皇帝也下令施琅从福建运送更多的藤牌和长刀到京城。① 在雅克萨之战中，藤牌兵用来阻击乘木筏的俄国援兵抵达雅克萨。这些人跳入水中，以藤牌护头，使用他们的片刀砍木筏上俄国人的小腿，迫使他们跳入河中。②

103　　　第二次战役发生在 1686 年，中国人撤离雅克萨后未设防，俄国人返回，重建工事并收割庄稼。③ 萨布素、郎坦再向雅克萨进军，围攻从 7 月持续到 11 月，康熙下令暂停攻击，寄予沙皇提出和谈。④ 皇帝渴望缔结条约，而不是追求显然能够取胜的一场战争，这是由于他想要阻止俄国与蒙古首领噶尔丹结盟，因为噶尔丹这时在北方迅速壮大权势。康熙希望俄国保持中立，在将要到来的清朝与噶尔丹的最后较量中，能孤立噶尔丹。⑤

---

①　刘献廷：《广阳杂记》，第 78 页；《大清圣祖仁皇帝实录》，第 1584 页（卷 118，第 8 页）、第 1591 页（卷 119，第 5 页）；《清代名人传略》，下册，第 621 页。

②　刘献廷：《广阳杂记》，第 79 - 80 页；傅乐淑：《中西关系文献编年（1644—1820）》，第 78 - 80 页。

③　麦克·曼考尔：《1728 年之前的中俄外交关系》，第 134 - 137 页。

④　麦克·曼考尔：《1728 年之前的中俄外交关系》，第 137 - 139 页；《清代名人传略》，上册，第 443 页，下册，第 630 - 631 页；傅乐淑：《中西关系文献编年（1644—1820）》，第 86 - 91 页。

⑤　徐中约：《俄国在清朝初年的特殊地位》，《斯拉夫评论》第 23 卷（1964 年 12 月），第 689 - 692 页；白晋：《中国皇帝之历史肖像》，第 28 - 32 页；麦克·曼考尔：《1728 年之前的中俄外交关系》，第 149、158 - 159 页。

和谈稍有推延，最终在 1689 年举行，签订了著名的《尼布楚条约》①，这是第一个中国与西方国家，也是第一个与外部世界遵循外交平等原则签订的条约。直到此时，满人一直在他们的国际关系中小心翼翼，坚持传统中国的观念及做法，作为他们得到汉人精英所接受的合法统治者的努力的一部分。早期的中俄联系都是在朝贡体系的框架之内被认识和处理的，包括 1669 年的阿勃林使团，1676 年的米列斯库使团。② 但是在 1680 年代中期，随着清朝统治巩固的完成，康熙可能并能够采取大胆、具有想象力的朝贡体系之外的步骤，解决帝国与俄国间突出的分歧。然而，为了官方记录起见，《尼布楚条约》（代表中国谈判的主要是皇亲和两位耶稣会士）被描述成中国文明价值的又一次胜利。③

康熙朝早期北方的问题并不限于俄国人，两位蒙古首领布尔尼和噶尔丹，也挑战着满人的权威。布尔尼于 1675 年 4 月造反，当时清朝正倾力对付南方的叛乱。布尔尼的目标是要使他的父亲获得自由，其父是察哈尔首领，由于行为无礼被囚禁在盛京。皇帝派鄂扎、图海迎战已向盛京进发的布尔尼部队。正是在这一远征中，图海对他手下之人说了一番著名的激励的话。这是一群无组织纪律的八旗奴隶或奴仆——因为训练有素的八旗兵都在南方与三藩激战。经过

---

① 麦克·曼考尔：《1728 年之前的中俄外交关系》，第 141 - 162 页。该条约的整个情况，见索额图（清朝首席谈判代表）传记，《清代名人传略》，下册，第 664 - 665 页；约瑟夫·塞伯斯：《耶稣会士与中俄尼布楚条约：徐日昇日记》，第 71 - 75、103 - 303 页；傅乐淑：《中西关系文献编年（1644—1820）》，第 94 - 103 页；文森特·陈：《十七世纪的中俄关系》，第 86 - 105 页；嘎恩：《清初中俄交涉史》，巴黎：费利克斯·阿尔坎出版社，1912 年，第 31 - 53 页。

② 麦克·曼考尔：《1728 年之前的中俄外交关系》，第 2 - 3 章。

③ 麦克·曼考尔：《1728 年之前的中俄外交关系》，第 160 - 161 页。

104　　山海关向盛京进发的一路上，图海的军队肆意偷盗、抢劫，但即将迎战时，他们的这位指挥官告诉他们："察哈尔元裔，多珍宝，破之富且倍！"① 他的这番话使战争大获成功：这群乌合之众，以一当十，扑向布尔尼的军队，1675 年 5 月 16 日击败了对手。布尔尼逃脱，后被抓，数天后处死，短暂的察哈尔人的叛乱就这样很快结束了。②

　　噶尔丹直到 1690 年代才与清朝公开反目，他与布尔尼一样，利用三藩之乱的时机在中国的极西之地制造麻烦。1678 年，康熙第一次怀疑这位准噶尔首领的活动，派了一队侦察人员前去甘肃凉州。这些人回报，近几个月噶尔丹已大权在握，他杀死了和硕特部的鄂齐尔图汗，将越来越多的蒙古部落置于他的控制之下。当时康熙不愿插手噶尔丹的事务，但他下令在甘肃的将军张勇，密切关注边境动向。③ 1679 年，噶尔丹完全征服了新疆，被皇帝授予厄鲁特人的博硕克图汗。噶尔丹和厄鲁特人在差不多十年平静无事之后，开始了另一轮的扩张，他们进入蒙古，攻打喀尔喀人。最终，噶尔丹的行动导致与康熙的对抗，1696—1697 年康熙认真筹划了三次亲征，最终噶尔丹自尽身亡。④

　　在上面所描述的战争中，康熙的军事领导有一些共性内容：娴

---

① 《清史》，第 3819 页第 4-5 栏。

② 《大清圣祖仁皇帝实录》，第 739 页（卷 54，第 18 页）、第 743 页（卷 55，第 1b-2b 页）；《清代名人传略》，上册，第 305 页，下册，第 784 页。

③ 《大清圣祖仁皇帝实录》，第 929 页（卷 72，第 22b 页）、第 1023-1024 页（卷 76，第 2a-3a 页）；冯秉正：《中国通史》，第 11 卷，第 86 页。

④ 噶尔丹传记，见《清代名人传略》，上册，第 266-268 页；史景迁：《康熙皇帝自画像》，第 18-22 页。

熟利用以前的对手或是他们的支持者（如施琅，在雅克萨之战中的福建藤牌军）；特别在意细节——拒绝大谈形势、大而无当的奏疏①；不轻易相信谋臣的判断；持续关注他作为领袖的形象；渴望并自信地运用权力。这种领导力在他统治初期的十五年，即从 1669 年到 1684 年，大获成功，他擒拿鳌拜并废除辅政，分别击败陆地与海上的劲敌，保卫北部边疆。所有的军事对手都被消灭。忠于明朝的势力转入地下，成为秘密社会，直到下个世纪才又浮出表面。这一新的王朝已证明了自己，大多数忠于明朝的汉人对它勉强支持，却又钦佩不已。清朝统治的巩固大功告成。

105

军事体系

整个康熙初期八旗兵力稳步增长，意义重大。1662—1684 年，八旗佐领的数目从 618 个激增至 1 047 个，若以每个佐领 300 个成年男丁（以及他们的家人）计算，康熙朝伊始，八旗在编人员约有 185 000 人，1684 年约有 315 000 人。这一时期，佐领数目有两次突然增加：为应对吴三桂叛乱，1674 年增加了 54 个；为收编以前藩王的军队并准备抗击俄国人和厄鲁特蒙古人噶尔丹，1684 年增加了 188 个。②

---

① 史景迁：《康熙皇帝自画像》，第 46 - 47 页。在 1717 年遗诏般的上谕中，康熙特别强调要关注细节（史景迁：《康熙皇帝自画像》，第 147 页）。
② 房兆楹：《早期八旗兵力的一种估算方法》，《哈佛亚洲学刊》第 8 卷（1950年），第 203、208 - 209 页（表 II）。

平定三藩之乱后，大多数八旗兵回驻北方，或驻扎京城及周边，或驻扎东北。但超过 27 000 人留在了南方，驻防在七个战略城市，形成了应对将来可能出现的向王朝挑战的两条防御线。中间一线（兵力数见括号）由长江沿岸的镇江（2 740）、南京（4 700）、荆州（4 700），加上陕西的西安（6 700）组成。沿海一线由杭州（3 700）、福州（2 000）、广州（3 000）组成。① 这些兵力，如同以前外来王朝的斡鲁朵一样，作为一支集中、机动的突击部队，他们的存在就意味着能震慑反叛行动。他们并不是要为地方提供安全保障，地方安全由人数众多但又分散的绿营军队来完成。

在和平条件下，八旗的纪律与训练成了更为严重的问题。康熙在 1682 年试图通过每年三次的关外狩猎来补偿实战的缺乏，狩猎是在阴历的四月、十月、十二月进行。在这些场合，皇帝的随行人员多达七万，都在马背之上。一切必要的供应都从北京带来，为的是不骚扰他们所经地区的百姓，但是要花大笔费用修建并维护皇帝专用的道路。②

打猎是满人的习俗，入关前就是如此，起初主要目的有两个。它可以是娱乐活动，或为庆祝胜利，或为去除家人、朋友疾病或死亡所带来的愁闷和悲伤。它也有重要的军事目的：练习骑射，以学

---

① 这些数字出自《康熙会典》，卷 82，第 3b - 10a 页。在这些城市设立驻防的决定，见《大清圣祖仁皇帝实录》，第 1427 页（卷 107，第 13b - 14a 页）、第 1442 - 1443 页（卷 108，第 19b - 21b 页）、第 1455 页（卷 109，第 21a - 22a 页）；曹凯夫：《三藩之乱：背景与意义》，第 141 - 142 页。曾在陕西汉中驻防，但后来撤销了（《大清圣祖仁皇帝实录》，第 1699 页 [卷 126，第 29b - 30a 页]）。

② 《大清圣祖仁皇帝实录》，第 1411 - 1413 页（卷 106，第 10a - 11a、13b - 14a 页）；南怀仁的信，见皮埃尔·约瑟夫·奥尔良：《两位鞑靼征服者的历史》，第 106 - 108、121、130 页。

习令行禁止和保持队形。① 可以看下 1682 年南怀仁在塞外一次打猎中的见闻：

> 当时皇帝从他的侍卫中选取了三千人，全部配备弓箭。这些人围成一个大圈，沿山铺散开来，直径至少有三意大利里，他们沿着圆周，以一定秩序与距离站位。为了防止有的人移动太快而有的人太慢所造成的任何相距不平均或圆圈断开，军官们精心安排，他们中间甚至有一些大人物，都分布在圆圈之中。当所有人的位置都安排妥当，每个人都笔直向前，不论面前是溪谷，细密的林下灌丛，还是要攀爬最崎岖的高山，任何人都不允许偏离方向，或向左或向右。就这样，他们翻山越谷，包围圈围住了所有的动物，就如同在网中一样。②

很显然，对猎物的驱赶、围猎，与军队阵形和行动一样都要求纪律严明。事实上，满人领袖所使用的以扩张他们帝国的军事机器组织——八旗制度——仿照的就是更为古老的部落狩猎组织。300 人所组成的八旗基本单位的指挥官的名字——牛录额真（niru ejen，汉文"佐领"），就是一个从语言上可以清晰揭示这种关系的例子。满人的旧有习俗以十人为单位进行打猎，每人带箭（niru，牛录），他们中的一人被选为头目（ejen，额真），以保持合适的队形和行进

---

① 郑天挺：《清史探微》，第 35 - 36 页；《大清圣祖仁皇帝实录》，第 1436 - 1437 页（卷 108，第 8a、10a 页）；史景迁：《曹寅与康熙皇帝：奴才与主子》，第 36、52 页；南怀仁的信，见皮埃尔·约瑟夫·奥尔良：《两位鞑靼征服者的历史》，第 121 - 122 页。

② 南怀仁的信，见皮埃尔·约瑟夫·奥尔良：《两位鞑靼征服者的历史》，第 109 页。徐日昇的记述与此相同（皮埃尔·约瑟夫·奥尔良：《两位鞑靼征服者的历史》，第 139 - 140 页）。

方向。任何违反纪律的人都将被当场解除箭支并在活动结束之后受到惩罚。1637 年，有一次代善（当时皇帝皇太极的兄长）亲自鞭责了他的一个儿子，就是因为他在打猎中出现了差错。①

107   如果南怀仁的观察属实，那么康熙朝时的打猎也有助于皇帝恢复身体健康。他认为康熙北巡，为的是避开北京炎热的夏天以及对后宫寻欢作乐的不胜其烦。② 这不是说皇帝"厌烦"了他这一"需要"，而是北京这些好心的神父常常担心皇帝的这一习惯。另一位传教士李明，看出了皇帝打猎还另有所图。康熙在塞外时常接见蒙古部落首领，李明指出："驻地有一群大小王公，而皇帝最为尊贵；为了让这些野蛮人对中国的实力印象深刻，清朝官员的车辆、服装和帐篷，数量众多，极尽奢华。"③ 最后一点是，康熙个人显然很享受这些回到东北故土的打猎行程。他让人设立了几个小型苑囿，圈养"野生禽兽"，尤其是老虎，他特别喜欢猎杀老虎。④

    南方的驻防军队也奉命进行同样的狩猎活动，每半年一次。不过，康熙告诫指挥官们，要确保提前告知所在地区的居民，并禁止军队的任何抢劫行为。他不愿意让人回想起旧有的担惊受怕——不

---

    ① 郑天挺：《清史探微》，第 36 - 37 页；孟森：《八旗制度考实》，第 21 页；大卫·法夸尔：《满洲早期政治中的蒙古与中原因素》，第 14 - 15 页。

    ② 南怀仁 1683 年 10 月 4 日的信，见皮埃尔·约瑟夫·奥尔良：《两位鞑靼征服者的历史》，第 127 页。白晋也表达了同样的情绪，见白晋：《中国皇帝之历史肖像》，第 120 - 121 页。

    ③ 引自徐日昇的信，见皮埃尔·约瑟夫·奥尔良：《两位鞑靼征服者的历史》，第 148 页。也见徐日昇的评论，见皮埃尔·约瑟夫·奥尔良：《两位鞑靼征服者的历史》，第 123 - 124 页。

    ④ 又一次见徐日昇 1684 年的信，见皮埃尔·约瑟夫·奥尔良：《两位鞑靼征服者的历史》，第 134 - 135 页；也见史景迁：《康熙皇帝自画像》，第 8、12、22 - 23 页；白晋：《中国皇帝之历史肖像》，第 121 - 122 页。

久之前满人的残暴行径。同时，在 1684 年，康熙处理了这些南方驻防军队独有的一个问题——这些旗人，生活在汉人文化中心城市，可能会变得过于汉化。解决之道是不断地用来自北京的新人去换防。①

除了打猎，康熙也阅视骑射。例如，1684 年 4 月 21 日至 5 月 9 日，他观看了八旗各旗的文武官员、士兵依次展示骑射才能。检阅结束，康熙对他们的平庸表现很是不快。皇帝常常亲自参加射箭比赛。他第一次南巡至南京时也是如此，当皇帝十射九中时，旁观者热烈欢呼。② 虽说官方是如此记载，但这多少令人怀疑。此前 1673 年有一次他展示技艺，官方报道，康熙步射五箭，骑射一箭，全都中的，而起居注稿本对此的记载则是：他射失了两次。③

八旗制度的一个组织性变化，是 1683 年康熙在每个旗设立了火器营，由旗内各佐领抽人组成。他提议选出汉军八旗中那些不谙熟骑术的人进入这一新的建制。这八支队伍由两位汉军旗人官员——佟国纲（皇帝的舅舅）、张所知——训练并指挥。④

108

---

① 《大清圣祖仁皇帝实录》，第 1534 页（卷 115，第 3 页）、第 1537-1538 页（卷 115，第 10b-11a 页）。

② 《大清圣祖仁皇帝实录》，第 1528-1531 页（卷 114，第 23b-29b 页）、第 1570 页（卷 117，第 16 页）。在后来的出巡（史景迁：《曹寅与康熙皇帝：奴才与主子》，第 130-131 页）和北方的战争（史景迁：《康熙皇帝自画像》，第 18 页）中，他多次进行较射。

③ 比较《大清圣祖仁皇帝实录》第 573 页（卷 41，第 5a-6a 页）与起居注康熙二十一年正月二十日（《史料丛刊初编》，共 2 册，台北：文海出版社，1964 年，罗振玉辑，第 1 册，第 352 页）。

④ 《大清圣祖仁皇帝实录》，第 1453 页（卷 109，第 18 页）、第 1456 页（卷 109，第 23a 页）、第 1461 页（卷 110，第 6 页）；《清代名人传略》，下册，第 794 页。

由汉人所组成的绿营兵，在平定三藩时总数可能多达 90 万[1]，到 1685 年减至不足 60 万。[2] 遣散过多的绿营兵在有条不紊地进行，因老病或死亡造成的空缺两年之内不予填补，复员为平民开始新的生活者则予以补助。[3] 然而绿营的兵力仍然是八旗的二三倍，八旗兵估计有 20 万到 35 万。[4] 与八旗兵不同，绿营分散在各省各地方，作为当地的安全与治安力量，听命于众多的指挥官员：总督、巡抚、提督、总兵、副将以及低级军官（见表 1）。总督手下的标兵，1683 年设定是 5 000 人，实际变化很大，而巡抚手下的标兵依 1682 年的规定，常常或 1 000 人或 1 500 人。[5]

109

表 1　1685 年绿营的分布与兵力

地点	总数	指挥官[a]					
		总督	巡抚	将军	提督	总兵[b]	副将[b]
京城	3 300						
直隶	30 700[c]		1 000			(3) 29 000	(1) 600
山西	25 000		1 000			(2) 24 000	
陕西	38 587	7 000	1 500		12 123	(2) 17 964	
甘肃	47 391		1 500		5 000	(3) 40 891	
四川	30 000		1 500		2 600	(4) 15 554	(4) 10 346

---

① 罗尔纲：《绿营兵志》，第 45 页，估计绿营兵有 80 万。李洵：《明清史》，第 181-182 页，给出的数字更大。在这场战争中，投入了约 40 万绿营兵和 5 万八旗兵（曹凯夫：《三藩之乱：背景与意义》，第 84 页注 40）。

② 《康熙会典》，卷 94。

③ 《大清圣祖仁皇帝实录》，第 1362-1363 页（卷 102，第 15b-16a、17b-18a 页）、第 1379-1380 页（卷 103，第 22a-23a 页）。

④ 罗尔纲：《绿营兵志》，第 5 页；李洵：《明清史》，第 181-182 页；房兆楹：《早期八旗兵力的一种估算方法》，第 208-209 页（表 II）。

⑤ 关于巡抚，见《大清圣祖仁皇帝实录》，第 1361 页（卷 102，第 13 页）；关于总督，见《大清圣祖仁皇帝实录》，第 1381 页（卷 104，第 4a 页）。

续表

地点	总数	指挥官ᵃ					
		总督	巡抚	将军	提督	总兵ᵇ	副将ᵇ
云南	42 000	5 000	1 800		12 200	(6) 23 000	
贵州	20 000		1 500		12 440	(3) 6 060	
广西	20 000		1 500		14 900	(1) 3 600	
湖广	40 000	2 000	1 300		26 290	(4) 9 110	
湖南			1 300				
广东	73 200	5 918	1 500	4 000	16 499	(8) 45 283	
江南	49 850	4 820	1 000	2 000	20 474	(3) 13 691	
安徽		6 415ᵈ	1 450				
浙江	43 450		1 500		13 275	(4) 28 675	
江西	15 000		1 500			(2) 11 180	(2) 2 320
福建	69 726	2 500	1 476		65 750ᵉ		
山东	20 000	2 874ᶠ	1 000			(1) 16 126	
河南	10 000		1 000			(2) 9 000	
总数	578 204ᶜ	36 527	24 326	6 000	201 551ᵉ	293 134	13 266

资料来源：《康熙会典》，卷94。

　　a. 指挥官的英文翻译，见布鲁纳特、哈盖尔斯特罗姆：《当代中国的政治组织》，条目：820－821，744，750－752。

　　b. 每省这种指挥官的数目，在括号里给出。

　　c. 包括一守备所指挥的一百人。

　　d. 归漕运总督指挥。

　　e. 包括七位总兵所带之兵以及福建水师提督指挥的二万人。

　　f. 归河运总督指挥。

　　为了防止绿营指挥官尤其是提督、总兵坐大，康熙在1683年4月要求他们定期觐见，让他们树立敬畏之心，并处于监督之下。武官向更高的权威（皇帝）下跪，将有助于摧毁他的属下对这位武官的敬畏与尊重。① 康熙不愿看到再出现一个吴三桂、耿精忠或尚之

---

　　① 《大清圣祖仁皇帝实录》，第1445页（卷109，第1b－2b页）。

信。提督和总兵也在国内调动，以防止他们在某地扎根，不允许他们觊觎皇位。①

　　1670 年代和 1680 年代战争期间出现的最重大变化，并不是两种军队的体系组织或是分布的改变，而是每一种军队的战斗力重要性的相对变化。众所周知，平三藩期间在重要性上八旗降低，绿营上升。对于这一普遍性的结论，我并无新的东西可添加，但我可以展示如何看出这种变化。战争伊始，康熙依赖满人——这些人大多数是皇亲——指挥政府的军队。甚至满人军队的使用都优先于绿营，因为他们更忠心，更值得信赖。② 但是随着战争的推进，因为绿营兵为王朝英勇作战，皇帝以及一些将领，开始赞扬他们，更多地倚重他们。③

110　　这并不是说所有关于汉人军队的疑虑都烟消云散了，莽吉图在 1678 年称，绿营兵徒有虚名，而康熙本人一些年后有一次在召见陕西一位总兵时也说过类似的话。④ 但是环境使得皇帝利用绿营作为平定三藩的主力。八旗兵力不足，并且其领导层日益变弱，因为有才干的旗人更多地进入了官场（例如当督抚）。满人将领和他们手下之人在战场没有什么区别，南方的地形不适于满族骑兵。⑤ 因此

---

　　① 曹凯夫：《三藩之乱：背景与意义》，第 147 - 148 页。1680 年，有一次湖广绿营兵被派往云南，任命了一名新的指挥官（《国朝耆献类征初编》，第 3397 页［卷 53，第 50a 页］），这可能是战时的需要而不是日常做法。

200　　② 满人在 1674 年 12 月急往汉中防御，就是出于这一原因（《大清圣祖仁皇帝实录》，第 692 - 693 页［卷 50，第 16b - 17a 页］）。

　　③ 《大清圣祖仁皇帝实录》，第 709 页（卷 52，第 2a 页）、第 831 页（卷 61，第 1 页）。岳乐 1675 年专门请求派绿营兵守卫长沙（《大清圣祖仁皇帝实录》，第 790 - 791 页［卷 58，第 8b - 9a 页］）。

　　④ 《大清圣祖仁皇帝实录》，第 1039 页（卷 77，第 13a - 14a 页）、第 1200 页（卷 90，第 3b 页）。

　　⑤ 1679 年四川总督杨茂勋夸赞满洲兵的英勇，但也指出四川多山、崎岖，不太适宜骑射（《国朝耆献类征初编》，第 5988 页［卷 154，第 4a 页］）。

1679—1681 年在西南战争的最后阶段，基本上是绿营部队在汉人将领的指挥下作战。

康熙在 1679 年 11 月开启了新的阶段，他下令张勇、王进宝、赵良栋、孙思克率领他们的绿营兵进入陕西南部和四川。他指出，汉人军队适合在这一类地形作战，应该作为先锋部队，满人骑兵则跟随其后。而且这也符合古老的"以汉制汉"的做法。① 这四位将领于 1674—1676 年在平定甘肃王辅臣叛乱时声名卓著，张勇是提督，另三人是总兵。张勇最后没有参加收复西南的战争而是留在了甘肃，在那里他令和硕特蒙古望而却步，康熙以及后来的皇帝都高度赞扬他的功绩。② 王进宝、赵良栋、孙思克各自领兵在 1679 年经由陕西南部，1680 年进入四川，最后于 1681 年进入云南，这是吴三桂的老巢。③

孙思克的表现不如他的两位同僚，他不愿意向陕西推进，遭到了康熙的严厉训斥，但他后来赢得了战功和荣誉，在 1695 年击败噶尔丹时起了重要作用。④ 赵良栋和王进宝，一路凯歌，不仅大获皇帝赞誉，而且获得了军事和政治的领导权——赵良栋被任命为云贵总督，指挥光复西南的战役。⑤ 战后，两个人都封子爵，不过赵良栋成为嫉妒他的对手（王进宝和两位满人将领）的牺牲品，不得不

---

① 《大清圣祖仁皇帝实录》，第 1138－1139 页（卷 85，第 8b－10a 页）。

② 《清代名人传略》，上册，第 66－67 页。

③ 曹凯夫：《三藩之乱：背景与意义》，第 137－140 页；《清代名人传略》，上册，第 77－78 页，下册，第 682 页。

④ 《大清圣祖仁皇帝实录》，第 1127－1129 页（卷 84，第 5b－9a 页）；《清代名人传略》，下册，第 682 页。

⑤ 《大清圣祖仁皇帝实录》，第 1150－1151 页（卷 86，第 3、4b－5a 页）、第 1155－1156 页（卷 86，第 14b－15a 页）、第 1172 页（卷 88，第 4 页）、第 1175－1176 页（卷 88，第 10b－12b 页）。

等待十多年才受到嘉奖。①

111   第三种独立的军事组织——地方武装——在平定三藩期间短暂出现过。清朝第一批地方上招募并领导的军队与著名明遗民学者如黄宗羲、顾炎武、王夫之、孙奇逢、陈子壮、金堡等有关系。② 然而，在三藩之乱期间，有少数地方军队与清军并肩作战，而不是抗击清军。姚启圣，收复台湾之役的杰出人物，任福建总督，就是以这种方式起家的。1674 年，他在老家浙江会稽组织了一支地方武装，约有千人，效力于亲王杰书，与耿精忠作战。姚启圣获赏知县之职。两年后杰书报告说，得到了另一支"民兵"的协助，它由浙江庆元县一平民率领。③ 1674 年，江西创建了一种地方防御组织——团练，以保护兴国县免于沦入郑氏叛军旧部之手，这些人以前就曾反叛过。它的首领名叫蔡璋，后来被任命为南京的水师总兵。据说广西也有地方武装④，仔细查阅地方志肯定会有更多的发现。

没有见到官方对此关注或战后对这种地方招募军队如何处置的记载，但无疑清廷不可能同意它们成为永久性的军事建制。绿营兵的非常设编制遭到解散，这些地方武装，与此命运相同，可能并入了绿营。

---

① 《清代名人传略》，上册，第 78 页。1683 年赵良栋在奏疏中抱怨出力多，获赏少，当时康熙没有理睬他（《大清圣祖仁皇帝实录》，第 1451 页 [卷 109，第 13b - 14b 页]、第 1453 页 [卷 109，第 17 页]）。

② 见第一章第 23 页注 1。

③ 《清史列传》，卷 8，第 47b - 48a 页；《大清圣祖仁皇帝实录》，第 900 - 901 页（卷 66，第 20b - 21a 页）。

④ 梅谷：《太平天国运动期间中国的军事组织和权力结构》，《太平洋历史评论》第 18 卷（1949 年），第 472 页。

第五章

掌控官僚

　　上一章描述了战争的胜利，这证实了康熙拥有着超强的军事力量，在此之后，他转而关注对官僚控制的加强。鳌拜一垮台，皇帝就开始在自己周围培植新人。他主要的谋臣仍是满人，但是要指出重要的一点，这些满人不是在战争中扬名立万的老兵，他们是一辈新人，通过政府和宫廷的行政管理获得显赫地位，没有参加过征服战争。[①] 这是护卫人员的变化。而且，康熙对政府中民族-政治平衡这一仍很敏感的问题念念不忘。汉人精英想要得到保证：新王朝有意与他们共享官僚权力。在整个平定三藩期间，没有旗人背景的汉人文职与武职官员正日益进入权力和信任的内层圈子。这一发展并不是没有问题，引人注目的是以民族为分野的党争在增长。不过，只要汉人的地方势力已被摧毁，决策渠道听命于皇帝，康熙就能够

　　[①]　安熙龙（《马上治天下：鳌拜辅政时期的满人政治（1661—1669）》，第 208 页）考察了十四位高级满人京官的仕途，结论是他们中的绝大多数在文武领域都任过职，而且在入关期间，他们中的许多人始于行伍，而康熙的谋臣与之不同。

容忍一定限度的党争存在，以及汉人官僚政治的令人不快之事——腐败。

主要官员

康熙新的谋臣集团中的老资格是索额图，他是索尼的第三子。他的早期仕途现在还不清楚。他能升至高位只能归功于他在 1669 年铲除鳌拜时给予康熙的支持。在这场危机之前，索额图只是侍卫，并短暂地做过吏部侍郎，而在鳌拜垮台后不出三个月，他就被任命为大学士。① 这是康熙的第一个重要人员任命，填补了被处死的鳌拜的同党班布尔善所遗员缺。接下来的十年间，索额图权倾朝野，甚至康熙也就此敲打过他。一次是因为他提出要惩处那些他认为是造成了三藩之乱的谋臣，还有几次是因为他的狂妄自大。正是他的后一种表现——未能管束他的兄弟——令他在 1683 年丢官罢爵。② 他后来得以重新起用，在 1689 年《尼布楚条约》谈判中为朝廷出谋划策，但 1683 年之后其他的满人已取代了他皇帝主要谋臣的位置。

或许不应当太强调索额图反对鳌拜的立场是他后来影响力以及身居高位的决定性因素。在 1669—1684 年康熙的七位满大学士中，只有索额图、巴泰曾反对鳌拜这位辅政大臣。③ 其他四人（图海、

① 《清史》，第 2453 页。时间是康熙八年八月二十四日（1669 年 9 月 18 日）。
② 《清代名人传略》，下册，第 664 页。
③ 《清代名人传略》，下册，第 664 页，写到了索额图；《清史列传》，卷 6，第 21 页，写到了巴泰。

对喀纳、明珠、勒德洪）的信息未曾见到，但第七人莫洛，却是鳌拜的支持者。莫洛仕途显赫，在 1674 年突然死亡之前，仕途升迁迅速，大权在握。① 他为官的经历首次见诸记载是在 1650 年，当时他任数个部院的中层司官。十多年后才又提到了他的名字，这次（1667 年）是被任命为都察院副都御史。不出一年，他就担任了极重要的山西-陕西-甘肃地区的总督。他居此位三年，1669 年夏鳌拜倒台，他安然度过了随之而来的疾风暴雨。

受鳌拜的宠信当然可以解释莫洛在 1669 年之前的平步青云，但在康熙亲掌大权之后，他与这位失势辅政大臣之间的关系绝对是不利条件。但莫洛化解了这不利条件，保住了高位，甚至进而成了康熙的心腹大臣。保留他的总督职位是因为，不仅他的同僚，而且还有陕西和甘肃的百姓上奏，替他说话。② 1670 年至 1674 年莫洛在北京任刑部尚书，其间他作为经略返回陕西，负责西北诸省抵御吴三桂的叛军。莫洛与众不同，是清前期仅有的四位"经略"（其他三人是洪承畴、鄂尔泰、张广泗）之一，也是康熙朝唯一的一位。③ 陕西的文武官员俱听命于他，他同时任大学士、刑部及兵部尚书、都察院左都御史，更是大权在握。

莫洛身为鳌拜的支持者，侥幸免于被揭发与解职，五年之后他身处可能是最高的战时位置，直接向康熙负责。这似乎只有一种可能的解释：莫洛（以及其他马上就要提及之人）在康熙初年第二个

---

① 其传记，见《清史列传》，卷 6，第 41a 页。

② 《大清圣祖仁皇帝实录》，第 419 页（卷 29，第 5b－6a 页）、第 447－448 页（卷 31，第 18a－19a 页）。

③ 《大清圣祖仁皇帝实录》，第 636－637 页（卷 46，第 12a－13a 页）；朱彭寿：《旧典备征》，无出版地，1936 年，卷 1，第 12 页。

最重要的决定——1673 年的撤藩中站队正确（除鳌拜是第一个）。这一决定带来了八年的内战，这关乎新建立的满人王朝的生死存亡，康熙对此殚精竭虑。最后，这位年轻的皇帝拒绝了他大多数谋臣的意见，然而三位满部院大臣站在了康熙一边——莫洛、明珠、米思翰。①

与莫洛一样，明珠、米思翰也因撤藩问题上的立场受益匪浅。米思翰与其他两位不同，以反对鳌拜而闻名。康熙感激米思翰早期对他的支持，在米思翰出任户部尚书期间更是如此，鳌拜一垮台，康熙就任命他担任此职。米思翰改进了财政体系，将各省盈余起解至京城并加强国库建设，他在 1673 年向康熙保证，如果需要的话，可以支撑平藩战争十年。② 米思翰卒于 1675 年，时年 44 岁，正是仕途一片大好之时。由于他过早去世而未能得到的，他的几代后人得到了，拥有一些世职以及高级职位，甚至还出过皇后。米思翰的家族被称为"清朝最显赫的家族"。③

明珠是支持康熙撤藩决定的第三位尚书，成了未来最有权势的廷臣，在 1680 年代，风头盖过了索额图。从现存的康熙十九年（1680）八月和九月皇帝的起居注看④，在用人和官员晋升方面，皇帝几乎对明珠（有时是同另一位满大学士勒德洪一道）言听计从。

两位满大学士力劝康熙不要撤藩，一位是索额图，他的仕途前

---

① 传记中提到了他们的支持：莫洛，《清史》，第 3826 页第 3 栏；明珠，《清代名人传略》，上册，第 577 页；米思翰，《清代名人传略》，上册，第 581 页。

② 《清史列传》，卷 6，第 20 页。

③ 《清代名人传略》，上册，第 579 页。

④ 台湾"中央研究院"历史语言研究所，内阁大库残余档案中是"八月"，"九月"见于《史料丛刊初编》，第 473 - 519 页。

面已描述过，另一位是图海。图海是在内战中脱颖而出的，成为战地的满人统帅和战略家。在 1675 年平定了北方的伯尔尼之乱后，他 1676 年被派至甘肃做大将军。这一地区在 1674 年莫洛死后，就没有了统领全局的指挥官。图海为清朝收复了甘肃，接着与四位汉人将领同舟共济，进入陕西和四川平定三藩之乱。①

从这些满大学士 1669—1684 年的仕途简历②，可以清楚地看出，官员先前的立场和政治忠诚不是皇帝宠信的唯一决定性因素。康熙对与他统治初年显然最重要的两件事上立场相左的人，也会升至最高官职并以心腹看待。索额图和巴泰站在皇帝一边反对鳌拜，但莫洛却是鳌拜同党；莫洛和明珠（还有不是大学士的米思翰）看出了康熙对几位藩王所持立场的高明之处，而索额图、图海却反对皇帝的行事方式。

可以说，在皇帝决定选择这些人作为主要谋臣时，必定还有其他同等重要的考量因素。对于织造、盐政、关差等负有职责、有利可图的地方职位来说，内务府是用人的来源地，但它不必然是通向在京高级官职和权势的途径。③ 就这七位大学士的小规模样本而言，已知只有明珠和巴泰曾在内务府供过职。总的来看，或许我们可以

---

① 《清代名人传略》，下册，第 784 页。

② 巴泰、对喀纳的信息极少，尽管每人都有简短的传记，分别见《清史列传》，卷 6 第 21a 页、卷 6 第 24a 页。对喀纳死于 1675 年，巴泰是 1677 年之后因年老体弱致仕。两人显然都与当时的重大事件没有什么关涉。最后一位满大学士勒德洪，根本没有传记，在《清代名人传略》下册第 683 页，简要提到他在 1673 年前往广西执行调查一事。

③ 史景迁：《曹寅与康熙皇帝：奴才与主子》，第 87、103 - 104、174 - 175 页；何炳棣：《扬州盐商：十八世纪商业资本主义的一个研究》，《哈佛亚洲学刊》第 17 卷（1954 年 6 月），第 131 页。

116　将康熙选择他内层圈子官员的基础归之为这些人已证实的或是潜在的才能。

在 1669—1684 年担任汉大学士的十人中，只有一位（蒋赫德）是旗人，他在顺治朝以及四大臣辅政时期已是大学士。① 蒋赫德死于 1670 年，此后所有的汉大学士都不是旗人。高级官员的民族-政治属性的意义与重要性后面会讨论。汉大学士中康熙最亲近的是李霨、杜立德、冯溥。

李霨（1625—1684）是这一集团的领袖，1658—1684 年一直任大学士。李霨在顺治朝从内阁学士升至大学士时只有 34 岁——被委以如此荣耀和责任如此重大的位置，太过年轻了。他在四大臣辅政期间保持沉默，用他传记中的说法，凡与鳌拜等辅政大臣意见相左时辄"默然"②，从而能明哲保身。李霨在康熙治下才名实相副，尤其是在三藩之乱时。他面承康熙处理军事战略的口谕或命令，进而撰拟谕旨。这一工作，他经年累月，不辞辛苦，没有辜负皇帝的信任。③ 李霨与冯溥（1609—1692）、杜立德（1611—1691）一起，形成了平定三藩期间康熙最亲近谋臣中的汉大学士三人组合。

这三人之外，另一位汉官在此期间也赢得了康熙的信任，就是王熙，他在 1661 年顺治遗诏的撰拟上发挥了作用，是最早向康熙警示三藩日益坐大的官员之一。他 1667 年任都察院左都御史，上奏了吴三桂对国家收入的过分要求以支持他在西南的军队，建议大幅度

---

①　1654—1670 年他是大学士，他的传记见《清史列传》，卷 5，第 38a 页。
②　房兆楹的用语，见《清代名人传略》，上册，第 494 页。
③　《清史》，第 3809 页第 5 栏；《国朝耆献类征初编》，第 2196 页（卷 3，第 7b-8a 页）。

减少这一地区的绿营兵。① 在 1673 年春王熙成为兵部尚书后不久，出现了撤藩的问题，王熙同三位满尚书（明珠、米思翰、莫洛）一起，支持康熙。②

叛乱一发生，整个北京城弥漫着不安情绪，官员与百姓坐看政府的反应。这种焦虑，部分是由于吴应熊还在北京所引发，吴应熊是吴三桂之子，也是额驸。在王熙的强烈呼吁下，康熙于 1674 年初处死吴应熊，这一举动达到了王熙想要的有益效果：恢复人们对满人拥有应付这场危机能力的信心。同年晚些时候，康熙开始委任王熙阅看秘密军事文书。③ 王熙在 1678 年丁父忧之前一直担任兵部尚书。这时吴三桂已死，击败叛军只是时间问题。在平定三藩之后，王熙服阙任礼部尚书，1682 年任大学士。到了 1680 年代末，他已取代明珠，成为朝中可能最有影响之人。

117

满汉复职制?

长久以来，我们习惯将满人的成功，至少部分归结为愿意在中央与地方的高级职位上与汉人分享权力。清朝的这一行政做法，用术语常常称为满汉复职制（Manchu-Chinese duality 或 dyarchy）。④

---

① 《清史列传》，卷 8，第 2a 页。

② 《国朝耆献类征初编》，第 2223 页（卷 4，第 19b 页）。

③ 《清代名人传略》，下册，第 819 页；《清史列传》，卷 8，第 2b‒3a 页；《清史》，第 3812 页第 9 栏。

④ 费正清：《1840 年代和 1850 年代的满汉复职制》，《远东季刊》第 7 卷（1953 年 5 月），第 265 页。

复职制很好地描述了 19 世纪的情形，但它在清初根本不适用，因为它忽视了第三个也就是中间的群体——汉军旗人。满人和汉人的双重任命在京城以及汉人居主导地位的地方官场实行①，而汉军旗人在地方行政中作为督抚（总督和巡抚），位置很关键。身为皇权在京城之外的主要代理人，督抚是满人控制整个中国的重要工具。②

对督抚的任命通常无关乎候选人的民族-政治属性。我们前面已经指出，顺治支持这种平等的理念并将之宣传为王朝的基本政策。对于所有臣民，康熙同样注意保持不偏不倚的态度。康熙这种关切的一个例子是，1679 年兵部尚书王熙的父亲去世，他命明珠率人代为向王熙慰问。满人高官出现这样的情况时他会这样做，因此他认为应当同样对待汉人高官。③ 同样地，1682 年康熙决定对汉官的使用与满人同等对待。④ 康熙在 1712 年回顾他长久的统治，志得意满地说，他在满、蒙、汉间从无区别。促成他此番评说的是噶礼与张伯行的互参案，康熙经过考量最终做出了有利于张伯行这位汉官的决定。⑤

118

---

① 何国梁：《清代的军机处》，《远东季刊》第 6 卷（1952 年 2 月），第 175 页；瞿同祖：《清代地方政府》，剑桥：哈佛大学出版社，1962 年，第 22 页表 5；安熙龙：《马上治天下：鳌拜辅政时期的满人政治（1661—1669）》，第 214 - 215 页。

② 清朝督抚制度的发展，见劳伦斯·凯斯勒：《清朝督抚的民族构成》，《亚洲研究杂志》第 28 卷（1969 年 5 月），第 490 - 492 页。这一部分关于督抚的内容大多来源于我的这篇范围更广的研究。（此文见本书的附录。——译者）

③ 《大清圣祖仁皇帝实录》，第 1051 页（卷 78，第 14b 页）。

④ 起居注稿本（台湾"中央研究院"历史语言研究所，内阁大库残余档案），康熙二十一年正月初九日（1682 年 2 月 15 日）。五天后，汉大臣受邀到乾清宫以庆祝皇帝平定三藩之乱（《大清圣祖仁皇帝实录》，第 1332 - 1333 页 [卷 100，第 3a - 5b 页]）。

⑤ 史景迁：《曹寅与康熙皇帝：奴才与主子》，第 252 - 254 页。

当然，康熙在批评汉官时，也并不留情。有一次他抱怨，当事情一团糟时，大多的汉官都责备他们的满人同僚，而一切进展顺利时，则邀功自居。此后不久，皇帝也公开反对那些出示证据指责皇帝偏袒满人的汉官。① 康熙之孙乾隆曾经说过："本朝列圣以来，皇祖、皇考逮于朕躬，均此公溥之心，毫无畛域之意。"②

以上是满人在政府中的民族政策的形象与理念，是清初皇帝公开阐释的。但这一形象的真实性值得怀疑。例如，1651 年有御史指出，所有的总督和二十位巡抚中有十七人是汉军旗人（其他五位巡抚是非旗人的汉人）。③ 尽管这并不代表着严格意义上的民族歧视，但还是表明朝廷过分倚赖那些政治上与满人联合并受满人控制的汉人。1667 年，又有参加殿试者，声称当时督抚十之二三是汉人，其余全是满人。④ 其实，直到 1667 年末，这两种官职也还没有考虑任命满人。⑤ 但上述作者显然是将汉军旗人归于"满人"，只有这样，统计数字才能与他的抱怨对得上。他其实明白自己所说的情况，因为当时汉军旗人在二十九督抚中占有二十八人。只有云南巡抚是汉人。

这些在督抚任命上的民族-政治失衡且有利于满人和旗人的例子，肯定有损皇帝所宣扬的不偏不倚形象。不过，政治的而非民族

---

① 《大清圣祖仁皇帝实录》，第 1115 页（卷 83，第 10a 页）、第 1123 页（卷 83，第 24b - 25a 页）。

② 萧一山：《清代通史》，第 2 册，第 24 页。

③ 《清史》，第 3889 页第 7 栏。

④ 萧一山：《清代通史》，第 2 册，第 24 页。

⑤ 《大清圣祖仁皇帝实录》，第 325 - 326 页（卷 22，第 17b、18b、20a 页）、第 358 页（卷 24，第 27a - 28a 页）。

119 的考量引导着满族统治者在督抚上的选择。满族朝廷只有一次下令督抚的位置只能使用满人。1668 年皇帝决定，山陕地区的督抚只能任命满人。此后，直到雍正朝初年（1723）废除这一政策，山陕地区的督抚全都是满人。① 除了这一例外，民族属性不是身居各省高位的障碍。旗人，同样还有非旗人，都能够选任督抚，"因材因地因事因时"② ——一言以蔽之，要看清朝具体的政策规定。

现在可以依年份先后开列清代督抚，他们都有籍贯或旗分，但关键性的清初信息并不可信。③ 开列为来自奉天的督抚已证明他们差不多是清一色的汉军旗人。他们的旗籍，在地方志和王朝历史上小心翼翼地避而不提，然而在核查官方八旗的历史之后，却是显而易见的。④ 甚至一些籍贯为内地各省的人，也被证明是旗人。⑤ 清初督抚的民族-政治背景，经过仔细比对这些史料以及官方传记⑥，

---

① 《大清会典事例》（光绪朝），第 5350 - 5351 页（卷 23，第 8b、10a 页）。

② 《八旗通志》，卷 339，第 1a 页。

③ 严懋功编：《清代征献类编》。根据民族-政治属性，严懋功的督抚表格开列了所有清朝的总督和巡抚（不包括已开列为总督的）。这些名单构成了潘光旦所总结出的清朝总数的基础，见潘光旦：《近代苏州的人才》，《社会科学》第 1 期（1935年），第 70 - 71 页。潘光旦的数字，又被芮玛丽引用，见芮玛丽：《同治中兴：中国保守主义的最后抵抗》，第二次印刷，补充新的注释，斯坦福：斯坦福大学出版社，1962 年，第 55 页注 k。

202 ④ 《八旗通志》，卷 339 - 340。感谢史景迁提醒我注意清朝重要官员的奉天籍和旗籍的关联。对此问题的发现可在他的书中找到，见史景迁：《曹寅与康熙皇帝：奴才与主子》，第 71 - 72 页注 119。同样，可以推定辽东籍和旗籍也存在着关联。翻翻《盛京通志》（1736 年版，台北，1965 年重刊本）卷 34 "人物" 的名单，就可以看到太多汉军督抚被列为 "辽东人"。

⑤ 举一个例子，汉军镶黄旗人施维翰被列作上海人，见《清史》，第 3951 页第9 栏，《国朝耆献类征初编》，第 6003 页（卷 154，第 33a 页），以及福建、浙江、山东的方志，所有这些都没有提到《八旗通志》中所记载的他的旗籍。

⑥ 《清代名人传略》《国朝耆献类征初编》《清史列传》《清史》以及地方志。

会得到相当精确的统计结果。

由表 2 可知，有清一代督抚职位相当平等地在旗人（满、蒙、汉）与非旗人的汉人间分配。将这些总数分列为总督与巡抚时，旗人在总督职位上显然占优，而汉人在巡抚职位上稍居多数。这些比较当然还不足以说明整个问题。每种的旗人总数中汉军旗人都占了相当的比例（总督 36％，巡抚 46％，整个督抚 44％）。

表 2　清朝督抚的构成

民族-政治属性	督抚		总督		巡抚	
	数目	占总数百分比（％）	数目	占总数百分比（％）	数目	占总数百分比（％）
汉军旗人	287	22.0	115	20.8	252	22.4
满人	342	26.3	187	33.7	270	24.1
蒙古人	26	2.0	14	2.5	21	1.9
旗人（总数）	655	50.3	316	57.0	543	48.4
汉人	646	49.7	238	43.0	579	51.6
总数[a]	1 301	100.0	554	100.0	1 122	100.0

a. 督抚总数（1 301）并不等于总督（554）与巡抚（1 122）相加，因为总督中 375 人（也就是三分之二）以前做过巡抚，这样的官员只在督抚中计算一次。

早期的满族统治者很欣赏汉军旗人独有的身份，常常任命他们为各省最高的职位（见表 3 和表 4）。与满人或通常的汉人不同，身在其位的汉军旗人政治可靠，语言谙熟，行政熟练。但当康熙开始亲掌大权时，情况发生了重大的变化，此后任命汉军旗人为督抚持续减少。雍正朝（1723—1735）之后，在新任命的人员中，他们从没有超过 10％，常常更少。[①] 比较辅政时期（1662—1668）与康熙

① 劳伦斯·凯斯勒：《清朝督抚的民族构成》，第 497、500 页，表 2、表 3。

初期（1669—1683）的督抚统计数字，能够很好地反映出鳌拜和康熙相异的政治目标。鳌拜等辅政大臣继续极倚赖汉军旗人，一般的汉人被满人任命者取代。而康熙开始满汉并重。辅政时期的人事政策证实了他们基本致力于满人本土化运动：抬升满人的制度、价值，官员凌驾于汉人之上。而康熙朝着不同的方向前进：与他的汉臣民调和。

表3　清初总督的构成变化

阶段	新任命总数[a]	汉人		汉军旗人		满人	
		数目	占总数百分比（%）	数目	占总数百分比（%）	数目	占总数百分比（%）
1644—1661	49	10	20.4	38	77.6	1	2.0
1662—1668	9	—	—	7	77.8	2	22.2
1669—1683	21	2	9.6	12	57.1	7	33.3
1684—1722	64	13	20.3	27	42.2	24	37.5
1723—1735	39	17	43.6	12	30.8	10	25.6

a. 在这些阶段，没有蒙古人被任命为总督。

表4　清初巡抚的构成变化

阶段	新任命总数	汉人		汉军旗人		满人	
		数目	占总数百分比（%）	数目	占总数百分比（%）	数目	占总数百分比（%）
1644—1661	124	30	24.2	94	75.8	—	—
1662—1668	13	1	7.7	10	76.9	2	15.4
1669—1683	53	13	24.5	27	51.0	13	24.5
1684—1722	164	55	33.5	69	42.1	40	24.4
1723—1735	81	36	44.4	19	23.5	26[a]	32.1[a]

a. 数字包括两位蒙古人。

　　康熙决定满汉并重有着多重考虑。通婚等形式的汉化弱化了满-汉文化差异。[1] 满人现在掌握了必要的语言和行政技能，能够被任命为督抚。1671 年 3 月 5 日的上谕废除了在京部院以及各省和将军衙门的通事也就是翻译职位，理由是满族官员现在识得汉文。[2] 不出两年，康熙事实上就表达了对满人过于汉化的担忧。他担心未来的几代满人会全然忘掉他们的母语。为了阻止这种趋势，他下令编辑一部满汉字典。[3] 当然，偶尔还会有不懂汉文的满人官员。达都就是这种情况，他在 1674—1675 年有几个月出任浙江巡抚。[4]

　　可能比满人日益增长的能力和文化适应更具意义的是，不论使用满人还是汉人，在政治上都不再是冒险。经过皇太极、多尔衮和康熙本人的努力，到了康熙时期，皇权相对于满族氏族利益占绝对优势的局面基本形成。康熙初年的人事管理，也标志着汉人军事上反对满人的终结。到 1683 年，三位汉人藩王的反叛已经平定，台湾也已经从忠于明朝力量的人手中收复。在这种情形下，清朝彻底站稳了脚跟，皇帝不再担心与非旗人的汉人分享政府高级职责。

　　如果对督抚的任期也加以考虑的话，就可以描绘出满人政府权力分享的更为完整画卷。平均任期和整个任期的时长，依据民族-政

122

---

　　① 何炳棣：《清代在中国历史上的重要性》，《亚洲研究杂志》第 26 卷（1967 年 2 月），第 191 - 193 页。

　　② 《大清圣祖仁皇帝实录》，第 497 页（卷 35，第 5b - 6a 页）。

　　③ 起居注稿本（台湾"中央研究院"历史语言研究所，内阁大库残余档案），康熙十二年四月十二日（1673 年 5 月 27 日）。该条的后一部分，见《大清圣祖仁皇帝实录》，第 583 - 584 页（卷 42，第 2b - 3a 页）。

　　④ 《大清圣祖仁皇帝实录》，第 703 页（卷 51，第 13b 页）；《国朝耆献类征初编》，第 5976 页（卷 153，第 37b 页）。

治属性计算各有不同，但也别具意义。① 汉军旗人是最受信任的群体，汉人最不受信任（如果将统计上微不足道的蒙古人排除在外的话）。从整个王朝的平均值看，一名汉军旗人在一个特定总督职位上任职时长是三年半，总的任职时长（两个或更多职位）是六年零七个月。而一名汉人官员，平均一任只有两年零八个月，总任期是四年半，比汉军旗人的平均总任期少两年多。在巡抚中，情势亦然：汉军旗人平均在一个职位上要比一般汉人长九个月，整个任期长八个月。在总督和巡抚职位上，满人通常位于高值与低值的平均任职之间。只有在巡抚的平均任职时长上，满人的表现不如汉人。

可以想见，汉军旗人在整个王朝的平均任职时间更长，因为他们大多数在王朝的初年任职，当时可能缺少才智之士，加上时代动荡不定，造成了所有总督有着更长的任职时间。那么，在征服与巩固期的1644—1683年，满人与汉人出任督抚，会不会和汉军旗人一样长呢？表5是对这一时期的统计，给出了答案。在总督职位上，汉人平均比汉军旗人少一年，在巡抚职位上少八个月。② 1644—1683年这两个群体差不多可以与上面所给出的王朝平均数相匹敌。而满人在这一时期，任职时长明显地比整个王朝平均数要长。事实上，满人远远超过了两种汉人群体。如前所述，在王朝伊始，极少有满人拥有足以领导一省的行政技能，而能做到督抚的满人任期会更长。相较而言，汉人中才能之士——当满人认为吸纳他们足够安

123

---

① 劳伦斯·凯斯勒：《清朝督抚的民族构成》，第509页，表12、表13。

② 如果苏州可以作为代表性个案的话，通过比较，还可以看出民族属性不同，任期也不同，这也存在于清初的地方官职之中。整个康熙年间，旗人担任知府的平均时长是4.3年，知县是3年，而汉人担任以上职位的平均时长仅2.7年（史景迁：《曹寅与康熙皇帝：奴才与主子》，第74页）。

全时——人数众多。或许这解释了为什么他们在有清一代普遍任期更短，频繁的调任也是为防止汉人在一个固定的地方生根坐大。

表5　1644—1683年督抚的平均任期

身份	累积时长 （年/月）	任命 （数目）	平均在任时长 （年/月）
总督			
汉军旗人	307/11	87	3/6
满人	49/3	12	4/1
汉人	36/11	15	2/6
巡抚			
汉军旗人	572/0	177	3/3
满人	56/10	16	3/7
汉人	135/8	53	2/7

督抚的民族-政治构成，不是一个静态的安排，而是随着王朝的需要和最高统治者的不同目标而变化。稍加变动，我们可以从另一个角度考虑满人的权力分享问题：官员品级的厘定。顺治十五年（1658）之前，在京满官的品级要高于同职位的汉人。例如满大学士、尚书、左都御史都是一品，而这些职位的汉人则是二品。当然，有段时间，从1658年到1667年，满汉品级是一致的。[1] 接下来在1667年3月，在鳌拜完成旗地圈换以及成为事实上的专断者之后不久，又部分回到了1658年之前有歧视的官品厘定。这一歧视与鳌拜相始终，直到康熙亲掌大权一年之后，满汉官员品级才再次一致。这是通过将满官品级降至与汉人相等实现的——但不是一步到位，*124*

---

[1] 《大清会典事例》（光绪朝），第5300－5302页（卷18，第31b－36b页）。

而是已在任的官员保持原官品，而将来的任命者适用新的规定。①

皇帝、官员与党争

1679 年，康熙就人事行政问题向廷臣发布上谕，宣称自己的兴趣不在于对每位官员吹毛求疵并将他们撤职。他说，使用这些人要人尽其才，而不必期盼找到完美无缺的人。② 多年前康熙朝一位官员在名为《用人宜宽小眚疏》中就说过差不多的话。③ 康熙对这些想法有所扩充，有一次引述了这些言论，且赞成"使功不如使过"④。又有一次，他声称，他"宁失出勿失入"。他用一个旗人官员的故事支持上述最后一句，辅政期间，这个人被诬陷，被不公正地处死。为避免类似情况再次发生，康熙决定给予判处死刑者机会，重新细审案子，直至他们的罪行确凿无疑。⑤ 前面的声明揭示出康熙的某种宽容或放纵，但对官员他也有挖苦或强硬的一面。总之，态度暧昧可说是他的待人之道。

康熙对宠信之人，待遇优渥，可从著名的熊赐履案中窥见一斑。熊赐履有功于年轻皇帝的教育，是较早公开反对鳌拜专擅的大臣。

① 《大清圣祖仁皇帝实录》，第 307 - 308 页（卷 21，第 10b - 11b 页）、第 461 - 463 页（卷 32，第 17b，20b - 21a 页）。

② 《大清圣祖仁皇帝实录》，第 1119 页（卷 83，第 17a 页）。

③ 《皇清名臣奏议》，卷 17，第 19a 页。这一奏疏是 1665 年浙江总督赵廷臣所上，他对投降的叛乱者很宽大，声名远播。他的传记，见《清史列传》，卷 5，第 26a 页；《清史》，第 3946 页第 8 栏。

④ 《大清圣祖仁皇帝实录》，第 1531 页（卷 114，第 29b - 30b 页）。

⑤ 《大清圣祖仁皇帝实录》，第 1538 页（卷 115，第 11 页）。

康熙在南巡中（两次，1684 年和 1707 年）以及 1709 年熊赐履去世时都对他予以褒奖。熊赐履去世后，皇帝极为关切他的家境。织造李煦、曹頫受康熙之命，给熊家提供金钱上的帮助，熊赐履的两个幼子受皇帝召见，鼓励他们继续学业。其他杰出官员如张英、张玉书、李霨、杜立德、李光地、王熙等人的子侄，同样得到优待，通过恩荫授予京官。① 皇帝常常过于仁厚，无视或者说容忍官员们的缺点和玩忽职守。他会叫停对官员贪赃枉法的调查，如果会牵连太多高高在上之人。例如，1688 年湖广巡抚张汧因贪污遭弹劾，当案子牵涉徐乾学、高士奇、陈廷敬等人时，就停止了调查，所有这些著名的学者和官员都是皇帝的近臣。②

125

另一方面，康熙极看重操守。皇帝喜欢向老师和谋臣讲，国家是人治而非法治，因此他将重点放在寻求有德的大臣上。③ 康熙力推两个都叫于成龙的人，作为他前期统治的道德完人。④ 大于成龙 1680—1682 年任直隶巡抚，康熙称他是天下第一清官，无人能及。⑤

---

① 《清史列传》，卷 7，第 49a - 50b 页；史景迁：《曹寅与康熙皇帝：奴才与主子》，第 230、274 - 275 页。

② 《清史列传》，卷 9，第 33a 页。

③ 例子见他 1673 年与熊赐履的谈话（《大清圣祖仁皇帝实录》，第 577 页［卷 41，第 14 页］），1683 年与新任命的福建巡抚的谈话（《大清圣祖仁皇帝实录》，第 1451 页［卷 109，第 13a 页］），1679 年与全体廷臣的谈话（《大清圣祖仁皇帝实录》，第 1123 页［卷 83，第 25a 页］）。

④ 这两位官员，名字完全一样，常被混淆。区分最大的障碍是两人都做过直隶巡抚，大于成龙（1617—1684）是在 1680—1682 年，小于成龙（1638—1700）是在 1686—1690 年。两人的传记信息见《清代名人传略》，下册，第 937 - 938 页。小于成龙是旗人，不过《八旗通志》未将他包括在旗人官员的名单内（见卷 339 - 340）。更混乱的是，在清初至少还有另外两个于成龙（刘献廷：《广阳杂记》，第 10、142 页）。

203

⑤ 《大清圣祖仁皇帝实录》，第 1238 页（卷 92，第 23b 页）、第 1258 页（卷 94，第 11 页）。

小于成龙在康熙首次南巡时任江宁知府。康熙高兴地指出，他在北京时通过报告知道有个于成龙，今日一见，果然如同北京的于成龙一样廉洁。他鼓励这位知府——很快就被任命为安徽按察使——要向同名的于成龙学习，不辜负皇帝的信任。①

很显然大小于成龙有才有守——难得兼而有之。若必须从中选择，康熙倾向于后者。他知道有才之人难求，但更知道廉洁官员的稀缺。这一态度部分解释了为何康熙力挺张伯行，他是位廉洁自奉的省级官员，尽管他在为人和行政上有很多缺点。1712 年当张伯行遭弹劾并被判处死刑时，康熙拒绝惩处他，指出他"实非堪任巡抚之人，但能杜苞苴，操守甚好，可于钱粮无多处令其管守"②。

另一位被挑选出作为廉洁典型的是顺天府尹宋文连。大学士冯溥荐举他时，指出他家甚贫。然而康熙斥责了这一想法：所谓廉或贪，无关乎人的贫或富。③ 不过，康熙的儿子雍正皇帝在这方面要明智得多，他设立了养廉银，在消除导致腐败的基本原因之一——官员低俸——问题上迈出了一大步。

126　　　在初期统治结束之时，康熙似乎对自己大刀阔斧根除腐败尤其是中央政府的腐败，感到满意。当然，他承认地方上为非作歹仍所在多有，只要一方面督抚以身作则廉洁自律，另一方面快速调查属

---

① 《大清圣祖仁皇帝实录》，第 1571 页（卷 117，第 18b 页）、第 1575 页（卷 117，第 25a 页）。

② 史景迁：《康熙皇帝自画像》，第 53 页。对此事的全面描述，见史景迁：《曹寅与康熙皇帝：奴才与主子》，第 240－254 页。

③ 《大清圣祖仁皇帝实录》，第 1238 页（卷 92，第 23b 页）。冯溥的传记，见《清代名人传略》，上册，第 243 页；宋文连的传记，见《清史》，第 3984 页第 6 栏。

下的腐败，就能予以纠正。① 康熙对于各省腐败的关切，使得他在
1682 年钦派官员到各省巡察，从直隶开始，与各巡抚合作。②

从后来的发展来看，皇帝在这个问题上的乐观似乎有些盲目。
在 1680 年代末，康熙宠信的明珠、高士奇、王鸿绪等大臣都因腐败
遭弹劾——郭琇弹劾了其中多人，由此赢得了铁面御史的名声。③
康熙在统治伊始就目睹了皇位传承的残酷斗争以及围绕竞争者形成
的党争。尽管这些问题的后续发展不在本研究的范围之内，但还是
有必要说，1661—1684 年党争的出现以及康熙对此的态度，显示了
前面提到的强硬态度。

康熙对于朋党没有专文论述，这与雍正皇帝不一样，但他有时
与大臣讨论这一问题。整体来看，他秉持儒家传统，贬斥结党。例
如 1677 年 8 月，他召集大学士，斥责那些结党的官员应该"一意奉
公"，康熙认为"如或分立门户，私植党与，始而蠹国害政，终必祸
及身家"。他进而说道："凡论人议事间，必以异同为是非，爱憎为
毁誉，公论难容。"最后，皇帝警告他的大臣，不要结党，要"同寅
协恭，共襄国事"。④

在这次讨论后不久，康熙迎来了第一次朋党政治危机。1661—
1684 年，三个门户接踵而起。康熙朝最开始，自然是围绕着辅政大
臣实权人物鳌拜一党。在康熙亲掌大权后，由大权在握的满人为首 *127*

---

① 《大清圣祖仁皇帝实录》，第 1500 页（卷 112，第 26b - 27b 页）。

② 《大清圣祖仁皇帝实录》，第 1373 - 1374 页（卷 103，第 10b - 11a、12a 页）。
此命令是否曾在直隶以外的地方实施，《实录》语焉不详。

③ 《清代名人传略》，上册，第 436 页。

④ 《大清圣祖仁皇帝实录》，第 920 - 921 页（卷 68，第 12b - 13a 页）。称呼派
系的名词为"党"和"门户"。

的两党各领"风骚"十年：1669—1679 年的索额图党，其后是
1679—1688 年的明珠党。

索额图在康熙亲掌大权后的头十年能显赫一时可归为两个因素：
在除掉鳌拜时他起着决定性的作用，以及他是康熙的皇后的叔叔，
也就是胤礽的舅公，胤礽在 1675 年两岁时被立为太子（这是第一次
但不是最后一次）。① 在此基础上，索额图很快就成为朝廷炙手可热
的人物，康熙本人有一次就如是说。② 索额图对于政治权力的牢牢
把控最终被一场地震动摇！这场自然灾害于 1679 年 9 月 2 日突降北
京，毁坏了三万间房屋，近五百人丧命，康熙立即将此解释为不祥
征兆，表明在国家行政上存在着严重问题。他指出党争是当下最邪
恶之事，斥责那些只表扬同党而污蔑他人之人。③

左都御史魏象枢从皇帝那里得到暗示，上递奏疏，对索额图进
行了不点名批评，在接下来的召见中他重申这一看法。④ 第二天
（9 月 4 日），康熙召见所有重臣，为政治秩序的败坏反躬自省，同时
也责备臣下。他指出了需要改革的六个方面：（1）民生困苦已极而
官员之家日益富饶，此皆苛派百姓；（2）会推官员时，官员朋比营
私；（3）战地将领不思安民立功，而志在肥己；（4）各省官员不上
报民生疾苦，在京官员不纾解民困；（5）问刑官员不速行结案，判

---

① 《大清圣祖仁皇帝实录》，第 759 页（卷 56，第 1b-2a 页）。册立仪式是在
1676 年 1 月 26—27 日举行（《大清圣祖仁皇帝实录》，第 796 页［卷 58，第 19a、19b-
20a 页］）。

② 《大清圣祖仁皇帝实录》，第 1435 页（卷 108，第 6a 页）。

③ 《大清圣祖仁皇帝实录》，第 1105-1106 页（卷 82，第 14、16b 页）；刘献
廷：《广阳杂记》，第 13 页。一条西文材料夸大了伤亡人数，说是三四十万人（冯秉
正：《中国通史》，第 11 卷，第 88-89 页）。

④ 《清史》，第 3898 页第 3 栏；《清史列传》，卷 8，第 11a 页。

案不公；（6）包衣下人、诸王贝勒家人侵害小民，大发横财。康熙最后说，以上这些，事虽异而源则同，都是缘于中央大臣的腐败，他们为政府运作从上到下设定了基调。①

皇帝承认早就了解政府中的这些不法之举，但限于军事形势并希望大臣们会自行改弦易辙而隐忍不发。随着他倾心倾力平定了三藩以及认为大臣能自我洗心革面信念的破灭，康熙已决定大力整顿以弥补过去的不足。索额图位高权重，是首要目标，没过几年他就垮台了。他在 1680 年休致，尽管皇帝对他的表扬言犹在耳，但此后，先前有恩于索额图的人，开始不断地批评他，辱骂他。1681年，那些索额图曾倡言导致三藩之乱应予以惩处的官员，因康熙重提此事，对索额图奚落挖苦。1683 年，索额图几个弟弟的所作所为，又招致了对他的打击。由于未能制止弟弟们的行为以及自己的傲慢不逊，并贪求个人财富，索额图丢掉了议政大臣、领侍卫内大臣、太子太傅之职。1690 年，康熙痛斥并羞辱他，因为他在近来的一场战役中，让噶尔丹寻机撤退并逃逸。②

最终，1703 年，康熙斥责索额图，从未如此严厉，指控他结党妄行，聚集所有不满的煽动者，冲入太子居所而没有下马。康熙在长篇讲话的最后，称索额图不如条狗，"养犬尚知主人恩"，将索额图圈禁，他后来死于禁所中。五年后，康熙怒气未消再次痛斥他，如同痛击一匹死马。这次是在废黜太子胤礽之时。胤礽此前曾交索额图监管，而胤礽荒淫无度，为此索额图死后依然受到指责。康熙

①《大清圣祖仁皇帝实录》，第 1107－1108 页（卷 82，第 18a－21b 页）。
②《清史列传》，卷 8，第 11、12a 页；《大清圣祖仁皇帝实录》，第 1435 页（卷108，第 6 页）。

历数了索额图的一生，将他定为"本朝第一罪人"。①

康熙这些过激言论，可能缘于他感到身为父亲的不称职，但它们也反映了党争最盛时他感到的不安与愤怒。结党不会因为他的反对就自行消散，他生前没有看到党争的最后平息，也没有将结党反对到底。另一不祥的自然现象（1682 年）是出现了一颗彗星②，这让康熙回头关注自然与社会失序间存在着的因果关系。大多数大臣寻求非军事化的救济措施，比如裁撤军队，以及取消对台湾的远征，这样可以让百姓在十年战争之后休养生息，而皇帝本人却将原因指向朋党。他说，满人是围绕朋友亲戚结党，而汉人是围绕同年或学问结党。③ 结党的第三个焦点是同乡，也是在 1682 年，当来自山东的大学士冯溥休致之际，康熙沮丧地指出了这一点。④

明珠一党，在 1680 年索额图休致之后主导着朝廷，在一个重要的方面不同于它的先行者：它是由满人和汉人共同组成的。从目前所能得到的关于索额图的粗略信息看，似乎他的所有追随者全部或绝大多数是满人。⑤ 而明珠的许多支持者是汉人（既有旗人也有非旗人）。这些人中有靳辅、蔡毓荣、余国柱、李之芳、徐乾学等名

---

① 《清史列传》，卷 8，第 12b 页。康熙在 1712 年对李煦（汉军旗人、皇帝心腹）有相同的口头辱骂，见史景迁：《曹寅与康熙皇帝：奴才与主子》，第 262 页。

② 在 1682 年 8 月 26 日（《大清圣祖仁皇帝实录》，第 1378 页［卷 103，第 20b 页］）。

③ 《大清圣祖仁皇帝实录》，第 1379 页（卷 103，第 21a—22a 页）。

④ 《大清圣祖仁皇帝实录》，第 1387 页（卷 104，第 13 页）；《清史列传》，卷 7，第 40a 页。康熙初年有两位大学士来自山东同一个县（益都县）——冯溥（大学士，1671—1682）和孙廷铨（大学士，1663—1664；传记见《清史列传》，卷 5，第 43b 页）。

⑤ 1703 年受惩处的索额图一党名单中只有一个汉人（《清史》，第 3931 页第 4—5 栏）。这些人都没有传记，但其中部甘例外，他 1681—1684 年任漕运总督。

人，头两个是汉军旗人，后三个不是。① 到康熙前期结束之时，汉人又回到了政治生活的中心，这是进一步的证据。值得注意的是，在鳌拜、索额图、明珠倒台后，朝廷中最知名的官员不再是满人而是汉人王熙。②

1679—1688 年，明珠在朝廷中的影响无处不在，在余国柱的协助下，主导着内阁。余国柱被认为是明珠一党中汉人集团的元凶，试图在会推省级官员时强加他的意志，并从这些职位的候选人那里索贿。他甚至想让御史——据说他最怕这些人——缄口不语，办法是让候选人同意将奏章提交给他，他先过目同意。使这一切成为可能的，就是因为明珠获得了皇帝的信任。前面已指出，在整个 1680 年代康熙转向明珠，征求他的意见以及对人员的评价。这位大学士显然违背了皇帝对他的信任，经常泄露朝廷所讨论的事情甚至是皇帝私下所说的话。知道皇帝的所思所想，明珠可以而且确实借此扩大了他的影响。如果康熙表扬某人，明珠就声称这是他美言的功劳；如果康熙认为某人不好，明珠就找到此人，讲好价钱，承诺可以设法为他弥补。③ 通过上述不同方式，明珠在他周围聚集了阿谀奉承者。

康熙所经历的官员腐败与党争，只是未来系列事件的开端。他 *130*

---

① 大多数人在《清代名人传略》中有传：上册，第 161 页（靳辅）；上册，第 310 页（徐乾学）；下册，第 734 页（蔡毓荣）。这些人，还有其他人的名字基本上是从 1688 年郭琇弹劾明珠的奏疏（《清史列传》，卷 8，第 13b - 15b 页）以及明珠传记（《清史》，第 3931 页第 6 栏）中辑出的。明珠一党另外两个非旗人的成员是熊一潇（《清史》，第 3984 页第 9 栏）、张汧（《清代名人传略》，上册，第 101 页）。

② 《清代名人传略》，下册，第 819 页。

③ 《清史列传》，卷 8，第 13b - 14a 页。

早期的人事实践成果，对于老年的皇帝并不是什么甜蜜味道，但他于此，既无热情也无期望，无所作为。此时，他老态龙钟，体力、精力不济。① 他的儿子和继承人雍正皇帝在激烈的党争中打拼并挺了过来，作为胜利者，他采取了措施，在他的治下这种局面不再重演。②

决策风格

近来的学术研究充分论证了康熙后期奏折体系已制度化③，但即便是在统治初年，康熙对于保密显然已很关注，采取措施收集必要的供决策用的机密信息。1669 年 8 月鳌拜倒台后不久，康熙就抱怨议政王大臣会议的信息泄露。这个班子只讨论重大事件，康熙坚持的不是变得保密，而是要绝对的保密。④

议政王大臣会议是满人机构，人员上只有很少的例外，如前面曾描述过的，它是从清朝建立之前的政治机构衍生而来，开始时人数很少，皇太极统治时，任命八旗人员加入其中，规模扩大。入主中原后，满大学士、尚书又加入其中。过了一段时间，有资格成为

---

① 史景迁：《康熙皇帝（1654—1722）的七个阶段》，《亚洲研究杂志》第 26 卷（1967 年 2 月），第 209 页。

② 两位皇帝对党争和腐败看法的比较，见吴秀良：《清朝的通信与帝国控制》，第 111 - 113、115 页。

③ 吴秀良：《清朝的通信与帝国控制》，第五章；史景迁：《曹寅与康熙皇帝：奴才与主子》，第六章。

④ 《大清圣祖仁皇帝实录》，第 439 页（卷 31，第 1a - 2a 页）。

该班子成员的人数与类别减少了。开始去掉此职任的是满大学士，在 1656 年，其后是 1662 年八旗的特别代表。① 接下来，康熙关注议政王大臣会议的信息泄露问题，他将八旗都统排除在外，进一步减少了八旗的人数。

议政王大臣会议的人数增减似乎与军事活动的多少有关系。从最开始到入主中原，因为军事活动，它的许多成员都不在北京，因此有增加成员的需要，以确保在京有足够的成员商讨重大事宜。到了 1662 年内地省份第一次平定，接着是 1684 年收复台湾，临时成员尤其是来自军事领域的成员，从班子撤出。这时它仍旧人员众多（到了这一世纪末，又有更多的文官加入），不易控制。上文已经说过，1689 年明珠及同党被指控的罪责之一就是泄露议政结果。

1679 年，康熙采取了另一项保密措施，禁止起居注官员参与处理机要事务的廷议，以及他与重要官员的私下交谈。② 正是通过私下交谈，康熙有效收集了南方各省的情况，这是在平定三藩之后、开始南巡之前，也就是正式创立奏折制度之前的 1680 年代。有理由相信，这种私下交谈的做法，从更大的范围来看，构成了奏折制度的一个来源。③

与地方官员和钦差的这些交谈，只有一些见之于这一时期的历

131

---

① 《大清圣祖仁皇帝实录》，第 112 - 113 页（卷 6，第 4b - 5a 页）。
② 《大清圣祖仁皇帝实录》，第 1132 页（卷 84，第 15 页）。
③ 清初其他收集信息的制度及局限，见吴秀良：《清朝的通信与帝国控制》，第 20 - 26、107 - 108 页。

史记载①，其中有一种记载极好地反映出康熙渴望得到详尽的信息，值得全文引用。与席柱的交谈，实际上有两次，发生在 1684 年 8 月 21 日和 9 月 1 日。席柱是 1684 年派往福建和广东的钦差，调查沿海形势，并监管台湾收复后人民的安置问题。② 他一返回北京，就亲自向康熙报告了东南两省的形势③：

> 臣奉往海展界，福建、广东两省沿海居民群集跪迎，皆云：我等离旧土二十余年，已无归乡之望。幸皇上威德，削平寇盗，海不扬波。今众民得还故土，保有室家，各安生业，仰戴皇仁于世世矣。

132　　对此皇帝评论说："百姓乐于沿海居住，原因海上可以贸易捕鱼。尔等明知其故，前此何以不议准行？"席柱引述先例："海上贸易自明季以来，原未曾开，故议不准行。"康熙并不认为这种说法可信："先因海寇，故海禁不开为是。今海氛廓清，更何所待？"对此席柱诿过于他人：

> 据彼处总督巡抚云：台湾、金门、厦门等处，虽设官兵防守，但系新得之地，应俟一二年后相其机宜，然后再开。

康熙没有接受站在该省官员立场的解释，而是看出了背后的

---

① 一次是与大于成龙在 1681 年（《大清圣祖仁皇帝实录》，第 1298 页［卷 97，第 12b 页］），另一次是与佟国维在 1683 年（《大清圣祖仁皇帝实录》，第 1503 页［卷 113，第 1b–2b 页］）。

② 《大清圣祖仁皇帝实录》，第 1501 页（卷 112，第 29b 页）、第 1506 页（卷 113，第 7b 页）。

③ 文字的第一部分可以在《大清圣祖仁皇帝实录》中找到，第 1548–1549 页（卷 116，第 3a–6a 页）。

动机：

> 边疆大臣当以国计民生为念。向虽严海禁，其私自贸易者何尝断绝？凡议海上贸易不行者，皆总督、巡抚自图射利故也。

争辩到了现在，席柱心甘情愿地同意："皇上所谕极是。"

问完了席柱此行的公事后，康熙话题一转，问及他对广东督抚的看法。席柱奏："据彼处人云总督吴兴祚居官颇善，巡抚李士桢较前任巡抚金俊为优。"康熙评价说：

> 此言最是。凡居好官之后者，最难胜任，善名亦未易得。居不肖官之后者，最易胜任。百姓苦前官不肖，后官稍有好处，即易显出。前广东巡抚内刘秉权（1668—1675 年在任），居官稍优，至卢兴祖（1661—1665 年在任）、王来任（1665—1667 年在任）、金俊（1678—1682 年在任）品行贪劣，人民甚为受累。后李士桢（1682—1687 年在任）到任稍优，所以称善。即今原任总督巡抚等或有贪婪积恶者，今皆覆败，于己何益？谓天报甚远可乎？[1]

133

接着皇帝问起了其他官员："尔到江南，闻原任总督（大）于成龙，居官何如？"席柱回答："人俱说于成龙居官甚清，但因轻信，被属员欺罔。"[2] 闻此康熙有些惊讶，但并未完全出乎意料：

---

① 传记信息：吴兴祚，《清史列传》，卷 9，第 1a 页；李士桢，《清史列传》，卷 72，第 50a 页；刘秉权，《国朝耆献类征初编》，第 5901 页（卷 151，第 1a 页）；卢兴祖，《国朝耆献类征初编》，第 5939 页（卷 152，第 20a 页）。吴兴祚在 1682—1689 年任总督。（引文中的括号内容系作者劳伦斯·凯斯勒所加。下同。——译者）

② 于成龙从 1682 年起任总督，1684 年夏去世（《清代名人传略》，下册，第 937 页）。

于成龙因在直隶居官（巡抚，1680—1682）甚善，朕特简任江南总督。后闻居官不及前，变更素行。至病故（1684 年 5 月）后，始知其居官廉洁，甚为百姓所称。或于成龙素行梗直，与之不合者挟仇谗害，造作属下欺罔等语，亦未可定，是不肖之徒见嫉耳。居官如于成龙者有几？

靳辅于 1677—1688 年任河道总督，他是康熙的下一个话题。① 康熙问席柱是否见过他，河道情况怎样。这位钦差回答：

曾见靳辅颜色憔悴，河道颇好，漕运无阻。臣来（江南）时，见宿迁（北纬 33°55′，东经 118°20′）地方将水分排筑堤，共计五堤，其二堤已完，三堤正在修筑。水盛时，开闸以杀其势，令其循堤四散分流，无冲决之患。

康熙闻此很是高兴：

河道关系漕运，甚为紧要。前召靳辅来京时②，众议皆以为宜更换。朕思若另用一人，则旧官离任，新官推诿，必致坏事，所以严饬靳辅，令其留任，限期修筑。今河工已成，水归故道，有裨漕运商民。使轻易他人，必至贻悔矣。

这时，内阁学士图纳上奏发言。他过去常去江南，自称熟识河道。他的看法是："必顺水性修理，始能有益。若逆其性，则不能治也。"康熙对此认识嗤之以鼻："顺水性而治，此自古常谈也。"他指出："今则不然，黄河不循故道，涣散流决，今倒转一百八十里，令

---

① 传记见《清代名人传略》，上册，第 161 - 163 页。
② 召见是在 1682 年 12 月 11 日（《大清圣祖仁皇帝实录》，第 1408 - 1409 页［卷 106，第 4a - 5b 页］），当时靳辅的治河日益受到攻击。

其复还故道，所以为难。若但'顺水性修治'，有何难哉！"

康熙继续与席柱交谈，问起沿途田禾情况。① 席柱印象中各地情况不一：

> 福建田禾甚盛。江南、浙江田禾亦好。山东雨水调顺，彼处百姓皆谓丰收之年。但德州（北纬 37°27′，东经 116°23′，在山东西北部）至真定（北纬 38°20′，东经 114°40′，在直隶西南部）雨水不足，田禾稍旱。自此至京师又觉好矣。

第一次交谈最后以康熙对善政基础的论述结束：

> 农事实为国之本，俭用乃居家之道，是以朕听政时，必以此二者为先务。凡亲民之官能仰体朕意，在在竭力，何虑不家给人足乎？

儒家都不会对这些话有什么异议。

这次交谈的第二部分是在十一天后。② 这次要短得多，议题也只有一个：比较施琅与万正色的才能与品行。万正色是施琅之前台湾之役的统筹之人③，康熙希望更多地了解这两个人。席柱首先谈到万正色，说："为人忠厚和平，居官亦优。"接着康熙解释了他何以反对万正色："万正色前督（福建）水师时，奏台湾断不可取。朕

---

① 吴秀良简要指出了康熙对天气情况及收成抱有兴趣的历史和意识形态背景，见吴秀良：《清朝的通信与帝国控制》，第 34 - 35 页。

② 第二次见《大清圣祖仁皇帝实录》，第 1550 页（卷 116，第 8 页）。

③ 万正色的任命是在 1679 年（《大清圣祖仁皇帝实录》，第 1078 - 1079 页 [卷 80，第 16b - 17a 页]），他是在 1681 年被施琅取代（《大清圣祖仁皇帝实录》，第 1291 页 [卷 96，第 29 页]）。他们的传记，见《清代名人传略》，下册，第 653 页（施琅）；《清史列传》，卷 9，第 16b 页（万正色）。

见其不能济事，故将施琅替换（1681 年），令其勉力进剿。遂一战而克。"① 康熙问现在两个人和睦否？这位钦差说："二人阳为和好，阴相嫉妒。"接着谈话转到了施琅的品行。席柱认为："施琅人材颇优，善于用兵，但行事微觉好胜。"康熙同意这一判断并认为："粗鲁武夫，未尝学问，度量褊浅，恃功骄纵，此理势之必然也。"②

与席柱的交谈很好地表现出了康熙与官员间的有问有答——当然通常是皇帝在发问——以及皇帝如何利用交谈作为必不可少的信息搜集过程。然而，私下会见还是有其局限性。各省官员不可能经常招之即来，从其职位上离开以便让皇帝了解很多事情，这需要巨大开销，也很不方便，还会旷职。偶尔的交谈使得康熙对各省事务有着个人的以及回顾性的看法，但是当事情发生并发展，要全面且持续不断地了解情况，就需要一种新的方法。合乎逻辑的下一步就是奏折制度，它确保了清朝皇帝有稳定的信息流，以及独立的判断，并给各省的信息提供人员以机会，进行坦诚的意见交换。

保密不是推进康熙设计新的信息收集制度的唯一原因。他也厌烦了书案上奏疏的平淡、重复、琐碎、冗余。他一再命令官员大胆地说出重要的事务，要求奏疏的写作简单明了，这都表明了他在信息收集方面并不成功。③

具体到科道官员，康熙还面临另一个问题——他们在奏疏中风

---

① 实际上，台湾是不战而降的（上一章有过描述）。

② 康熙在 1688 年再次指出施琅的自大（《［雍正］日讲官进呈稿》，台湾"中央研究院"历史语言研究所，内阁大库残余档案，［雍正］十三年六月十五日）。

③ 例证见《大清圣祖仁皇帝实录》，第 1464 - 1465 页（卷 110，第 11b - 13b 页）、第 1530 页（卷 114，第 27b - 28b 页）、第 1536 - 1537 页（卷 115，第 8b - 9a 页）、第 1539 页（卷 115，第 13b - 14b 页）。

闻言事。在四大臣辅政期间，禁止捕风捉影，无真凭实据进行弹劾，　*136*
康熙继续这一政策。① 1671 年，特别禁止风闻言事。② 然而 1679
年，这个问题又被讨论。这一年的地震曾促使魏象枢攻击索额图，
给事中姚缔虞对地震也做出反应，他强烈请求康熙，如果想让（正
如他所做的）监察官员如同顺治朝一样，报告无所畏惧且正直的话，
那就应该再次同意风闻言事。如果不想这样的话，姚缔虞认为，不
道德的官员将肆无忌惮，因为他们知道御史胆怯，不敢参劾他们。
廷臣的会议并没有支持姚缔虞的主张，康熙也没有。他认为这种做
法不会影响诚实正直的御史，这些人从来不会无真凭实据地妄加弹
劾，但它会被道德上不诚实之人钻空子，公报私仇。明朝覆亡时就
发生过，他不希望步其后尘。③ 他想让御史在所有的事情上，真正
成为他的"耳目"，而不希望他们信马由缰，只是"风闻"就随意
弹劾。

　　康熙的人事管理制度是对他军事领导的补充，确保了清朝的统
治。最突出的是，他拓宽了政治参与，将之从旧有的满洲战士群体
及同盟，扩展到满人与各种背景的汉人。统计数据揭示了京内外政
府最高职位上日渐受倚赖的非旗人的汉人的剧烈变化。李霨、王熙
等汉人领袖的出现，与平定三藩时汉人军事力量和指挥官的日益重
要同步。那场战争和之前的反对鳌拜的斗争，是对康熙的严峻考验，
在这一过程中，他组建了自己的有着重要谋臣的团队，形成了自己

---

　　① 《大清圣祖仁皇帝实录》，第 66 页（卷 2，第 20a 页）、第 540 页（卷 38，第
24 页）、第 568 页（卷 40，第 20b 页）。
　　② 《国朝耆献类征初编》，第 3184 - 3185 页（卷 45，第 14b - 15a 页）。
　　③ 《大清圣祖仁皇帝实录》，第 1118 页（卷 83，第 15a - 16b 页）、第 1122 页
（卷 83，第 23 页）；《清史》，第 3954 页第 3 栏；《清史列传》，卷 79，第 40 页。

的统治政策。因关注来自大臣的奏报的高质量，康熙开始发展一种通信体系，给他提供完备、精确又各自独立的信息，以便高效地决策。皇帝也寻求推动廉政、消除腐败以及抑制朋党，但他只是做到了有限的成功。到了他漫长统治期的末年，这些问题依旧缠绕着他及其继任者。但是康熙达到了他的主要目标：得到了满人以及汉人官僚精英的效力和忠心支持，并将他们的才干用于帝国事业。

第六章

帝国学术与汉族学者

康熙既是一位艰苦卓绝的军事领导人和政治战略家，又是儒家君主的榜样，学问的伟大赞助者。身为统治中国的满人，他有两个新的学问领域要掌握（除了他的母语满语之外）——汉人的经典学术以及进入中国的耶稣会士所带来的新的西方知识。康熙的思想成就和领导地位，对清朝皇帝所营造的"国家与文化的统一"做出了极大贡献。康熙不但个人学术有成，还成功地吸纳汉族学者进入满人政府。对科举及其辅助制度的操控，阻碍了汉人效力满人政府，不过，随着1679年博学鸿词特科考试的举行，最终大获成功。

中学

康熙的早年教育——开始是皇子然后作为统治者，在1669年鳌拜倒台之前，都不正式，当然在这期间有许多人请求他接受更为正式的辅导。在鳌拜危机结束后，康熙以特有的精力，转向经典学习。从这时起，皇帝投入大量时间，接受儒家教育，虽徒有其表，至少能令他利用汉人的正统意识形态象征意义，在文化领域维持着统治，*138* 尽管他是一个异族人。1673 年三藩乱起，这使得他暂时放弃这一目标，但即便是在战时，这种学习也在继续着，只不过规模减小而已。这无疑是精心的努力，要给汉人学者留下好的印象，当时他们可能对支持新政权还摇摆不定，但这也是因为他日益认识到，系统了解汉文化和制度，对于一个异族君主统治汉人来说绝对必要。安熙龙曾总结说，辅臣们对汉人精英的仇恨"蒙蔽了他们使用汉人的准则作为帝国控制的一种手段的可能性"①。而康熙与他们的态度并不相同。

皇帝正式参加两种学习——一种是"经筵"，是纯仪式性的，只是为了宣传。经筵始于 1657 年，每年春、秋两季各举行一次。每次选出两位满人和两位汉人作为经筵讲官，主持典礼。他们从经典中选择一段话，进行讲解，提交给皇帝以做进一步评论，这些会记录在经筵的讲义中。在指定的日子里，在朝堂之上，经筵讲官诵读这段文字以及他们的讲解，之后皇帝会用他的话复述。②

就皇帝的教育而言，经筵徒具形式而无实际价值。日讲才是真正的学习，这一做法始于 1655 年。这种日讲，始于阴历二月，在春季经筵结束后，一直持续至 6 月 21 日夏至，这是阴历五月份。在秋季经筵结束后的八月，继续日讲，冬至即 12 月 21 日结束全年的学

---

① 安熙龙：《马上治天下：鳌拜辅助时期的满人政治（1661—1669）》，第 116 页。
② 《大清会典事例》（光绪朝），第 17535 页（卷 1047，第 1 页）；《皇朝词林典故》，朱珪编，1886 年，卷 21，第 5a - 6a 页。

习。在皇帝批阅完一天的奏疏之后，两三位讲官觐见皇帝，与他一起讨论几天前为他选定的课业。① 这种日讲，可能会抑制皇帝的智力成长，但康熙改变了程式，使它成为更具意义的教育过程。

康熙在 1670 年 11 月开始了他的正式教育。他下令礼部挑选吉日以开始经筵与日讲，并制定了详细的时间与课程安排，挑选了日讲官和经筵讲官。礼部决定遵循顺治时期的做法，设定 1671 年 1 月 1 日和 3 月 27 日分别为首次日讲和经筵典礼日期。日讲官和经筵讲官从新近复设的翰林院中挑选。② 经筵典礼如期于 3 月 27 日举行，前一日大学士杜立德代皇帝祭拜了中国最伟大的教师孔子。然而不知何故，日讲直到 5 月 18 日才举行，比计划推迟了五个月。③

康熙初年（1684 年之前）任命的 128 位经筵讲官和日讲官的身份，在几个方面都具有意义。首先，这两大群体有着不同的民族构成。经筵讲官的满汉人数大致相等：前者 25 人，后者 26 人。而 77 名日讲官中满人只有 20 人。④ 这反映了两种活动的目的各异。经筵意在典礼和政治目的，将满洲统治者刻画为圣明的儒家君主，在满

① 《大清会典事例》（光绪朝），第 17538 页（卷 1047，第 6b 页）；《皇朝词林典故》，卷 21，第 7 页。

② 《大清圣祖仁皇帝实录》，第 486 - 487 页（卷 34，第 12b、13b - 14a 页）。1671 年 9 月，恢复起居注馆，日讲官同时兼任起居注官以记录皇帝每日的言行，因此他们的全称变成了"日讲起居注官"（《大清圣祖仁皇帝实录》，第 514 页［卷 36，第 15b 页］；《大清会典事例》［光绪朝］，第 17610 页［卷 1055，第 1 页］）。

③ 《大清圣祖仁皇帝实录》，第 499 页（卷 35，第 9 页）、第 505 页（卷 35，第 21b 页）。

④ 依年代先后列这些官员，见《皇朝词林典故》，卷 59 - 60。日讲官名单包括格尔古德，说是 1665 年任命的，这有些费解，因为日讲 1671 年才开始；但它并没有开列胡密色，胡密色在 1671 年得到任命（《大清圣祖仁皇帝实录》，第 526 页［卷 37，第 16b 页］）。我搜集的名单中包括后者，不包括前者，这个名单表明的是任命而不仅仅是人事情况（他们中的一些人两次或多次得到任命）。

汉经筵讲官的挑选上，数量严格相当会给这一形象加分。而日讲官，更多是为了皇帝的教育，而不是帝国的教化，这就要求任命的基本上是谙熟儒家经典的汉人。

日讲官和经筵讲官的第二点不同，是他们被任命时的官品和官职不同。1671—1684 年 128 名被任命者的情况见表 6。很显然，大多数经筵讲官是各部院和翰林院的高级官员，而日讲官则来自翰林院和詹事府，且通常是这两个教育机构的低级官员。如同民族构成一样，这种不同也在于它们目的不同：高级行政官员对国家的一项重要功用来说是合适的，而文学侍从机构的中低级官员更能满足日讲的需求。后者是朝廷中的饱学之士，不担负行政的重任。他们品级低，皇帝任命时得心应手，日讲时与他们的相处也轻松自如。许多知名的与康熙有学术联系的汉人都是六七品官员：张玉书、高士奇、汤斌、韩菼（都是正六品）；张英、王鸿绪（都是正七品）；徐乾学、朱彝尊（都是从七品）。当时另两位著名学者熊赐履、李光地被任命时有着更显赫的地位和更高的官品，是翰林院掌院学士（正三品）。

140 **表 6　经筵讲官、日讲官（任命时）的官品、官职（1671—1684）**

官职[a]	品级[b]	经筵讲官	日讲官
行政机构			
部院尚书、左都御史（207）	正二品	7	
部院侍郎（279）	正三品	10	
内阁学士（133）	正三品	14	
翰林院			
掌院学士（192）	正三品	5	8

续表

官职[a]	品级[b]	经筵讲官	日讲官
侍读学士（194）	从五品	8	9
侍讲学士（195）	从五品	2	18
侍读（196）	正六品		9
侍讲（197）	正六品		6
修撰（200A）	正六品		4
编修（200B）	正七品		9
检讨（200C）	从七品		4
国子监			
祭酒（412A）	从四品	2	
詹事府			
正詹事（929.1）	从五品	2	
少詹事（929.2）	从五品	1	1
春坊庶子（929.3）	正六品		3
春坊中允（929.4）	正七品		2
春坊赞善（929.5）	从七品		4
小结	一至三品	36	8
	四至六品	15	50
	七至九品		19
总计		51	77

资料来源：《皇朝词林典故》，卷 59 - 60，例外情况已在本章第 187 页注 4 指出。

a. 括号里的数字是指布鲁纳特、哈盖尔斯特罗姆：《当代中国的政治组织》一书中的条目编号。

b. 品级，见《大清会典事例》（光绪朝），翰林院，见第 17506 - 17507 页（卷 1044，第 1a - 3a 页）；詹事府，见第 17626 页（卷 1057，第 3a 页）；其他，见第 5300 - 5302 页（卷 18，第 31b - 36b 页）。布鲁纳特、哈盖尔斯特罗姆在《当代中国的政治组织》一书里所给出的品级，反映的是后来的变化，这里没有采用。

这两个群体身份的第三个重要方面是他们学说的隶属关系。中 *141*

国史家常常指出康熙以后的清帝尊崇程朱理学为正统，只挑选这一派的学者作为日讲官和经筵讲官。① 例如，康熙 1670 年表扬"二程"，选择他们的两位后人为五经博士；1713 年他为钦命编纂的《朱子全书》撰写序言。② 我想要表达的更为重要的是，康熙初年最著名的程朱理学人物恰就包括在皇帝经筵讲官和日讲官之中，如李光地、汤斌、熊赐履、张玉书等学者。程朱理学的其他著名崇信者，比如魏裔介、魏象枢、张伯行，都在政府身居要职。据说，康熙在 1684 年任命汤斌为巡抚，是因为他对汤斌醇儒的印象极深。③ 康熙支持这些人的政治和道德学说——他们基本上消极看待个人和政治的关系，而这只是清朝统治者利用儒学服务于日益专制国家的持续性运动的一个步骤而已。④

皇帝的警觉之心和他的求知欲不可能长久地受限于日讲。显然，起初日讲官也没有每天而是隔天讲授。变化发生在 1673 年 3 月，当时康熙认为他的教育不应间断。他觉得自己读得过多，想要就所学每天进行讨论。⑤ 出于同样的原因，他常常对季节更换并不放在心上。每逢夏至和冬至，日讲在顺治朝时是停止的，可康熙并不叫停，

---

① 何炳棣：《清代在中国历史上的重要性》，第 192 - 193 页；萧一山：《清代通史》，第 1 册，第 993 - 996 页；梁启超：《中国近三百年学术史》，台北：中华书局，1962 年，第 103 页；孟森：《清代史》，第 169 - 170 页。

② 《大清圣祖仁皇帝实录》，第 453 页（卷 32，第 2a 页）；《清代名人传略》，上册，第 329、474 页。

③ 《康熙政要》，卷 16，第 22 页，引用的是《东华录》。

④ 何炳棣：《清代在中国历史上的重要性》，第 192 页；何炳棣：《中国遗产的突出之处》，载何炳棣、邹说编：《危机中的中国》第 1 卷《中国的遗产与共产主义政治制度》，芝加哥：芝加哥大学出版社，1968 年，第 14 - 15 页。

⑤ 《大清圣祖仁皇帝实录》，第 575 页（卷 41，第 9 页）。

而是贯穿一整年。① 由于天气的原因，康熙会临时停止日讲，但时间也比规定的要短。② 为了减轻自己经年累月学习给日讲官们带来的困难，康熙保证他们在冬天穿得暖和，当他在夏天的居所继续学业时，在那里给他们提供食宿。③ 康熙在三藩军兴后，一段时期曾荒废学业，但到了 1674 年 10 月，他恢复每天的日讲学习④，甚至在他的生辰也不中断。⑤

　　1683 年皇帝改变了日讲时间。他的课程被安排在批阅奏疏和讨论政务之前，而此前是在其后。这意味着日讲官不得不在当天比以前要更早进宫，可无论他们多早到达，据记载，康熙总是穿戴整齐，有一大堆问题要提问。⑥ 日讲官们抱怨说，他们日夜忙碌，就是为了跟得上为皇帝挑选更多的经史篇章供他阅读并思考的要求。康熙的来自西方的老师们——耶稣会士白晋、张诚、安多，也面临着同样的难题。⑦

142

————————

① 《大清圣祖仁皇帝实录》，第 586 页（卷 42，第 7b 页）、第 1579 页（卷 117，第 33b-34a 页）；起居注稿本（《史料丛刊初编》，第 362 页），康熙十二年五月初三日。

② 例如，起居注稿本（台湾"中央研究院"历史语言研究所，内阁大库残余档案），康熙十四年十一月十三日。这次日讲 1675 年 12 月 29 日停止，1676 年 3 月 4 日重新开始；依规定，从 12 月 21 日到 4 月 11 日（这天是春季经筵典礼），是活动停止的时间。

③ 《大清圣祖仁皇帝实录》，第 593 页（卷 42，第 22 页）、第 929 页（卷 69，第 6a 页）。

④ 《大清圣祖仁皇帝实录》，第 677 页（卷 49，第 13b-14a 页）；《大清会典事例》（光绪朝），第 17538 页（卷 1047，第 7 页）。

⑤ 《大清会典事例》（光绪朝），第 17540 页（卷 1047，第 10 页）。

⑥ 《大清圣祖仁皇帝实录》，第 1477 页（卷 111，第 18 页）。

⑦ 《大清会典事例》（光绪朝），第 17540 页（卷 1047，第 11 页）；白晋：《中国皇帝之历史肖像》，第 90 页；洪若翰致拉雪兹的信，1703 年 2 月 15 日，见《耶稣会士书简集》，40 卷，巴黎：尼古拉斯·勒克莱尔出版社，1707—1758 年，第 7 卷，第 198-201 页。

　　日讲程式本身几乎从一开始就遭到皇帝的批评，康熙反对他应该只是坐着并听取日讲官们对每日学习内容的讲解。他指出，被动听讲虽历来如此，但对于他认识的增长无益，并非极善之法。他希望有机会与师傅对话，讨论课上的内容，同时也向他们请教自己在宫中阅读这些文字时所产生的疑问。因此在 1675 年，他改变了规定：此后，日讲官完成了讲解后，他要发表自己的看法。① 开始时康熙显然谈论他所能想到的任何话题，但在 1677 年，他决定应该将讨论限定在朱熹的《四书集注》或《资治通鉴》。到了此时，康熙还是在日讲官讲解之前而不是之后发表自己的看法。②

　　通过这些不同的方式，康熙改变了日讲的安排，使它成为皇帝教育更可行的工具。与日讲官的见面也比之前更频繁，皇帝成了一个积极的参与者。但无论怎样改变和改进，日讲仍十分正式，规定严格。对此康熙依然不满。在日讲的框架内，他找不到自己想要的针对个人的、非正式的以及灵活的教育——更不用说经筵了。终于，康熙在 1677 年设立了一个新的机构——南书房。③

　　最早入值南书房的两个人是张英、高士奇，后者的入值是因为书法出众。众所周知，皇帝并不特别擅长书法，他在宫廷侍者中找

143

---

　　① 《大清圣祖仁皇帝实录》，第 578 页（卷 41，第 15a 页）、第 737 页（卷 54，第 13b－14a 页）。

　　② 《大清圣祖仁皇帝实录》，第 905 页（卷 67，第 1b－2b 页）。

　　③ 吴秀良《南书房之建置及其前期之发展》（《思与言》第 5 期，1968 年 3 月）第 1428－1434 页也认为，南书房的创立是由于康熙帝对两种正式的日讲与经筵制度不抱幻想。此外，他还考察了南书房后续的发展，以及其著名入值人员的仕途。

不到一位长于此道的人①，也找不出能与他就所看书籍进行讨论的有学识的人。他在 1677 年 11 月挑选两名翰林院官员作为在宫里留宿的学者，这就是原因所在。内城的一处空闲房屋（南书房）由内务府划拨给张英和高士奇，事实上他们被当作内廷的成员。他们从正常的升迁和调任的名单中被拿去，也明确禁止参与任何的朝廷政治。②

现在康熙身边有了不论昼夜都可以随时召来的汉人学者，他们可以教他书法，帮他撰拟谕旨，编辑他的许多著作，就他正在挑选并学习的儒家经史进行讨论。这些人以及继任者，是身在北京或南巡途中以及塞外狩猎的皇帝的固定同伴。③

至此，我讨论的只是康熙学习汉文化的形式，没有涉及学习的内容或是皇帝作为学生的表现。至于日讲的内容，皇帝是从《孝经》和四书（《论语》《孟子》《中庸》《大学》）开始的。④ 对《孝经》的注解（《孝经衍义》），是 1671 年钦命熊赐履、叶方蔼等日讲官所编纂的。⑤ 为了皇帝的学习，宋人的《大学衍义》一书在 1672 年以满

---

① 史景迁：《康熙皇帝（1654—1722）的七个阶段》，第 206 页。康熙在数个场合承认这一点（《大清圣祖仁皇帝实录》，第 578 页［卷 41，第 15a 页］、第 1209 页［卷 90，第 21a 页］）。

② 《大清圣祖仁皇帝实录》，第 939 页（卷 69，第 25b 页）、第 945 页（卷 70，第 6a 页）。

③ 史景迁：《曹寅与康熙皇帝：奴才与主子》，第 127、141 - 144 页；《清代名人传略》，上册，第 413 页。

④ 来自《论语》的段落，由日讲官加以讲解，可见起居注稿本，康熙十二年十一月五日、十日（《史料丛刊初编》，第 361 - 382、399 - 450 页）。

⑤ 《大清圣祖仁皇帝实录》，第 500 页（卷 35，第 11b 页）；《清代名人传略》，上册，第 309、327 页，下册，第 902 页。该作品 1682 年完成，1690 年印刷。

汉合璧的形式重刊，并且听从太皇太后的意见，下发给帝国每位官员。① 皇帝四书学习的完整课本在 1678 年以书的形式出版（《日讲四书解义》），皇帝亲撰序言。②

144　　在学完了这些高度认同朱熹且是每个汉人学者都极为熟悉的著作之后，皇帝和他的日讲官们转而学习其他经典——《尚书》《易经》《诗经》。在研读它们直到满意之后——据说康熙反复阅读数遍③，康熙下令编纂并广为传布他日讲师傅的讲解文字（例如《日讲书经解义》）。④ 在阅读经典的同时，皇帝也学习《资治通鉴》。从 1676 年开始日讲官为他讲解此书（用的本子是朱熹撰《通鉴纲目》），但 1680 年日讲官们觉得到了学习《易经》的时候，可是康熙于晚间在宫里仍与张英一起研讨《通鉴纲目》。⑤ 皇帝对《资治通鉴》的评论收录在宋荦 1708 年刊行的新版《资治通鉴》中。⑥

官方的记述并没有提供太多这位身为皇帝的学生在课堂上是如

---

① 《大清圣祖仁皇帝实录》，第 549 页（卷 39，第 13b 页）、第 576－577 页（卷 41，第 11b－12a、13b 页）。这部宋人著作的原作，见本书第三章第 90 页注 1。满汉合璧本，时间是康熙十一年十月十六日（1672 年 12 月 4 日），见尼克拉斯·波普、郝理庵、冈田英弘：《东洋文库满蒙文献目录》，东京：东洋文库，1964 年；西雅图：华盛顿大学出版社，1964 年，第 272 页，注 446。

② 《大清圣祖仁皇帝实录》，第 948 页（卷 70，第 11a－12b 页）。

③ 《大清圣祖仁皇帝实录》，第 862 页（卷 63，第 20b 页）。

④ 《尚书》的讲解是在 1680 年，《易经》是在 1683 年（《大清会典事例》［光绪朝］，第 17539－17540 页［卷 1047，第 9a、10a 页］、第 17577－17578 页［卷 1049，第 5b、7a 页］）。每位日讲官讲义的御制序，见《康熙政要》，卷 17，第 2b－10a 页。这些作品的广泛传播，可以从以下事实看出：一名绿营提督谢恩皇帝 1682 年赏赐《日讲书经解义》（台湾"中央研究院"历史语言研究所，内阁大库残余档案，康熙题本第 38 包：王朝海题本，康熙二十一年八月初四日）。

⑤ 《大清圣祖仁皇帝实录》，第 862－863 页（卷 63，第 20b－21a 页）、第 1193 页（卷 89，第 18 页）。

⑥ 《清代名人传略》，下册，第 689 页。

何学习的。所刊行的只是皇帝对一个题目很简短的意见，接着是日讲官们的奉承、颂扬。有时候，会进入实质性的探讨，我将描述其中两个代表性事例，以展现康熙对中国传统学术的思考。

第一个例子是 1673 年康熙和熊赐履就异端思想交换看法。① 在跟随这天的三名日讲官（熊赐履、喇沙里、孙在丰）学习之后，康熙召熊赐履上前，说："人心至灵，出入无向，一刻不亲书册，此心未免旁骛。"熊赐履回复："天下义理，具于人心，载于书册"，故皇帝勤于学习就能洞察事理。

对于异端的问题，康熙声言："朕生来不好仙佛，所以向来尔讲辟异端，崇正学，朕一闻便信，更无摇惑。"熊赐履抓住这次机会，提醒皇帝，不仅佛道中的邪说，而且"一切百家众技、支曲偏杂之论皆当摈斥"，熊赐履说，人必须小心避开它们的诱惑，则"永无毫厘千里之失矣"。一周以后，康熙再次与熊赐履讨论这一问题。他忆起自己九岁时，有位喇嘛造访宫廷提倡佛教。刚继位的康熙当时驳斥了他的论调，此后就一直厌恶佛教中的邪说。不过他指出，现今人们常常在葬礼上召僧道做法事甚至将死者火葬，他不明白这将如何面对朱熹所规定的礼仪以及受人重视的正统观念。熊赐履深信不疑地向他说，他们是不相信的，但"愚民"，以及令人吃惊的是甚至一些有知识的人，相信僧道的做法有效。然而，这些做法不能被消除，即便皇帝继续效法尧舜并努力改造百姓。

145

---

① 对这一问题的讨论是在 11 月 10 日和 17 日，实录所记载的只是每次讨论的部分内容（《大清圣祖仁皇帝实录》，第 604－605 页［卷 43，第 16b、18 页］），完整的版本可以在起居注稿本中找到，康熙十二年十月初二日、初九日（《史料丛刊初编》，第 400－401、408－409 页）。

康熙向师傅们痛斥佛教和道教，这是饶有兴趣的现象，因为康熙为了国家利益，赞助喇嘛教，常去造访佛教圣山——五台山，建造了许多佛教寺庙。[1] 当然，他与汉人学者在一起时，表达的是严格的正统儒家观点，也是出于国家利益的考虑。这是一种多面相的运动的组成部分，以赢得这一关键的社会和政治群体的支持，以及他们对满人政权是中华文化的保存者而不是破坏者的承认。这里以及别处所表达出的信息是，满人不是被视作有着迷信观念的蛮夷，而是开明中华价值观的拥护者。

我叙述的康熙第二个言说是 1675 年他对孟子人性善观念的简短断语。下面是康熙的原话：

> 人性之善，无分贤愚，只在勉强行之。董仲舒有言：事在强勉而已矣。强勉学问，则闻见博而知益明。强勉行道，则德日起而大有功。此诚为学之要也。[2]

康熙同意汉代哲学家董仲舒对孟子立场所做的轻微改动。董仲舒相信人性中向善的潜质，但认为只有通过圣君之教才能充分发展。[3] 这种认识高度赞扬了皇帝在教育过程中的作用——这当然是康熙愿意支持的立场。康熙还说过，知识就是美德，应该积极寻求。

---

① 陈观胜：《中国佛教的历史考察》，第 450 - 452 页。

② 此文字可见《大清圣祖仁皇帝实录》，第 748 - 749 页（卷 55，第 12b - 13a 页）。这次日讲官是喇沙里、孙在丰、张英。

③ 冯友兰：《中国哲学简史》，第 195 - 196 页；狄百瑞、陈荣捷、华兹生编：《中国传统资料选编》，纽约：哥伦比亚大学出版社，1960 年，第 182 - 183 页。

西学

康熙第一次认识西学，是在 1668—1669 年的历法之争中，这在第三章已有叙述。从他个人对此事的考察看，康熙开始认识到科学知识在中国遭蔑视，但是西方天文学和数学方法赢得了人们的敬重，因为它的精确性得到了证实。接下来的数年，康熙与南怀仁神父一起研究数学、地理、天文，与徐日昇神父一起学习音乐。[①]

南怀仁也将欧几里得的几何学译成满文给皇帝看。[②] 耶稣会北京传教团的创立者利玛窦早在 1607 年就将欧几里得的前六本译成了汉文，是在著名归教者徐光启的协助之下，徐光启 1633 年去世，时任大学士，位极人臣。《几何原本》如其名字，是由耶稣会士引入中国的首部最重要的西方数学著作，它有数个版本。[③]

欧几里得几何的方法论——定理如何表述并如何一步步证明——强烈吸引着阅读利玛窦-徐光启译本的中国人，他们坚持认为

[①] 白晋：《中国皇帝之历史肖像》，第 83 - 84 页。

[②] 裴化行：《中国人对欧洲作品的译编》，《华裔学志》第 10 卷（1945 年），第 374 页，注 457。

[③] 它由熊三拔神父在 1615 年修订，在 1629 年、1721 年、1723 年、1773 年、1849 年、1860 年、1865 年、1887 年、1889 年、1926 年重印（范内：《汉文和满文中的欧几里得》，《爱西斯》第 30 卷 ［1939 年］，第 87 - 88 页；《丛书大辞典》，杨家骆，南京，1936 年，第二部分，第 49 页，第 6 栏）。《几何原本》的后九卷直到 1858 年才在伟烈亚力、李善兰指导下译为汉文（《清代名人传略》，上册，第 479 页）。

应该翻译更多的西方科学著作。① 中国人的兴趣从 1582—1773 年（从利玛窦来华到耶稣会解散）耶稣会士译成汉文的天文学和数学译著的数量就可以看得出来，在总共 352 种译著中，71 种属于天文学，20 种属于数学，占到了总数的 25％，只有神学的译著（196种，约占总数的 56％）超过了它们。天文学和数学译著的数量在 18世纪急剧下降，它们主要是在 17 世纪完成的：前者有 65 种，后者有 17 种。② 另一种资料所开列的数字稍高，同一时期有 132 种科学译著（包括地理学著作），其中 42 种出现在康熙时期。各种主题著述中，仅南怀仁一人就译了 30 种。③ 第三种资料给出了最为完备的西方著作译为汉文的数量，有 134 种手稿或刊本是在 1668—1688 年完成的，此时南怀仁是耶稣会的领袖。④ 这些目录文献数字显示出，西学尤其是数学和天文学有多少是通过耶稣会士的积极翻译进入中国的。

　　南怀仁所译满文本欧几里得几何完成于 1673 年，时值三藩之乱前夕，战争迫使康熙的学习（包括中学和西学）大为减少。然而战争期间，康熙开始向南怀仁学习并极为欣赏他的一种技艺：铸造大

---

① 熊三拔神父 1612 年 9 月 1 日在北京的报告，见帕斯夸莱·埃利亚：《伽利略在中国》，鲁弗斯·苏特、马修·夏夏英译，剑桥：哈佛大学出版社，1960 年，第 47 页。

② 钱存训：《西方通过翻译影响中国：书目的研究》，博士学位论文，芝加哥大学，1952 年，第 219－220 页，表Ⅰ和表Ⅱ。这里的数据来自费赖之：《在华耶稣会士列传及书目》，上下册，《汉学丛书》第 59 种、第 60 种，上海：天主教会印刷所，1932—1934 年。

③ 周昌寿：《译刊科学书籍考略》，载胡适等编：《张菊生先生七十生日纪念论文集》，上海：商务印书馆，1937 年，第 413－420 页。

④ 裴化行：《中国人对欧洲作品的译编》，第 310 页。裴化行所辑 1514—1799年这一时期的作品共 656 种，分三次刊于《华裔学志》，见第 10 卷（1945 年），第 1－57、309－388 页，以及第 19 卷（1960 年），第 349－383 页。

炮。外国的大炮（红夷炮，如此叫法，是因为荷兰人最早将它们引入中国），应皇帝之命，由耶稣会士负责铸造，帝国军队使用它们，成为各种战争的利器。南怀仁奉命投入工作，在 1674 年铸造了 132 门重炮，尽管他郑重声明他是神父，在大炮制造上没有受过训练。① 在整个平定三藩期间，南怀仁制造了 300 多门比上面的一组稍轻的火炮。康熙赞许他的工作，喜欢让南怀仁给他测试每种样品，甚至有一次他亲自瞄准——不过是让随从点燃了这种声响惊天动地的武器。② 然而，这些大炮不只是皇帝的玩物（康熙已有八尊专门制造并饰有金龙的大炮，供他个人在狩猎中使用），它们是有效的战争武器，康熙的战地指挥官对此有很大需求。亲王岳乐为了湖南战役两次请求大炮，认为离了它们战争不可能取胜。红夷炮也运用到了 1681 年收复四川以及 1679 年姚启圣在福建打击郑氏叛军中。③

　　南怀仁对于清朝的优质服务，当然依然是制定历法。1669 年战胜了杨光先之后，南怀仁主管钦天监，但并非没有保守的反对意见和攻击。1672 年，他们指控南怀仁错算了闰月和立春、立秋的时

---

　　①　南怀仁致努瓦耶勒的信，北京，1681 年 9 月 15 日，见博斯曼斯：《南怀仁：北京钦天监监正》，第 389 页；李明：《中国现势续录》，第 368 – 369 页；《大清圣祖仁皇帝实录》，第 673 页（卷 49，第 6b 页）。

　　②　《大清圣祖仁皇帝实录》，第 1206 页（卷 90，第 15b – 16a 页）、第 1308 页（卷 98，第 7a 页）、第 1356 页（卷 102，第 3b 页）；杜赫德：《中华帝国全志》，上册，第 263 页；南怀仁的信，见皮埃尔·约瑟夫·奥尔良：《两位鞑靼征服者的历史》，第 123 – 124 页。南怀仁铸炮方法的详细记述，见博斯曼斯：《南怀仁：北京钦天监监正》，第 393 – 400 页，它依据的是耶稣会士自己的记述；这本著作还包括了南怀仁在 1681 年 9 月 15 日于北京写给努瓦耶勒的信，提到皇帝意在大炮。

　　③　《大清圣祖仁皇帝实录》，第 790 – 791 页（卷 58，第 8b – 9a 页）、第 897 页（卷 66，第 13 页）、第 1111 页（卷 83，第 1b 页）、第 1243 – 1244 页（卷 93，第 6a – 7a 页）。

148 刻。由大学士、九卿等组成的一个特别班子，对此进行了调查，还南怀仁以清白。① 1676 年的一次日食是对西洋和中国传统历算的又一次测试机会，南怀仁和钦天监满监副安泰，使用各自的方法，计算出的整个日食过程并不相同。6 月 11 日发生日食这天，安泰的估算十分不准确，南怀仁也不得不承认他的计算也并不完全准确，当然相比较而言更接近实际情况。然而他解释说，这一误差看起来很明显，但事实上并非如此，日食发生在太阳西落之时（下午六七点钟），接近地平线，大气条件使得太阳的大小看起来有变化，所见整个日食过程也有变化。②

康熙对这些科学之事有着强烈的兴趣，也对向他介绍西方思想和方法的知识渊博的耶稣会士极有兴趣。这种关注令南怀仁洋洋自得，认为这是使中国人皈依天主教的机会，但耶稣会人手不足，经费捉襟见肘，这促使他 1678 年写信给教内的上司请求招募更多的人员，下发更多的经费。这封信译成了好几种文字，广为出版，路易十四的告解神父看到了，将此信交给国王的首席大臣柯尔贝尔。柯尔贝尔当时正热衷于推广艺术和科学，对于与中国学者的联系很感兴趣。他获得了国王的同意，派遣耶稣会士前往中国，收集地理和天文信息，供皇家科学院使用。③ 又经过数年的时间，这一计划才开始实施。1685 年，六位耶稣会士被派往中国，同船的还有法国派

---

① 《大清圣祖仁皇帝实录》，第 555 页（卷 39，第 25a - 26b 页）。

② 《大清圣祖仁皇帝实录》，第 815 - 816 页（卷 59，第 30b - 31a 页）、第 831 - 833 页（卷 61，第 1a、4b - 5a 页）。

③ 博斯曼斯：《南怀仁：北京钦天监监正》，第 405 - 406、444 - 445 页。

往暹罗的第一任大使。①

这第一个来华法国教团随后的经历已经超出了本书的研究时限，但围绕它的一些事件涉及康熙对西方科学接受的问题，还是应当指出的。1687 年 7 月，这些耶稣会士抵达宁波，浙江巡抚和礼部官员开始要遣送他们回国，但是当时还在东北地区狩猎的皇帝，一回到北京就改变了官员的决定。想象这些耶稣会士都是精于数学和天文学之人，他想在朝廷中雇用他们。② 南怀仁影响了康熙的决定，这是他最后为耶稣会所做的事情，他 1688 年 1 月 20 日去世，在这些新招募的耶稣会士抵达都城前的数周。

这些法国耶稣会士全都经过数学训练，可康熙最终只同意留下两位为他服务——白晋和张诚，其他的人到外省去传教。③ 几年后，1690 年初，康熙召见了当时在北京的四位传教士——除了刚才提到的两位，还有徐日昇、安多，令他们将西方著作译为满文。④ 白晋在他的康熙传记中，用了很长的篇幅记述了耶稣会士的学术工作以

149

① 维吉尔·比诺：《中国与哲学精神在法国的形成（1640—1740）》，巴黎：保罗·热特内出版社，1932 年，第 44 - 46 页。洪若翰致拉雪兹的信，1703 年 2 月 15 日，见《耶稣会士书简集》，第 7 卷，第 78 - 79 页。六位传教士是洪若翰（团队领袖）、居伊·塔查尔（途中暹罗国王将其留下）、张诚、李明、刘应、白晋。

② 傅乐淑：《中西关系文献编年（1644—1820）》，第 93 页，翻译了一部南怀仁的汉文著作；洪若翰致拉雪兹的信，1703 年 2 月 15 日，见《耶稣会士书简集》，第 7 卷，第 122 - 125、132 页；南怀仁致拉雪兹的信，1687 年 10 月 1 日，见博斯曼斯：《南怀仁：北京钦天监监正》，第 447 - 449 页。

③ 费赖之：《在华耶稣会士列传及书目》，上册，第 425 - 426、434 页；傅乐淑：《中西关系文献编年（1644—1820）》，第 98 - 99 页。

④ 李俨：《中国算学史》，上海：商务印书馆，1937 年，第 218 页。

及康熙对西方科学的接受。白晋评述的极重要部分见下①：

> 我们四个住在北京的耶稣会传教士，有幸被皇帝召去为他讲解欧洲科学，有的用汉语讲，有的用满语讲，因为满文比汉文更容易，更清楚。皇帝知道张诚神父和我，经过七八个月的学习，在掌握满语方面取得了相当大的进步，足以使人听懂我们所说的满语。他要求我们两个以满语为他讲解我们的科学。为了使我们能进一步进修，他给我们指派了一些教师。在一个月期间，我们每天到宫廷的总教习那里去听课。就在那一个月里，安多神父用汉语为他讲解了一些主要的数学仪器的使用，以及过去南怀仁神父曾经教过他的几何和算术的运用。他首先令他们用满语讲解他早就一直想学的欧几里得几何学的原理，他要对这些东西了解得像教师那样深透。
>
> 为了便于教学，他把一套过去顺治皇帝曾经住过的房间给了我们。在此之前，他在那里用膳，并度过白天的部分时间。然后，他又令臣下为我们提供了一切必需用品。为此，他还亲自下来过问，甚至连一些琐碎的小事都注意到了，这使得我们感到很惊奇。他还下令侍从，每天清晨把马从他的马厩里牵

---

① 以下来自 1699 年的法文版《中国皇帝之历史肖像》第 84 - 97 页。（以下译文，采用的是马绪祥所译白晋《康熙帝传》，载《清史资料》第 1 辑，中国社会科学院历史研究所清史研究室编，北京：中华书局，1980 年，第 222 - 227 页。略有改动。这个译本正是依据法文原本所译。在此特向汉译本致谢。段落中的注释是本书的作者劳伦斯·凯斯勒所加。——译者）

出来，接我们到皇宫里，晚上又把我们送回住所。① 皇帝委托他皇室里两个精通满语和汉语的大臣来帮我们写讲稿，并指定专人加以誊清。每天他还叫我们为他口述这些文章。他整天和我们一起度过，听课，复习，并亲自绘图，还向我们提出随时发现的疑问。然后，我们将文章留给他自己去反复阅读。他同时练习计算和一些仪器的使用，经常复习一些最重要的欧几里得定理，以便更好地记住那些论证。这使得在五六个月的时间里，他就熟练地掌握了几何学原理，只要给他一张与某定理有关的几何图，他就能立即回忆起这个学过的定理和论证。因此，有一天他对我们说，他相信，他已经把这些几何原理从头至尾读了十二遍以上了。我们用满文②给他写了这些原理，我们还把欧几里得和阿基米德书中一些必要的和常用的定理及其论证，一起放了进去。另外，他出色地记住了比例圆规的应用，主要的数学仪器的使用，以及其他某些几何和算术的运算。

他非常注意并专心于这种学习，绝不因为这些原理中棘手的难题，及我们语言的粗率而感到厌倦。在初次讲解时，如果碰到皇帝没有很好理解的某个论证，与其说是由于内容本身复杂，还不如说是因为我们还没有自由地掌握为清楚地表达

150

① 有位法国传教士报告说，白晋和张诚每天上午花两个小时，下午花两个小时指导皇帝。回到寓所，他们工作到深夜，准备第二天的课程。当康熙前往北京数英里之外的夏宫时，这些耶稣会士不得不每天凌晨 4 点就从北京出发，直到夜晚才能返回（洪若翰致拉雪兹的信，1703 年 2 月 15 日，见《耶稣会士书简集》，第 7 卷，第 198－202 页）。

② 这一说法令人困惑，大概是他们知道并看到过南怀仁早先的《几何原本》的译本。

208

我们的思想所需的那种语言，他就不厌其烦地接二连三地向这个人或那个人询问该理解的那些内容。有时，如果我们要讲的东西，恰巧不能使他很清楚地懂得的话，他就要求再次讲解。他以令人钦佩的耐心和注意力来听讲。因而，有一天，在谈到他自己有关这方面的心得时，他跟我们说：在需要耐心的一些事情上，他能无困难地做到有耐心。从他的童年时代起，在他给自己规定的一切活动中，他总是努力并自信地使自己做到忍耐。

在较好地学习了几何学原理之后，他要我们用满文给他编写一本实用几何学纲要，包括全部相关理论，并要我们为他讲解这些理论，如同我们对那些原理的讲解那样。同时，他还吩咐安多神父用汉文为他写一本算术和几何运算纲要，它应包括与此有关的欧洲和中国的书里边最有趣的一些问题。

他兴致勃勃地学习这门科学，除了每天通常跟我们一起度过的二三小时之外，无论白天还是晚上，他自己还花了不少自学时间。因为这个敌视娇生惯养和游手好闲的皇帝通常睡得很迟，又坚持早起，所以即使我们力求早一些到达皇宫，但往往在我们到达之前，他已派人来找我们检查他已经搞好的运算或某个新问题了。使人感到惊讶的是，他努力亲自去找一些同已经给他讲过的相类似的新问题，他把在几何学中学到的最有趣的东西运用到实践中去，以及练习使用一些数学仪器，他把这些看作一种乐趣。

为此，对人们敬献给他或他的父亲顺治皇帝的所有仪器，他要人加以细心研究。他要清楚地了解这些东西的全部用途。

除这些仪器以外，他还差使别人去筹办一些其他各种各样的仪器。这件事交给了徐日昇和苏霖神父，他们在这方面花了极大的努力，这使得皇帝陛下颇为满意。那时，我们也没错过机会把我们有的、适合于他用的那些东西，都尽量呈献给他。其中有一个适合于几何运算的带有测高望远镜的又好又大的半径仪，*151* 它是梅纳公爵好意送给我们的。除了平时在宫廷的院子里使用它之外，在旅行中，他还令他皇室里的一个官吏把这半径仪到处背着。这个官吏并不因为背负这个珍贵的重荷而感到不光彩。他经常使用它，时而测量某座山的高度，时而测量某些引人注目的距离。这一切整个朝廷官员都看在眼里，他们都吃惊地看到他们的皇帝如同一直陪他去旅行的传教士张诚一样，能很成功地进行各种运算。

我们到北京后，我从好几个数学仪器中，挑选了两个呈献给他。用这两个仪器，人们可以预测几个世纪中的日蚀和月蚀，以及每天行星的不同外貌。大家都十分感激皇家科学院的学者发明的这两个奇妙的仪器。[1] 皇帝命令我们按照中国的日历，给他讲解这些仪器的用途及其使用方法。他把这两个仪器安

---

[1] 这些设备肯定在 1685 年他们前往中国前在法国时就给了耶稣会士。来华耶稣会教团宗教的一面，尽管得到承认，但在法国的公开场合被减至最小，而强调它科学的一面。路易十四给每位耶稣会士"国王数学家"的称号（居伊·塔查尔：《暹罗之旅》，阿姆斯特丹：皮埃尔·莫蒂埃出版社，1687 年，第 13 页），他们成了皇家科学院的通信员（科学院：《成员和通讯员简历索引》，巴黎：戈捷-维拉尔出版社，1954 年，第 192 页），为此给他们提供了必要的数学和天文学仪器（洪若翰致拉雪兹的信，1703 年 2 月 15 日，见《耶稣会士书简集》，第 7 卷，第 89－90 页）。

置在正殿皇座的两侧。在我离开前的一天，还在那里见到过。……①

当我们按照过去在讲原理时遵循的程序，给皇帝讲完了实用几何学和理论几何学之后，因成为一个好的几何学家而感到高兴的这个君王，向我们表示十分满意。为了使人们看到，这两件作品是如何称他心意，他要求把它们都从满文译为汉文。他不辞辛劳地亲自为每部作品写了序言。接着他让人重新校阅后在皇宫内付印。然后，再用两种文字在他的帝国内公开发表②，以此开始实施他所制定的把欧洲的科学介绍到中国来的计划，并在他的帝国内加以推广。③

---

① 白晋在1693年7月8日离开北京，作为康熙帝向路易十四派遣的私人特使返回法国（白晋：《耶稣会士白晋行记：1693年应康熙皇帝之命从北京到广州》，载《航行与旅行记新编》，第3卷，伦敦：托马斯·阿斯利出版社，1746年，第540页）。删减的部分包括耶稣会士给康熙的其他仪器的描述。

② 这两部著作的情况，说法不一。有些材料说这本关于几何原本的书是徐光启同一译本的修订本，而有的则认为它是独立的著作。有条材料甚至说，1723年出版的《数理精蕴》中所收录的《几何原本》是白晋、张诚所译而不是利玛窦和徐光启的作品（向达：《中西交通史》，上海：中华书局，1934年，第87页）。第二部关于应用几何的著作显然就是白晋、张诚所译帕迪（Pardies）的《理论与应用几何学》（*Géometrie pratique et théorique*），它的汉文名为《应用几何》。两种书均不见于费赖之《在华耶稣会士列传及书目》上册第437、449页，而在裴化行《中国人对欧洲作品的译编》第365页注552和注556中仅可以找到第二种的木刻版。

③ 白晋与德国哲学家莱布尼茨通信，讨论设立一个中国研究院的可行性，与法国科学院类似，由五六个耶稣会士组成，以收集欧洲科学家和学者想要的信息（白晋与莱布尼茨的通信，北京，1701年11月4日，《特雷武学刊》[*Mémoirs de Trevoux*]，1704年，第152-153页；白晋与莱布尼茨的通信，北京，1702年11月8日，见《莱布尼茨全集》，卢多维奇·迪唐斯编，6卷，日内瓦：德图尔内斯出版社，1768年，第4卷，第1部分，第168页；唐纳德·拉赫：《莱布尼茨与中国》，《观念史学刊》第6卷[1945年]，第436页，注2）。

以上所记述的康熙对西学的态度，一定会令研究中国的西方学者大感兴趣，同时也向一般文化史家展示了，掌握汉语是多么的困难。不论是康熙还是他的西洋老师都不是特别喜欢汉语。白晋暗示，康熙并没有彻底掌握汉语，而是不断地要求将西方著作译成他的母语或至少是满汉双语。另有耶稣会士指出："他懂鞑靼语和汉语，但他更喜欢鞑靼语。"① 对于耶稣会士来说，他们已公开表明，他们使用满语比使用汉语更为成功。

康熙对西学的兴趣并不止步于数学和天文学。白晋和张诚还给他讲授哲学、医学、化学、解剖学的课程。② 1693 年，康熙派白晋回法国，作为他的私人特使，使命是给在北京的法国传教团招募更多的尤其是受过科学训练的耶稣会士。白晋于 1698 年返回中国，带着十位同人和意大利画家盖拉蒂尼。③

152

白晋对康熙的求知欲以及能力的刻画，遭到了同时代人的质疑。他的书是法国旨在寻求支持前往中国的传教团运动的一部分，因此这位作者不免要背负出于政治的和个人的原因而扭曲事实的指控。乐观积极地报道中国皇帝对西方科学和宗教大感兴趣，以及他与耶稣会士的亲密关系，将会为传教团工作辩护并强化皇家对此支持的理由。评论此书的欧洲人给了它如下的标签："颂词""神奇故事""传奇而非历史"。在华传教士马国贤写道："皇帝自认为是杰出的音乐家，更是优秀的数学家，尽管他对科学以及学问怀有兴味，但他

---

① 皮埃尔·约瑟夫·奥尔良：《两位鞑靼征服者的历史》，第 96 页。

② 白晋：《中国皇帝之历史肖像》，第 99－107 页。

③ 费赖之：《在华耶稣会士列传及书目》，上册，第 434 页，盖拉蒂尼留下了一部著作：《1698 年安菲特里忒号出航中国记》，巴黎，1700 年。

对音乐一窍不通，数学连皮毛也不甚了了。"①

不过，从能得到的证据来看，皇帝的确学得很好，并将所学用于实践。例如，他有一次向随从解释圆周率等于3.141……，而不正好是3。他强调了使用更精确数字的重要，向他们展示使用3这一整数，在计算直径是中国一千尺时，它的圆周误差将会是多么巨大。② 1703年皇帝两位私人秘书的日记，都证实了康熙对西方科学问题的广泛了解和兴趣。高士奇记载，康熙第四次南巡一返回北京，就带他参观北京郊区的夏宫（畅春园），在这里高士奇见到了西洋乐器、绘画和玻璃器皿。几天后，他再次来到畅春园，听皇帝谈论音乐并在他的技师所造的西洋钢琴上弹奏一曲。③ 同年，在前往东北狩猎的途中，康熙对各种科学技术问题，如三角学、冶铁、测量、园艺、望远镜、声音传播以及天气预报等的说法以及证明，让随从兴奋不已。④ 在更早些的1682年和1683年的狩猎途中，康熙令南怀仁神父和他的仪器加入随行队伍，这样这位耶稣会士就可以回答康熙随时想到的科学问题。⑤

153

---

① 《学者著作史》（法文），第14卷（1698年8月），第350页；《学者著作史》（英文），第1卷（1699年6月），第364页；《清代名人传略》，上册，第331页，引用了马国贤回忆录。

② 《大清圣祖仁皇帝实录》，第2076页（卷154，第3a页）。

③ 傅乐淑：《中西关系文献编年（1644—1820）》，第112-113页，所译高士奇《蓬山密记》的内容（关于此书，见《清代名人传略》，上册，第414页）。

④ 汪灏：《随銮纪恩》，摘要见傅乐淑：《康熙时期的中西关系》，博士学位论文，芝加哥大学，1952年，第315-320页。汪灏是1703年入值南书房的四举人之一，并在同一年中了进士。他帮助编纂钦命的关于植物学的著作（《清代名人传略》，上册，第21页；下册，第701、821页）。

⑤ 南怀仁的两封信，见皮埃尔·约瑟夫·奥尔良：《两位鞑靼征服者的历史》，第104、115-116页。

这种科学知识除了用于皇帝及其官员的娱乐，也有着实际的用途。钦命制定新历法和绘制新地图，这是众所周知的，但他对医学和农业应用知识的了解，却鲜有人知。1710 年以及 1712 年，康熙给身在江苏多病的心腹曹寅关于用药以及草药治疗的细致建议，帮助他恢复了健康。① 康熙也通过引入早熟稻，积极地推进农业增产。他亲自在御园种植了一些水稻。② 他也送给江苏一些样品由当地农民试种。经过数次失败，终于试验成功，他下令将这一新稻苗在整个安徽、浙江、江西分发。③

康熙在统治期间，特别强调数学的培训。认识到天文及有关学科对国家来说关系重大，康熙在 1670 年令八旗学生，与 94 名汉族学生一道入钦天监算学馆学习。八旗各旗选出 6 名满人和 4 名汉军旗人，送至算学馆。④ 康熙在位年久，到了末年的 1713 年，他在夏宫畅春园内的蒙养斋又建了一所学校用以学习数学。由高级官员管理特别的课程，这些人受过数学训练，由王公监管。著名的满族世家子弟被选出成为蒙养斋的学生。⑤ 皇帝也亲自教授自己的孩子数

---

① 史景迁：《曹寅与康熙皇帝：奴才与主子》，第 256 - 257、259 - 260 页。

② 斯文·赫定：《热河：皇帝之城》，纳什英译，纽约：E. P. 达顿出版社，1993 年，第 141 页。他翻译的上谕可见《大清圣祖仁皇帝实录》，第 2093 - 2094 页（卷 155，第 5a - 7a 页）。中国早熟稻的历史及其对人口、经济的影响，见何炳棣：《中国历史上的早熟稻》，《经济史评论》，第 2 系列，第 9 卷（1956 年 12 月），第 200 - 218 页；何炳棣：《明初以降人口及其相关问题（1368—1953）》，第 169 - 176 页。

③ 史景迁：《曹寅与康熙皇帝：奴才与主子》，第 278 - 281 页。

④ 李俨：《中国算学史》，第 222 页；《大清会典事例》（光绪朝），第 18092 页（卷 1103，第 1b - 2a 页）。1675 年名额减至 14 个汉人，加上每旗 2 个满人，1 个汉军旗人（《大清会典事例》[光绪朝]，第 18092 页 [卷 1103，第 2b 页]）。

⑤ 《大清会典事例》（光绪朝），第 18087 页（卷 1102，第 10b 页）。

学，第三子胤祉最具科学天赋。①

　　康熙学习西方科学鼓励了中国数学的复兴。在为数不少的生活在康熙年间并著书立说的数学家之中②，最有名的可能是梅氏一族。这个家族的五代人产生了八位数学家，最著名的是梅文鼎和他的孙子梅瑴成。作为对梅文鼎的褒奖，康熙令年轻的梅瑴成入蒙养斋，在他的监管下学习数学。③ 具有讽刺意味的是，西方科学的输入以及融入中国数学典籍编纂，使得许多中国数学家重新发现了中国天文学和数学，而这从 14 世纪开始就已不受重视。梅文鼎和梅瑴成是这一复兴运动的早期领袖。④

　　康熙朝之后，西方科学输入中国已跟不上欧洲科学的迅速发展。康熙对西方科学的兴趣，早已超出了对它的精妙的单纯羡慕：他视科学技术为强大中国的基础，以抵抗这些知识发源地的那些国家。康熙出于自己的目的，接受和利用的是耶稣会士的技能，而不是他们的宗教或文化价值观。在他统治的后期，他不能容忍教皇挑战他在中国的绝对权力，他迫使所有的传教士，在礼仪问题上，如果愿意继续待在这个国家的话，就要领"票"，证明他们愿意听命于自己而不是教皇。⑤

---

① 白晋：《中国皇帝之历史肖像》，第 97 页。

② 他们的传记，见阮元：《畴人传》，1799 年，上海：商务印书馆，1935 年，卷 34 - 42；也见《清史》，卷 505。

③ 《清代名人传略》，下册，第 569 - 571 页。

④ 这一运动经过罗士琳、戴震等的努力在 19 世纪得到充分发展（《清代名人传略》，上册，第 539 - 540 页；下册，第 696 - 697 页）。

⑤ 史景迁：《改变中国》，第一章；安东尼奥·罗索：《十八世纪罗马教廷派往中国的使团》，南帕萨迪纳：P. D. -约内·帕金斯出版社，1948 年。

学者的吸纳与任用

满族统治者和汉人学者间重要的冲突领域之一，是庞大的官僚机器之中雇用和升迁的正常机会是开放还是限制。康熙朝早期，数个复杂的因素起着作用：减少科举的中式额数，捐纳功名与职位的可能性，以及旗人的竞争。

作为一个在臣民间寻求举足轻重的社会和政治阶层支持的异族王朝，满人一开始有意增加了科举中式额数。顺治朝的八次殿试，平均每次 370 人成为进士。这意味着 1644—1661 年这一时期，平均每年产生 185 名进士。康熙朝的数字则与之形成强烈对比。在 1662—1678 年、1679—1699 年、1700—1722 年，每次考试产生进士的人数平均分别是 206 人、159 人、216 人，每年的平均值也急速地降至 64 人、56 人、88 人。[1] 康熙初年七次殿试所授予的进士人数如下：1664 年 200 人，1667 年 155 人，1670 年 299 人，1673 年 166 人，1676 年 209 人，1679 年 151 人，1682 年 179 人——远低于顺治年间的 370 人的平均数。[2]

科举制度另一端——考取生员的院试的额数也日益缩减。学额

155

---

[1]　何炳棣：《明清社会史论》，第 111 - 114 页、第 189 页表 22。他的是四舍五入的数字。顺治、康熙时期的九次考试的具体人数，见何炳棣：《明清社会史论》，第 112 - 113 页，表 9。有材料说忠于明朝的举人在会试时并不受欢迎（刘献廷：《广阳杂记》，第 166 页）。

[2]　张仲礼：《中国绅士》，西雅图：华盛顿大学出版社，1955 年，第 157 页，表 27。

也即生员额数在明朝覆亡时已遭彻底破坏，生员在学术市场供过于求。清初没有采取任何措施改变这种形势，也是因为满人对于汉人士绅阶层跻身仕途这一问题特别敏感。① 然而1658年，通过考取生员的院试进入士绅阶层的门路被极大限制，一开始是将生员考试从每三年两次减至每三年一次，继而减少了一半以上的府州县学额。原先大中小县的学额分别是40人、30人、20人，现在减至20人、15人、4～5人。② 这两项政策统共至少减少四分之一生员数目，以致1660年有御史将进入官场的道路日窄作为当时的八大问题之一。③

在康熙朝，学额起伏波动。以上海县为例，1673年，生员考试恢复原来的三年两次，但每次取中的人数进一步减至大县4人，中县3人，小县2人。1679年发生在北京的地震，为政治变化提供了催化剂，生员额数恢复到了1673年之前的水平：依据县的大、中、小，分别是15人、10人、7～8人。④ 然而与明朝相比，通往成功的学术之路仍被抑制。

在清初，新的功名拥有者数额有限，可他们在官僚体系中的成功机会却日益减少而不是增加。这种看似吊诡现象的第一个解释，是由王朝的异族本质决定的。政治考量要求在政府职位上广泛使用

---

① 何炳棣：《明清社会史论》，第178-179页。
② 张仲礼：《中国绅士》，第74-75、77页，引用了《大清会典事例》（光绪朝）；有上海地方史料记载这一变化的时间是1659年，给出的新额数稍有不同：15人、10人、7～8人（叶梦珠：《阅世篇》，卷2，第1页）。
③ 《皇清名臣奏议》，卷14，第13页，姚廷启的奏疏。
④ 叶梦珠：《阅世篇》，卷2，第2页。各省或各县的额数都不相同（张仲礼：《中国绅士》，第78页）。

满人和汉军旗人，而这对于汉人来说显然不利。在最高层的京城的官位上，这不成问题，因为清朝创立了满人和汉人复职制。症结在省里和地方，那里一个职位只有一个人。凡旗人被任命的地方，对于经过千辛万苦通过科举考试的汉族士人来说就少了一个位置。

156

结果，中进士者常常发现他们在政府中官位低下甚或根本无容身之处。例如在江南，拥有最高功名的进士与非进士相比，更少担任巡抚、布政使或按察使。在苏州府，康熙时期每四个知府中或五个知县中只有一个是进士，即使是这一层级，旗人或是较低功名的汉人也将通过了会试与殿试之人排挤在外。① 汉族士人的困境令人绝望，1664 年礼部的一些官员呼吁取消即将到来的乡试和会试，以减少候补官员的壅滞②，就是因为候补人员太多，而空缺不够。

来自旗人的职位竞争不是高级功名贬值的唯一原因。同样重要或许更重要的是政府的开捐政策——出售功名和官位。明朝自 15 世纪中叶起已经借助于出售贡生和监生功名（已到了败坏后者名声的程度），来弥补军事支出。③ 但清朝才真正将进入官场的"异途"（也就是凭借的是金钱而不是教育）变成了社会经济流动的重要手段。康熙初年很好地反映了这一发展。

康熙朝时，生员可以捐纳贡生，也可以捐纳监生，所需金钱或粮食数目不等。例如，1668 年规定，用银 200 两或是米 600 石可以捐得监生。另一个例子，国子监学生资格的获得，1671 年时对于江

---

① 史景迁：《曹寅与康熙皇帝：奴才与主子》，第 73 - 74 页。

② 《大清圣祖仁皇帝实录》，第 200 页（卷 12，第 19b - 20a 页）。皇帝否决了他们的请求。

③ 何炳棣：《明清社会史论》，第 30、33、46 页。

南的生员来说，是用银 200 两或米 400 石；对于童生来说，是用银
300 两或米 600 石。1675 年后生员用银 200 两可捐贡生。①

与明朝做法真正分道扬镳是在 1674 年，当时捐银 100 两或 120
两即可得到生员功名。② 更有甚者，可捐纳知县官位。这些做法在
157 1677 年被揭露出来，时任左都御史宋德宜呼吁将它们废止。他上奏
说，过去三年间捐纳了 500 多个知县，政府筹得了 200 万两白银。③
尽管有宋德宜的反对，捐纳还是在 1678—1682 年达到了峰值。这就
解释了在学额仍然很低的情况下，生员人数何以如此之高。其实故
意压低学额数，就是要鼓励捐纳。在长江下游的几个县，这一时期
生员数高达 200%～400%，捐纳功名超过了考试所得的五倍、十倍
甚至更多。④ 至于捐纳官职，有反对捐纳之人在 1679 年声称，六成
的知县都是买来的。⑤

前所未有的捐纳生员以及贡生、监生还有知县，就是为了弥补
1670 年代过高的军事开支。在平定三藩期间，为了支持驻扎省内的
军队，各省最可能求助于这些做法。1676 年江西、福建和湖广（湖
北、湖南）援用捐纳的做法，1679 年广西、1680 年贵州、1681 年
云南都加以援用。除了捐纳，这些地区的官员也捐助金钱以获得加

---

① 许大龄：《清代捐纳制度》，北京：哈佛燕京学社，1950 年，第 23 页；何炳
棣：《明清社会史论》，第 30 页。
② 何炳棣：《明清社会史论》，第 179 页。叶梦珠：《阅世篇》，卷 2，第 2b 页。
③ 《清史列传》，卷 7，第 32b 页。一些人将捐官的时间定为 1675 年（许大龄：
《清代捐纳制度》，第 23 - 25 页）。
④ 叶梦珠：《阅世篇》，卷 2，第 2 页；何炳棣：《明清社会史论》，第 179 - 180 页。
⑤ 许大龄：《清代捐纳制度》，第 131 页。

级、记录和升迁。①

大多数提议开捐的人都视之为权宜之计，等到军事危机一解除，就应当停止。没有什么人从原则上支持这种做法。因此在 1670 年代和 1680 年代，当内战行将结束之时，批评者开始敦促叫停捐纳。上面提到的宋德宜可能是对此大声疾呼的第一个且最著名的官员。徐元文等人追随其后，抨击捐纳是对善政和学术的侵蚀。② 平定三藩、收复台湾之后，他们成功地叫停了捐纳生员，但捐官依旧，甚至遍及全国。军事需求不复存在，但政府为了赈济仍然通过这种方法筹集经费。③

旗人和非正途功名获得者的竞争加在一起，使得康熙初年汉人攀爬社会政治阶梯的艰辛前所未有。整个康熙朝是低流动性时期，据何炳棣的研究，1682 年经殿试中进士的出身寒微或来自普通家庭的举子占考试总人数的比例，是整个明清时期最低的——只有 19.3%。④ 因此，出 100 两、200 两、300 两白银就可以捐得功名和官职，肯定使已经窘迫的士人阶层雪上加霜。为了缓和这种形势，1684 年皇帝谕令减少通过捐纳填补知县的比重。当时吏部执行的规定是：每 10 个知县空缺，2 个升任，3 个由进士、举人、贡生或监生选授，5 个由捐纳选授。新的规定如下：2 个升转，2 个由进士选

158

———————

① 许大龄：《清代捐纳制度》，第 13 - 14、25 - 26 页；《清史列传》，卷 8，第 8b 页。

② 许大龄：《清代捐纳制度》，第 129 - 130 页；《皇清名臣奏议》，卷 21，第 45a - 47a 页；《清史》，第 3817 页第 9 栏。

③ 许大龄：《清代捐纳制度》，第 26 - 27 页。这种做法之前已经有过（许大龄：《清代捐纳制度》，第 23 页；《皇清名臣奏议》，卷 21，第 18a 页）。

④ 何炳棣：《明清社会史论》，第 112 - 113 页，表 9。

授，3 个由举人、贡生或监生选授，只有 3 个由捐纳选授。这一变化背后的原因是"庶进士仕路疏通"①。

政府吸纳和任用汉族士人的政策，对于赢得这些人的支持收效甚微。在康熙朝，他们仕途目标的实现变得更加艰难，而不是更为容易。然而康熙还是成功地来了一次大手笔，争取到了有着挥之不去疏离感的士人阶层。我指的是 1679 年进行的博学鸿词特科考试以及随后任命中式之人纂修《明史》。这两件事打破了人们心理上对满人统治的抵抗，这与平定三藩之乱打破军事抵抗一样，这些成功同时到来。

1679 年的博学鸿词考试

17 世纪中期，许多汉人士大夫不支持、不参与满人的政府，等待（有些人希望）能恢复明朝。但这从未实现，明朝的一些学者也再未入仕。然而，有些人却重返正常仕途，此乃康熙笼络人心的结果。这就是 1679 年的博学鸿词考试，白乐日称之为"引诱士人入圈套的考试"②，是皇帝诸多努力中最负盛名者。

寻找学者并由康熙亲自考试和录用，始于 1678 年春，一直贯穿整个 1679 年，这个时期清军正向叛军的老巢推进，吴三桂在 1678 年秋死去，此后叛军群龙无首。皇帝要求所有三品及以上的京官，所有的御史和各省大员举荐硕彦俊秀参加博学鸿词考试。其他的官

---

① 《大清圣祖仁皇帝实录》，第 1526 页（卷 114，第 19b - 20b 页）。
② 白乐日：《传统中国的政治理论和行政现实》，第 32 页。

员，可以通过督抚或吏部举荐。被荐举之人可以是在任的官员，也可以是休致之人。大学士立即拿出了一个 77 人的名单，但康熙未予理会，直至京内外官员都回复了他的谕旨。① 响应康熙的上谕，共有 202 位声名远扬的学者得到荐举。并非所有人都参加了考试：14 人拒绝推荐，坚持原则直至最后；另有 14 人在来京的路上生病；抵京的人中有 22 人或病或死，没有参加考试。

官方记录的 14 位拒绝参加考试的人中，有著名的明遗民顾炎武、万斯同，以及名气稍逊些的费密、李清。其他拒试的有名学者如黄宗羲、傅山、李颙、曹溶、杜越等，官方将他们列入了接受荐举的名单，但因病未能参加考试。② 事实上，他们是装病。例如，哲学家李颙绝食几至于死，才被允许回家，不必考试。③ 傅山，拥有文学、艺术盛名，是又一个很好的拒绝服务满人的例子。高压之下他的名字被上报，他只是心软认可了，但当接近京城大门时，他却改变了主意，不进宫考试，他甚至拒绝感恩皇帝对他特别宠信所赏赐的内阁中书荣衔。④

这些人以及其他相类之人，在参加博学鸿词考试上，背负的压力巨大，而这来自皇帝本人。1678 年 9 月有报告说，17 位被荐举者由于身体或有家人去世等原因拒绝来京，康熙下令相关督抚护送他

---

① 《大清圣祖仁皇帝实录》，第 960 页（卷 71，第 11a - 12a 页）。
② 《清代名人传略》上册第 353 页的说法是，黄宗羲设法将自己的名字排除在竞争者名单之外，而秦瀛《己未词科录》（1807）所辑的名字里包括黄宗羲。
③ 卫德明：《1679 年的博学鸿儒科》，第 64 页。
④ 《清代名人传略》，上册，第 261 页；孟森：《己未词科录外录》，载《明清史论著集刊》，台北：世界书局，1961 年，第 499 - 500、502 页。

们到北京且不要为难他们。① 这 17 人全被送至北京，但他们中有 8
人（李颙是其中之一）仍设法不要这一护送"荣誉"，还有 3 人在抵
160 京后因生病或有亲人去世而免于考试。17 人中所剩 6 人通过了考
试，是 50 位中式者的一部分。

所有这些极力避免参加博学鸿词考试以及服务满人的情绪，在
周容身上体现得淋漓尽致，他是 14 位官方开列拒绝被荐举人中的一
个。周容是明朝举人，他毅然拒绝在清朝参加会试。当被告知要荐
举他参加博学鸿词考试，他回应："吾虽周容，实商容也。"② 这样
简短的声明，一语双关，引述古代的商朝和周朝为例，宣告自己效
忠前朝，同时也提醒人们注意满人的异族出身。

北京天气严寒，试期因此推迟了两周，最终共有 152 人参加了
1679 年 4 月的考试，50 人中式。③ 这 50 人的籍贯颇具意义，40 人
（占 80%）来自两个东南省份江南和浙江。到这一时期，学者中的
多数来源于这两个省，这是肯定的，从它们所占进士份额可以看得
出来，但从没有占如此的优势地位（见表 7）。

表 7　1679 年博学鸿词考试和清初的进士籍贯

省份	进士数量	进士的百分比[a]	
		1644—1661	1662—1722
江南[b]	26	(1) 19.4	(1) 20.4
浙江	14	(4) 10.4	(2) 14.3

---

① 《大清圣祖仁皇帝实录》，第 1017 页（卷 75，第 18 页）。
② 孟森：《己未词科录外录》，第 498 页。
③ 《大清圣祖仁皇帝实录》，第 1067 页（卷 79，第 22 页）、第 1071 页（卷
80，第 1b 页）。官方记载说只有 143 人应试；152 人的数字来自秦瀛《己未词科
录》的名录。

续表

省份	进士数量	进士的百分比[a]	
		1644—1661	1662—1722
直隶	4	(2) 14.9	(3) 12.6
江西	3	(10) 2.9	(7) 5.0
河南	1	(5) 10.2	(5) 7.8
山西	1	(6) 8.6	(6) 6.8
山东	1	(3) 14.4	(4) 10.8
总数	50		

资料来源：秦瀛《己未词科录》卷2-3对博学鸿词科的记述；何炳棣《明清社会史论》第228页（表28）对进士（旗人进士的数目已从总数中减去）的记述。

a. 括号内是这个省产生的进士数的排名。

b. 包括江苏和安徽两地。

康熙垂青江南和浙江的士人，这首先表明他敏感地意识到了南北政治的对立（这前面提到过），以及王朝有着要拓宽它的支持基础的必然要求。满人开始时只是与汉军旗人和其他北方汉人合作者一道，征服并管理整个中国。为了巩固满人统治以及"一统"国家而勤勉不已的康熙，不会限制自己只使用这类早期的支持者；来自清初强烈抵抗满人的东南地区的人士，也必须参与国家治理。官僚机构正在发生变化，博学鸿词的选拔是给人印象最为深刻的证据，其他领域的变化则要慢得多：将不合作的汉人任命到京内外最高的职位这一转变。[①]

---

① 1675年之后，汉大学士任命者开始来自其他省份，而不是之前垄断了大学士的北方四省；新被任命者与前辈不同，没有在明朝或是1646年北方人占主导地位的考试中获得进士（见严懋功编《清代征献类编》中的大学士表，以及本书第二章第40页注2）。占大学士人数最多省份的变化，见劳伦斯·凯斯勒：《清朝督抚的民族构成》，第496-499页。

康熙举行博学鸿词考试，另有更为明确的动机：他要努力抚慰江南和浙江的学术精英，这些人十八年前因满洲辅政大臣的政策而遭疏远。四位中式者，两位落榜者，两位拒试者，还有一位阅卷官都卷入了 1661 年的江南奏销案。另一位博学鸿词中式者个人与 1661 年庄廷鑨著作的文字狱有些瓜葛。1679 年的考试包括了这十人——不论这些人是自愿的还是勉强的，这反映出 1661 年至 1679 年，也就是从四位满洲辅臣开始掌权到康熙努力稳定清王朝这一时期完全相反的政策。

一些例子可以证明正在发生的事情。彭孙遹来自浙江海盐县，1659 年中进士，因为他牵涉奏销案，未能如常被任命到翰林院做官。1679 年他考取了博学鸿词第一名，他由吴正治荐举，吴正治对 1661 年奏销案中数百名有功名者的开释起着关键作用。① 江苏士人秦松龄，因欠赋在 1661 年失去进士功名和翰林院官职，十八年后他通过了康熙的特科考试，从而东山再起。秦松龄的玄孙秦瀛，编纂了 1679 年博学鸿词考试及中式者的基本材料。② 江苏的又一位博学鸿词中式者汪琬，因欠赋被抓，但在 1684 年彻底恢复尊严和荣誉，因为康熙在第一次南巡中赏赐他御制卷轴。③ 诗人王昊，是明朝著名学者和官员王世贞的后人，1661 年被押至北京审问；1679 年，尽管他拒绝参加博学鸿词考试，但由于他的年岁和声望，还是被授予

① 孟森：《奏销案》，第 450 页；《清代名人传略》，下册，第 863 页；《清史》，第 3813 页第 5 栏。

② 《清史列传》，卷 70，第 34a 页；《清代名人传略》，上册，第 167 - 168 页；孟森：《己未词科录外录》，第 510 页。

③ 《清代名人传略》，下册，第 840 页；孟森：《己未词科录外录》，第 450 页；《大清圣祖仁皇帝实录》，第 1586 页（卷 117，第 12b 页）。

了内阁的一个荣誉职位。① 潘耒是当时所谓的"四布衣"之一，他的哥哥因为是庄廷鑨叛逆史书的编者于 1663 年被处死，而他本人博学鸿词考试中式，入职翰林院。

最后要说的是叶方蔼，他身为翰林院掌院学士，是博学鸿词考试的四位阅卷官之一。② 他作为学者在 1661 年声名狼藉，因为很少的欠赋令他丢掉了探花（进士第三名）功名。叶方蔼正式参加博学鸿词考试以及后来的《明史》编纂，必定会令著名的学者、拒绝将自己与这两件事联系起来的顾炎武恼怒不已。叶方蔼推荐顾炎武在明史馆任职，但后者拒绝，并在给这位荐举人的信中说："若必相逼，则以身殉之矣。"③ 顾炎武与叶方蔼表面友好关系的背后是叶方蔼的兄长叶方恒拥有顾炎武家所抵押的 800 亩地，每到期限这位兄长都骚扰顾炎武，这使得顾炎武 1655 年身陷囹圄，1656 年还遭人刺杀，最终离家出走，游历整个中国北方。④ 叶方蔼在此事中的作用还不清楚，也不清楚顾炎武对他是否衔恨于心，但两家间的是非恩怨，加之叶家接受了清朝统治——兄弟二人都在新朝中进士——可能强化了顾炎武不与满人政府打任何交道的决心。

皇帝消解汉族士人反满情绪的举措，并不止步于挑选了 50 位"博学鸿儒"。另一行动也是棋高一招，他令中式者参加《明史》纂

---

① 孟森：《奏销案》，第 442 页；《清史列传》，卷 70，第 45a 页。其他六位被荐举者，尽管没有参加考试，也同样予以荣衔。

② 其他三人时任汉大学士——李霨、冯溥、杜立德，他们共同推荐了八个人（秦瀛：《己未词科录》，"序"，第 2b－3a 页；《清史列传》，卷 7，第 39b 页）。

③ 卫德明：《1679 年的博学鸿儒科》，第 63－64 页。

④ 裴德生：《顾炎武生平（1613—1682）》，第 132、235－236 页；《清代名人传略》，下册，第 902 页。

163 修，这些人中的一些仍心系明朝。现在他们的能量有了发泄渠道，引向了编书事业，从而远离政治或意识形态的斗争。康熙也令这 50 人任职翰林院，推翻了史部起初让他们每人实质上拥有与考前一样品级和官职的建议。① 6 人是京官，3 人在省里供职，7 人候补京内外官职，4 人暂时离任，还有 2 位进士，4 位举人，13 位生员，4 名布衣。

这些新任职翰林院之人，是翰林院其他成员大加挖苦的对象，被蔑称为"野翰林"，批评他们在皇帝面前的学术表现。② 给予考试中式者"四布衣"——朱彝尊、严绳孙、李因笃、潘耒——的荣誉，尤其令翰林院的官员兴奋不已。严绳孙并没有完成试卷，是康熙亲自取中了他（第五十名也就是最后一名）。③ 李因笃在考试后就返回老家照顾母亲，而另外三人都充任了皇帝的起居注官和日讲官，并帮他撰拟谕旨。1682 年，为庆祝平定三藩的胜利，众多官员与康熙同赋一首诗，严绳孙和潘耒出现在 93 名官员的名单中。④ 1684 年，"四布衣"中的这三位积极成员已被清除出了翰林院。这一年，朱彝尊为了私用目的抄写翰林院公文，遭弹劾并被降级，潘耒也失去了官职，被指控"任性"（比如，他提出扩大低级官员的权力，可以直接上书皇帝），严绳孙休致。他们的离去，被翰林院的人称庆为"扫

---

① 秦瀛：《己未词科录》，"序"，第 3a - 9a 页；《大清圣祖仁皇帝实录》，第 1077 页（卷 80，第 14 页）、第 1089 页（卷 81，第 5 页）。

② 孟森：《己未词科录外录》，第 496 页。

③ 孟森：《己未词科录外录》，第 502 页；《清史列传》，卷 70，第 34b 页。

④ 孟森：《己未词科录外录》，第 502 - 503 页；《大清圣祖仁皇帝实录》，第 1335 页（卷 100，第 10a 页）。

迹木天"——翰林院涤荡一新。① 到了这时，考试的一个结果——不管是有意还是无意，汉族士人的关注焦点，从对满人的种族攻击变成了学者们的论资排辈，互相攻讦。

这次考试在数个方面很好地服务了满族统治者，白乐日讥讽它为"圈套"，言之有理。但是这次考试的意义远比我们看到的更多：它也标志着满人与不合作的汉人共享权力与合作的开始。在私人层面上，重要的满人和汉军旗人官员，比如大学士明珠、他的儿子性德，以及皇帝的亲信曹寅，都与一些博学鸿词中式者交好或给予支持。② 甚至那些落榜者也能够因他们参加了考试而获益。例如阎若璩吸引了当时已休致但很快被委任为《明史》总纂的徐乾学的注意，徐乾学聘用阎若璩为他的私人文学助手。③

这种新的工作关系的最明确结局，是纂修《明史》。皇帝对纂修明朝历史的兴趣始于顺治初年，但在 1648 年，这一工作因为缺少 1624 年和 1627—1644 年的材料而被迫中断。朝廷要求所有京内外官员寻找与这些年份国家事务有关的公文或信函。④ 这次寻找无果，1665 年，朝廷再次号召一致行动，寻找晚明史料。这一次，要惩处敷衍了事者。当然更重要的激励，是朝廷保证，没有人会因上缴含有对满人污蔑性文字的明人著作而遭到惩罚。⑤ 这是绝对需要的，

① 《清代名人传略》，上册，第 183 页，下册，第 606 页；孟森：《己未词科录外录》，第 502-505 页。

② 史景迁：《曹寅与康熙皇帝：奴才与主子》，第 50-51、62-63、67-68 页；《清代名人传略》，下册，第 662 页。

③ 《清代名人传略》，下册，第 909 页。

④ 《大清世祖章皇帝实录》，第 468 页（卷 41，第 15b-16a 页）。

⑤ 《大清圣祖仁皇帝实录》，第 250 页（卷 16，第 11b-12a 页）。

因为没有人会忘记两年之前数十位士人因为牵涉庄廷鑨明史案被处死一事。山东道员顾如华响应朝廷的第二个倡议，建议成立史书编纂班子，以监管这一填补空白的工作。他也强烈建议皇帝努力招揽有声望的学者参与此项工作。① 在他的两项建议中，蕴含着最后发展成为 1679 年博学鸿词考试和《明史》纂修的胚芽。

《明史》纂修的第一批负责人是 1679 年在博学鸿词考试结束之后立即被任命的人。② 他们中有徐元文、叶方蔼，这两人都曾卷入 1661 年奏销案。除了博学鸿词中式者，也有其他学者服务于《明史》项目或是协助，以各种各样的非官方身份。后一群人中就有拒绝参加博学鸿词考试的三位著名明遗民——黄宗羲、万斯同、顾炎武。

165　　黄宗羲和其他人应徐元文举荐，受到皇帝的邀请，但他本人并未前去北京③，他的一个儿子和几个弟子接受了邀请，协助编纂《明史》。然而黄宗羲确实向纂修班子呈交了关于明史的著述，以及南明重要人物传略。此外，他向编纂者推荐了彭孙贻（他是 1679 年博学鸿词第一名彭孙遹的堂兄弟）所著关于晚明叛乱的著作。④ 万斯同，与黄宗羲不同，同意加入《明史》纂修，但是以个人身份。他拒绝正式任命，在各编纂负责人的住所外办公。他所撰拟的前朝历史，形成了 1723 年王鸿绪向朝廷提交的《明史》的基础，王鸿绪

---

① 《大清圣祖仁皇帝实录》，第 259 - 260 页（卷 17，第 2b - 3a 页）。
② 《大清圣祖仁皇帝实录》，第 1090 页（卷 81，第 8b 页）。
③ 《大清圣祖仁皇帝实录》，第 1179 - 1180 页（卷 88，第 18b - 19a 页）。
④ 《清代名人传略》，上册，第 353 页，下册，第 615 页；《清史列传》，卷 9，第 35b 页。

是总纂，他不公平地冒用了万斯同以及其他学者著述的作者身份。① 顾炎武有一些朋友和一位亲戚参加了博学鸿词考试并参与纂修《明史》。与黄宗羲一样，顾炎武拒绝加入纂修班子，但他就明后期历史应该参考什么样的史料以得到可靠的信息，向编纂人员建言。②

清廷对明遗民学者普遍使用拉拢之策，仅有的主要例外是王夫之，他是杰出的理学家和史学家，1648 年集结一支地方武装与满人作战（与黄宗羲、顾炎武一样），令人好奇的是，不论是参加博学鸿词考试还是编纂《明史》，似乎都没有给王夫之造成什么压力。吴三桂来到衡阳，宣布自己是周朝皇帝，而衡阳是王夫之的出生地，王夫之拒绝支持吴三桂的事业，之后选择了隐居。③ 如果说王夫之依然不愿意接受满人王朝，那他也正在否认清朝唯一可能的帝位竞争者的合法性。

一旦编纂开始，康熙主要的关注点就是要确保它的不偏不倚。增加了额外的编纂人员，如此，各个方面都不会有冷落之处。④ 他也常常提醒主要编纂人员，记录近期历史不带成见是很困难的，但他希望对明朝要公平。为了抑制个人的偏见，皇帝要求每位编纂人员提交他们的作品给项目的其他人，做批评之用。他说，没有人的

---

① 《清代名人传略》，下册，第 802 - 803、826 页。
② 裴德生：《顾炎武生平（1613—1682）》，第 242 - 243 页。
③ 白乐日：《传统中国的政治理论和行政现实》，第 39 页；《国朝耆献类征初编》，第 12237 页（卷 403，第 32b 页）。
④ 《大清圣祖仁皇帝实录》，第 1370 页（卷 103，第 3b - 4a 页）。

作品，甚至是他自己的，可以不受批评或不能变动。① 康熙的鼓励和关切保证了《明史》的质量，许多人认为这是一部杰出的著作。②

不论《明史》在文学上有着怎样的优长，必须要强调，它的编纂主要还是服务于政治。正是这一最重要的项目诱惑着最忠诚于明朝的士人，我前面已有展现。博学鸿词考试，测试并任用的主要是已在满人政府中拥有低级职位的人，但《明史》编纂确切地结束了汉人士大夫阶层中重要成员的坚守，并恢复了他们对朝廷尊重他们传统价值和特权使命的信心——这一使命对于许多在1661年黑暗日子里的人来说并不清晰。清中叶的一位学者有言，皇帝的这两个项目，吸引了"大量饱学之士与名人"并"为整个中国设定了知识兴趣的方向"。③ 身为艺术赞助者榜样的康熙，已经捕获了士人的心，就如同战略家康熙已经埋葬了士兵的希望一样。

---

① 《大清圣祖仁皇帝实录》，第1484页（卷111，第32页）、第1505页（卷113，第6页）；康无为：《对清中期君主制的一些认识》，《亚洲研究杂志》第24卷（1965年2月），第233-234页；《康熙政要》，卷17，第21b-22a、25a-26b页；史景迁：《康熙皇帝自画像》，第88-89页。

② 分别见杨联陞、傅吾康、戴密微文章的评判，见毕斯雷、浦立本编：《中国与日本的史学家》，伦敦：牛津大学出版社，1961年，第55、61、167页。

③ 倪德卫：《章学诚的生平与思想》，斯坦福：斯坦福大学出版社，1966年，第6页及注释。

第七章

结语：康熙与清朝的巩固

　　巧合的是，康熙在 1684 年刚好 30 岁，就已完成了巩固清朝统治的事业。1684 年是干支纪年一周甲的第一年——甲子年，甲子年历来都被认为是吉利的。执念于治乱循环的中国人，可以信心满满地等待新的和平与秩序时代的到来。康熙在他统治初期（1661—1684）的成就，更让人值得有此等期待。这位年轻的皇帝改变了政府政策的大方向，击退了对清朝新政权的军事挑战，进而确保了帝国北部边疆的安全（不过，这很快就再次遭到蒙古首领噶尔丹的威胁），吸纳满汉人才为政府服务，中国也得以向西方科学技术开放，消解了大批汉人士绅的反满敌对情绪。清朝的统治得到有效的巩固，为亚洲的中国和平时期（Pax Sinica）奠定了基础。

　　康熙初年的统治，与之前的辅政大臣时期可谓泾渭分明。鳌拜及同僚执着于传统的满洲习俗和态度，无法成功地完成从野蛮的征服者到汉化皇帝的必要过渡，而这对于满人想要建立一个长治久安的王朝来说是必要的。满族政权的中央集权以及汉化，始于努尔哈赤，在皇太极与多尔衮时期得到极大推进，但在鳌拜辅政时期受挫。辅政大臣追求的是满洲本土主义政策——情愿将满人眼前的利益置于长期的帝国目标之上。他们用满人熟悉的做法——内三院和包衣体制，取代了汉式制度；他们利用一系列文字和逃税的案件迫害东南士绅；1666 年，鳌拜已成了事实上的专权者，强迫圈换旗地并进行新的圈地，给有关满人和普通民众都带来了极大的麻烦。

很显然，辅臣将满族领袖建成一个获得汉人承认的、稳定的、异族统治的合法性政权的努力带向了危险境地。在 1660 年代，清朝的未来茫然不定。巩固的进程，已经在进行中，若不让它萎缩、死亡，就要求精心培育。只有考虑这种背景，才能够对康熙及其谋臣的贡献做出评价。他们不能接受鳌拜的统治或政策，这对无上的皇权，对缔造一种可行的满汉工作关系来说都是挑战。这不仅关乎提升汉人制度凌驾于满人之上——事实上有一些辅臣心仪的制度（例如内务府）被皇帝保留，但是用来为他的利益服务，反对满族王公的权势①，它更是价值观念与思想观念的问题。康熙实现了辅臣显然没有做到的，能够向汉人精英让步，同时，满人又没有失去控御权力的缰绳，作为明朝的合法继承者，必须要赢得汉人的认可与支持。可以说，是 1684 年，而不是 1661 年，清朝的统治得以巩固。随着天命所归，反对满人只剩下一种途径（在传统儒家的政治行为框架内）：进入地下，进行低层次的半合法的行动，直到这一新王朝再次受到公开的挑战。

回视鳌拜的辅政，我们能够更清晰地理解康熙所面临的任务，

---

① 张德昌：《清代内务府的经济作用》，第 247 - 250 页。

而前瞻18世纪中国国力的顶峰和辉煌，能够帮助我们评价康熙业绩的长久性贡献。从17世纪到18世纪，政治和思想的气候都有了相当巨大的转变。在清初，在巩固完成之前，儒家和民族主义的要求间是公开冲突的。反满的学者不得不决定是否强调异族与汉人间的区别，或是将他们的民族主义情绪服从于儒家要求以服务于合法的统治者。[1] 在康熙自觉培植汉人学术与学者之后，尖锐的冲突消散不见了。康熙作为儒家君主的形象与现实，抹去了几乎所有认为满族统治者是"野蛮征服者"的看法。到了18世纪中叶，满汉关系在士大夫心中已根本不是问题。[2]

团结一致而不是冲突，主导着乾隆时期中国的政治和思想界。满人和汉人在京内外的官位上一同效力。打破民族间的藩篱是康熙最重要和长久的贡献之一。应该承认，康熙未能彻底抑制官场上的党争和腐败，甚至人事管理有时也过于宽纵。在有些场合，康熙也不耐烦，恶语相向，但他发展了与官员间的互惠关系，尤其是在信息收集方面——这对于知情并独立的决策来说必不可少，能够有效地利用他们。更加重要的是，满人掌控的国家和汉人捍卫的儒家价值观念体系和谐地连在了一起。国家与学识在圣君的治下统一，这一儒家的理想，看起来近乎实现了。尽管康熙是否熟练地掌握了儒家和西方知识还可以讨论，但汉人学者心仪地将他比作过去最著名的帝王如唐太宗、宋太宗和明成祖（永乐皇帝），作为文学的伟大赞

---

[1] 这个问题的讨论，见居蜜：《清初的反满思想》，（哈佛大学）《中国论文集》第22-A卷（1969年5月），第1-24页。

[2] 倪德卫：《章学诚的生平与思想》，第6页。

助人和学术的提倡者。① 康熙对于学问的兴趣发自内心，李光地是杰出的正统程朱学派的理学家，也是康熙的老师，他颂扬康熙是古代尧舜般的圣君。李光地预言："道与治出于一者也。"② 许多清初的学者认为晚明思想堕落并好辩，对此深恶痛绝，他们关切效力异族的主人，欢迎新的王朝并对它的发展做出贡献。倪德卫总结说："清朝在意识形态上的自我辩护，开始时难以被接受，但到了18世纪成了真正的思想事实，已牢牢地建立在儒家学说之上。"③

170　　　除了意识形态领域的成功之外，康熙还展现出军事和政治上的领导力，这对清朝统治的巩固也做出了贡献。这有两层意思：一是通过培植艺术并学习儒家文化，使自己顺应汉族臣民；二是皇帝身为一个精力充沛的战士，也吸引着满族同胞。他从事狩猎和射箭等尚武活动，是因为喜欢它们，也是要强调渴望得到的坚强刚毅和生机活力。南巡给了康熙大量的机会，可以有意识地展现这些值得称颂的儒家洞察力和满人的活力：1684年首次南巡时，他是位"严肃认真的学者"，1689年时是位"敏感的审美家"，到了1699年第三次南巡，他已经变成了一位艰苦卓绝的满人。④ 康熙的实际军事和政治领导力，与他塑造的形象相反，也强化了他所要求的满人和汉人的忠诚。康熙从辅臣手中夺取了政府的控制权，接着强有力地应对来自吴三桂等藩王令人生畏的对清朝统治的挑战，他展现出了极

212　　　① 孟森：《清代史》，第171页；房兆楹在《清代名人传略》上册第329－331页的看法；刘大年：《论康熙》，载《中国近代史诸问题》，北京：人民出版社，1965年，第183页。

　　　② 倪德卫：《章学诚的生平与思想》，第18页。

　　　③ 倪德卫：《章学诚的生平与思想》，第17页。

　　　④ 史景迁：《曹寅与康熙皇帝：奴才与主子》，第129－130页。

大的勇气和政治成熟，尽管当时很年轻。这些都是令人印象深刻的
举动，带来了可观的红利：王朝统治得以稳定并合法化，个人（皇
帝）的统治也得以加强。满人恢复了和平与秩序，这是明朝和反叛
的汉族领导人不能提供的，他们从中获益。随着军事和政治最高统
治权的确立，康熙转向安抚汉人精英，赢得了他们对清朝统治的合
法支持，并使他们参与到清朝的统治之中。

通过打破满汉间的藩篱并建立起强大的王朝统治大厦，康熙营
建了一个政治上和民族上的统一国家，它将主导亚洲并抵制西方的
入侵达一百多年。这样的成就在中国的马克思主义史学家那里没有
被视而不见，他们在批评康熙作为地主阶级统治代理人的同时，也
赞誉了他对于国家发展所做的贡献。① 尽管算是异族人，但康熙将
新的生命融入了传统中华政权与帝国。

总之，康熙成功体现了文与武的结合，知与行的结合，卓有成
就的学者和英勇无畏的战略家的结合。这两种形象正好相互补充，
激励着皇帝在 1669—1684 年达成一个目的：巩固清朝对中国的统
治。他对学问兴趣浓厚，熟知基本的儒家经典，对新知识持开明态
度，赞助并主导着士人以及学术世界，确保赢得汉人对他以及清朝
的支持。但他对军事挑战的反应又是坚定果断、积极有力的，全身

171

① 刘大年：《论康熙》，尤其是第 183 - 187 页。这篇文章原刊于《历史研究》
1961 年第 3 期，第 5 - 21 页。刘大年写这篇文章时，正值中国历史学家重新评价中国
的过去，更多地强调民族与文化的发展，以及对它起推动作用的人，而较少强调无个
性社会力量的理论史（费维恺：《马克思主义外衣下的中国历史》，《美国历史评论》
第 66 卷 [1961 年 1 月]，第 348 - 353 页）。面对中苏的日益分裂，提升爱国主义和民
族英雄的需要，无疑激发了中国历史学的这一转型。

心地关注治理的细节，对政治危机有着成熟的判断。这位年纪轻轻、抱负远大、富有才干的皇帝已完成了他的满族先辈的伟业：由努尔哈赤和皇太极所构想的对中国这个大帝国的异族征服和统治，在康熙的治下变成了现实。

参考文献*

帕斯夸莱·埃利亚:《伽利略在中国》,鲁弗斯·苏特、马修·夏夏英译,剑桥:哈佛大学出版社,1960 年。//Elia, Pasquale M. de. *Galileo in China*. Traslated by Rufus Suter and Matthew Sciascia. Cambridge: Harvard University Press, 1960.

艾维泗:《复社:教育到政治》,载狄百瑞编:《理学的展开》,纽约:哥伦比亚大学出版社,1975 年。//Atwell, William S. "From Education to Politics: The Fu She." *The Unfolding of Neo-Confucianism*. Edited by William Theodore de Bary. New York: Columbia University Press, 1975.

安熙龙:《马上治天下:鳌拜辅助时期的满人政治(1661—1669)》,芝加哥:芝加哥大学出版社,1975 年。//Oxnam, Robert B. *Ruling form Horseback: Manchu Politics in the Oboi Regency, 1661 - 1669*. Chicago: University of Chicago Press, 1975.

皮埃尔·约瑟夫·奥尔良:《两位鞑靼征服者的历史》,埃尔斯米尔伯

---

* 为检索方便,按中译文献的著者姓氏、著述名称等的音序排列。——译者

爵编译，伦敦：哈克卢特研究会，1854 年。//Orleans, Pierre Joseph de. *History of the Two Tartar Conquerors of China*. Translated and edited by the Earl of Ellesmere. London：The Hakluyt Society, 1854.

约翰·巴德利编：《俄国、蒙古、中国》，两卷本，纽约：布尔特·富兰克林出版社，1919 年。//Baddeley, John F., ed. *Russia, Mongolia, China*. 2 vols. New York：Burt Franklin, 1919.

米歇尔·巴甫洛夫斯基：《中俄关系史》，纽约：哲学资料馆，1949 年。// Pavlovsky, Michel. *Chinese-Russian Relations*. New York：The Philosophical Library, 1949.

《八旗通志》，1799 年版。

白挨底：《中国地名词典》，第 2 版，上海：别发洋行，1910 年；重印本，台北：经文书局，1965 年。//Playfair, G. M. H. *The Cities and Towns of China*. 2d ed. Shanghai：Kelly and Walsh, 1910. Reprinted Taipei：Literature House, 1965.

白晋：《中国皇帝之历史肖像》，海牙：梅恩德·乌伊特维尔夫出版社，1699 年；天津重印本，1940 年。//Bouvet, Joachim. *Histoire de l'empereur de la chine*. The Hague：Meyndert Uytwerf, 1699. Reprint Tientsin, 1940.

白晋：《耶稣会士白晋行记：1693 年应康熙皇帝之命从北京到广州》，载《航行与旅行记新编》，第 3 卷，伦敦：托马斯·阿斯利出版社，1746 年。//Bouvet, Joachim. "The Journey of Joachim Bouvet, Jesuit, from Peking to Kanton, When Sent by the Emperor Kang-hi into Europe, in 1693." *A New General Collection of Voyages and Travels*. Vol. III. London：Thomas Astley, 1746.

白乐日：《传统中国的政治理论和行政现实》，伦敦：伦敦大学亚非学院，1965 年。// Balazs, Etienne. *Political Theory and Administrative Reality in Traditional China*. London: University of London, School of Oriental and African Studies, 1965.

鲍迪埃：《中国》，巴黎：菲尔明·迪多·弗雷尔出版社，1839 年。// Pauthier, Jean Pierre Guillaume. *Chine*. Paris: Firmin Didot frères, 1839.

包罗：《厦门历史的一些片段》，《中国评论》第 21 卷（1894 年 9—10 月），第 80－100 页。// Bowra, Cecil. "Some Episodes in the History of Amoy." *The China Review*, XXI(Sept.-Oct. 1894), 80－100.

《碑传集》，江苏，1893 年。

维吉尔·比诺：《中国与哲学精神在法国的形成（1640—1740）》，巴黎：保罗·热特内出版社，1932 年。// Pinot, Virgile. *La Chine et la formation de l'e sprit philosophique en France (1640－1740)*. Paris: Paul Geuthner, 1932.

毕斯雷、浦立本编：《中国与日本的史学家》，伦敦：牛津大学出版社，1961 年。// Beasley, W. G. and Pulleyblank, E. G., eds. *Historians of China and Japan*. London: Oxford University Press, 1961.

尼克拉斯·波普、郝理庵、冈田英宏：《东洋文库满蒙文献目录》，东京：东洋文库，1964 年；西雅图：华盛顿大学出版社，1964 年。// Poppe, Nicholas; Hurvitz, Leon; and Hidehiro Okada. *Catalogue of the Manchu-Mongol Section of the Toyo Bunko*. Tokyo: Toyo Bunko, 1964; Seattle: University of Washington Press, 1964.

博斯曼斯：《南怀仁：北京钦天监监正》，《科学问题杂志》第 57 卷（1912 年），第 195－273、375－464 页。// Bosmans, H. "Ferdinand Verbiest, directeur de l'observatoire de Peking (1623－1688)." *Revue des questions scientifiques*, LXXI(1912), 195－273 and 375－464.

布莱尔、罗伯特编：《菲律宾（1493—1898）》，55 册，克利夫兰：A. H. 克拉克出版社，1903—1906 年。//Blair, Emma H. and Robertson, James A. *The Philippine Islands, 1493 - 1898.* 55 vols. Cleveland: A. H. Clark, 1903 - 1906.

布鲁纳特、哈盖尔斯特罗姆：《当代中国的政治组织》，上海：别发洋行，1912 年。// Brunnert, H. S. and Hagelstrom, V. V. *Present Day Political Organization of China.* Shanghai: Kelly and Walsh, Ltd. , 1912.

曹凯夫：《三藩之乱：背景与意义》，博士学位论文，哥伦比亚大学，1966 年。//Tsao, Kai-fu. "The Rebellion of the Three Feudatories agaist the Manchu Throne in China, 1673 - 1681: Its Setting and Significance." Ph. D. diss. , Columbia University, 1966.

文森特·陈：《十七世纪的中俄关系》，海牙：马丁努斯·奈霍夫出版社，1966 年。//Chen, Vincent. *Sino-Russian Relations in the Seventeenth Century.* The Hague: Martinus Nijhoff, 1966.

陈观胜：《中国佛教的历史考察》，普林斯顿：普林斯顿大学出版社，1964 年。// Ch'en, Kenneth. *Buddhism in China: A Historical Survey.* Princeton: Princeton University Press, 1964.

陈文石：《满洲八旗牛录的构成》，《大陆杂志》，1965 年 11 月 15 日，第 266 - 270 页；1965 年 11 月 30 日，第 314 - 318 页。

《丛书大辞典》，杨家骆，南京，1936 年。

《大清会典事例》（光绪朝），台北：启文出版社，1963 年。

《大清圣祖仁皇帝实录》，奉天，1937 年；重印本，台北：华联出版社，1964 年。

《大清世祖章皇帝实录》，奉天，1937 年；重印本，台北：华联出版社，1964 年。

《大清太祖高皇帝实录》，奉天，1937 年；重印本，台北：华联出版社，1964 年。

约瑟夫·德尔奇：《路易十四皇帝的特使：白晋神父（1656—1730)》，《震旦杂志》（上海），第 3 系列，第 4 卷（1943 年），第 651‒683 页。//Deherge, Joseph. "Un envoyé de l'empereur k'ang-hi à Louis XIV: le père Joachim Bouvet (1656‒1730)." *Bulletin de l'Universite l'Aurore* [Shanghai], 3d ser. , IV(1943), 651‒683.

沃耶·德布鲁嫩［约瑟夫·茹夫］：《鞑靼征服中国史》，上下册，里昂：弗雷尔·迪普兰出版社，1754 年。//Vojeu de Brunem[Joseph Jouve]. *Historie de la conquete de la Chine par les Tartares mancheaux*. 2vols. Lyon: Freres Duplain, 1754.

邓嗣禹、费正清：《清朝文书的处理》，《哈佛亚洲学刊》第 4 卷（1939 年），第 12‒46 页。//Teng, Ssu-yü, and Fairbank, John K. "On the Transmission of Ch'ing Documents." *Harvard Journal of Asiatic Studies* IV(1939), 12‒46.

狄百瑞：《从十七世纪看中国君主专制与儒家理想》，载费正清编：《中国的思想与制度》，芝加哥：芝加哥大学出版社，1957 年。//De Bary, William Theodore. "Chinese Despotism and the Confucian Ideal: A Seventeenth-Century View." *Chinese Thought and Institutions*. Edited by John K. Fairbank. Chicago: University of Chicago Press, 1957.

狄百瑞编：《明代思想中的自我与社会》，纽约：哥伦比亚大学出版社，1970 年。//De Bary, William Theodore, ed. *Self and Society in Ming Thought*. New York: Columbia University Press, 1970.

约瑟夫·迪尔：《在华耶稣会士汤若望》，布鲁塞尔：世界出版社，1936 年。//Duhr, Joseph, S. J. *Un Jésuite en Chine: Adam Schall.* Brussels: L'Edition universelle, 1936.

杜赫德：《中华帝国全志》，全 2 册，伦敦：E. 凯夫出版社，1738—1741 年。//Du Halde, Jean Baptiste. *A Description of the Empire of China.* 2 vols. London: E. Cave, 1738 - 1741.

杜臻：《海防略述》，1684 年前后，《学海类编》第 46 册，上海：商务印书馆，1920 年。

大卫·法夸尔：《满洲早期政治中的蒙古与中原因素》，《清史问题》第 2 卷第 6 期（1971 年 6 月），第 11 - 23 页。//Farquhar, David M. "Mongolian versus Chinese Elements in the Early Manchu State."*Ch'ing-shih wen-t'i*, II, no. 6 (June 1971), 11 - 23.

范内：《汉文和满文中的欧几里得》，《爱西斯》第 30 卷（1939 年），第 84 - 88 页。//Vanhee, L. "Euclide en chinois et mandchou." *Isis*, XXX (1939), 84 - 88.

房兆楹：《早期八旗兵力的一种估算方法》，《哈佛亚洲学刊》第 8 卷（1950 年），第 192 - 215 页。//Fang, Chaoying. "A Technique for Estimating the Numerical Strength of the Early Manchu Military Forces." *Harvard Journal of Asiatic Studies*, XIII (1950), 192 - 215.

乔治·菲利浦：《郑成功生平》，《中国评论》第 8 卷（1884—1885 年），第 67 - 74、207 - 213 页。//P[hillips], G[eorge]. "The Life of Koxinga." *The China Review*, XIII (1884 - 1885), 67 - 74 and 207 - 213.

费赖之：《在华耶稣会士列传及书目》，上下册，《汉学丛书》第 59 种、第 60 种，上海：天主教会印刷所，1932—1934 年。// Pfister, Louis.

Notices biographiques et bibliographiques sur les Jesuites de l'ancienne mission de Chine (1552 - 1773). 2 vols. Variétés sinologiques, nos. 59 and 60. Shanghai: Imprimerie de la Mission Catholique, 1932 - 1934.

费维恺:《马克思主义外衣下的中国历史》,《美国历史评论》第 66 卷 (1961 年 1 月), 第 323 - 353 页。//Feuerwerker, Albert. "China's History in Marxian Dress." *American Historical Review*, LXVI(Jan. 1961), 323 - 353.

费正清:《1840 年代和 1850 年代的满汉复职制》,《远东季刊》第 7 卷 (1953 年 5 月), 第 265 - 278 页。//Fairbank, John K. "The Manchu-Chinese Dyarchy in the 1840's and 1850's." *Far Eastern Quarterly*, XII(May 1953), 265 - 278.

费正清:《美国与中国》, 修订版, 纽约: 维京出版社, 1962 年。//Fairbank, John K. *The United States and China*. Rev. ed. New York: Viking Press, 1962.

冯秉正:《中国通史》, 13 卷, 巴黎: P. D. 皮埃雷斯出版社, 1777—1785 年。//Mailla, Joseph Anne-Marie de Moyriac de. *Histoire generale de la Chine*. 13 vols. Paris: P. D. Pierres, 1777 - 1785.

冯友兰:《中国哲学简史》, 卜德编, 纽约: 麦克米伦出版公司, 1960 年。//Fung Yu-lan. *A Short History of Chinese Philosophy*. Edited by Derk Bodde. New York: Macmillian, 1960.

傅乐淑:《中西关系文献编年 (1644—1820)》, 图森: 亚利桑那大学出版社, 1966 年. //Fu Lo-shu. *A Documentary Chronicle of Sino-Western Relations(1644 - 1820)*. Tucson: University of Arizona Press for the Association for Asian Studies, 1966.

傅乐淑:《康熙时期的中西关系》, 博士学位论文, 芝加哥大学, 1952 年。//Fu Lo-shu. "Sino-Western Relations during the K'ang-hsi Period, 1661 - 1722."Ph. D. diss. , University of Chicago, 1952.

傅乐淑：《康熙时期两位来华的葡萄牙特使》，《通报》第 43 卷（1955年），第 75 - 94 页。//Fu Lo-shu. "The Two Portuguese Embassies to China during the K'ang-hsi Period." *T'oung-pao*, XLIII(1955), 75 - 94.

富路德：《乾隆文字狱》，第 2 版，纽约：派勒根图书再版公司，1966年。//Goodrich, Luther Carrington. *The Literary Inquisition of Ch'ien-lung*. 2d ed. New York: Paragon Book Reprint Corp. , 1966.

傅吾康：《明朝的实录》，载毕斯雷、浦立本编：《中国与日本的史学家》，伦敦：牛津大学出版社，1961 年。//Franke, Wolfgang. "The Veritable Records of the Ming Dynasty (1368 - 1644)." *Historians of China and Japan*. Edited by W. G. Beasley and E. G. Pulleyblank. London: Oxford University Press, 1961.

傅宗懋：《清初议政体制之研究》，《政治大学学报》第 11 期（1965 年5 月），第 245 - 294 页。

嘎恩：《清初中俄交涉史》，巴黎：费利克斯·阿尔坎出版社，1912年。//Cahen, Gaston. *Histoire des relations de la Russie avec la Chine sous Pierre le Crand (1689 - 1730)*. Paris: Félix Alcan, 1912.

甘为霖：《荷据时期的台湾》，伦敦，1903 年。//Campbell, William. *Formosa under the Dutch*. London: Kegan Paul, Trench, Trubner and Co. , Ltd. , 1903.

高第：《中国通史》，4 卷，巴黎：帕伊·热特内出版社，1920 年。//Cordier, Henri. *Histoire générale de la Chine*. 4 vols. Paris: Paul Geuthner, 1920.

盖拉蒂尼：《1698 年安菲特里式号出航中国记》，巴黎：1700 年。//Gheradini. *Relation du voyage fait à la Chine sur le vaisseau l'Ampithitrite en l'anée* 1698. Paris, 1700.

戈尔德：《俄国向太平洋的扩张（1641—1850）》，克利夫兰：阿瑟 · 克拉克出版社，1914 年。//Golder, F. A. *Russian Expansion on the Pacific, 1641‑1850*. Cleveland: Arthur Clark, 1914.

《国朝耆献类征初编》，李桓辑，湖南，1884—1890 年；台北重刊本，1966 年。

何炳棣：《中国历史上的早熟稻》，《经济史评论》，第 2 系列，第 9 卷（1956 年 12 月），第 200‑218 页。//Ho, Ping-ti. "Early-Ripening Rice in Chinese History." *Economic History Review*, 2d ser., IX(Dec. 1956), 200‑218.

何炳棣：《明清社会史论》，纽约：哥伦比亚大学出版社，1962 年。//Ho, Ping-ti. *The Ladder of Success in Imperial China*. New York: Columbia University Press, 1962.

何炳棣：《中国遗产的突出之处》，载何炳棣、邹谠编：《危机中的中国》第 1 卷《中国的遗产与共产主义政治制度》，芝加哥：芝加哥大学出版社，1968 年。//Ho, Ping-ti. "Salient Aspects of China's Heritage." *China in Crisis*. Vol. I: *China's Heritage and the Communist Political System*. Edited by Ping-ti Ho and Tang Tsou. Chicago: University of Chicago Press, 1968.

何炳棣：《扬州盐商：十八世纪商业资本主义的一个研究》，《哈佛亚洲学刊》第 17 卷（1954 年 6 月），第 130‑168 页。//Ho, Ping-ti. "The Salt Merchants of Yang-chou: A Study of Commercial Capitalism in Eighteenth-Century China." *Harvard Journal of Asiatic Studies*, XVII(June 1954), 130‑168.

何炳棣：《清代在中国历史上的重要性》，《亚洲研究杂志》第 26 卷（1967 年 2 月），第 189‑195 页。//Ho, Ping-ti. "The Significance of the Ch'ing Period in Chinese History." *Journal of Asian Studies*, XXVI(Feb.

1967),189‐195.

何炳棣：《明初以降人口及其相关问题（1368—1953)》，剑桥：哈佛大学出版社，1959 年。//Ho, Ping-ti. *Studies on the Population of China, 1368‐1953*. Cambridge：Harvard University Press,1959.

何国梁：《清代的军机处》，《远东季刊》第 11 卷（1952 年 2 月)，第 167‐182 页。//Ho, Alfred Kuo-liang. "The Grand Council in the Ch'ing Dynasty."*Far Eastern Quarterly*, XI(Feb. 1952), 167‐182.

斯文·赫定：《热河：皇帝之城》，纳什英译，纽约：E. P. 达顿出版社，1993 年。//Hedin, Sven. *Jehol, City of Emperors*. Translated by E. G. Nash. New York：E. P. Dutton, 1933.

贺凯：《明代的监察制度》，斯坦福：斯坦斯大学出版社，1966 年。//Hucker, Charles O. *The Censorial System of Ming China*. Stanford：Stanford University Press, 1966.

贺凯：《明代的政府组织》，《哈佛亚洲学刊》第 21 卷（1958 年 12 月)，第 1‐67 页。//Hucker, Charles O. "Governmental Organization of the Ming Dynasty."*Harvard Journal of Asiatic Studies*, XXI(Dec. 1958), 1‐67.

贺凯：《晚明的东林运动》，载费正清编：《中国的思想与制度》，芝加哥：芝加哥大学出版社，1957 年。//Hucker, Charles O. "The Tung-lin Movement of the Late Ming Period." *Chinese Thought and Institutions.* Edited by John K. Fairbank. Chicago：University of Chicago Press, 1957.

黄培：《清朝专制统治的制度史研究（1644—1735)》，《清华学报》新系列，第 6 卷（1967 年 12 月)，第 105‐148 页。//Huang Pei. "Aspects of Ch'ing Autocracy：An Institutional Study, 1644‐1735." *Tsing-hua Journal of Chinese Studies*, n. s., VI(Dec. 1967), 105‐148.

《皇朝词林典故》，朱珪编，光绪十二年（1886）版。

《皇清开国方略》，1789 年版。

《皇清名臣奏议》，嘉庆版。

黄仁宇：《明代的财政管理》，载贺凯编：《明代政府七论》，纽约：哥伦比亚大学出版社，1969 年。//Huang, Ray. "Fiscal Administration during the Ming Dynasty." *Chinese Government in Ming Times: Seven Studies*. Edited by Charles O. Hucker. New York: Columbia University Press, 1969.

唐纳德·基恩编译：《郑成功之战》，伦敦：泰勒外文出版社，1951 年。//Keene, Donald, ed. and trans. *The Battles of Coxinga*. London: Taylor's Foreign Press, 1951.

姜宸英：《海防总论》，载《姜先生全集》卷1，无出版地，1918 年。

江日昇：《台湾外记》，1704 年序，台南，1956 年。

金德纯：《旗军志》，1715 年，《学海类编》第 40 册，上海：商务印书馆，1920 年。

居蜜：《清初的反满思想》，（哈佛大学）《中国论文集》第 22-A 卷（1969 年 5 月），第 1-24 页。//Wiens, Mi Chu. "Anti-Manchu Thought during the Early Ch'ing." (Harvard) *Papers on China*, XXII-A(May 1969), 1-24.

劳伦斯·凯斯勒：《汉族士人和早期满洲政权》，《哈佛亚洲学刊》第 31 卷（1971 年），第 179-200 页。//Kessler, Lawrence D. "Chinese Scholars and the Early Manchu State." *Harvard Journal of Asiatic Studies*, XXXI(1971), 179-200.

劳伦斯·凯斯勒：《清朝督抚的民族构成》，《亚洲研究杂志》第 28 卷（1969 年 5 月），第 489-511 页。//Kessler, Lawrence D. "Ethnic Composition of Provincial Leadership during the Ch'ing Dynasty." *Journal of Asian Studies*, XXVIII(May 1969), 489 - 511.

康无为：《皇子教育：皇帝角色的学习》，载费维恺、罗兹·墨菲、芮玛丽编：《中国近代史研究》，伯克利：加利福尼亚大学出版社，1967 年。//Kahn, Harold. "The Education of a Prince: The Emperor Learns His Roles." *Approaches to Modern Chinese History*. Edited by Albert Freuerwerker, Rhoads Murphey, and Mary C. Wright. Berkley: University of California Press, 1967.

康无为：《对清中期君主制的一些认识》，《亚洲研究杂志》第 24 卷（1965 年 2 月），第 229 - 243 页。//Kahn, Harold. "Some Mid-Ch'ing Views of the Monarchy." *Journal of Asian Studies*, XXIV(Feb. 1965), 229 - 243.

《康熙会典》，1690 年序。

皮耶罗·柯拉迪尼：《论清朝的内阁》，《通报》第 48 卷（1960 年），第 416 - 424 页。//Corradini, Piero. "A propos de l'institution de *Nei-ko* sous la dynastie des Ts'ing." *T'oung-pao*, XLVIII(1960), 416 - 424.

皮耶罗·柯拉迪尼：《满洲王朝初立时的民政：论六部的设立》，《远东杂志》第 9 卷（1962 年），第 133 - 138 页。//Corradini, Piero. "Civil Administration at the Beginning of the Manchu Dynasty: A Note on the Establishment of the Six Ministries(Liu-pu)." *Oriens extremus*, IX(1962), 133 - 138.

刘易斯·科塞、伯纳德·罗森伯格等编：《社会学理论》，纽约：麦克米伦出版公司，1957 年。//Coser, Lewis A. and Rosenberg, Bernard, eds. *Sociological Theory*. New York: Macmillan, 1957.

科学院：《成员和通讯员简历索引》，巴黎：戈捷-维拉尔出版社，1954 年。//Academie des sciences, *Index biographique des members et correspondants ....*

Paris:Gauthier-Villars,1954.

罗伯特·克劳福德：《明代太监的权力》，《通报》第 49 卷第 3 期（1961 年），第 115 – 148 页。//Crawford, Robert B. "Eunuch Power in the Ming Dynasty." *T'oung-pao*, XLIX, no. 3(1961), 115 – 148.

唐纳德·拉赫：《莱布尼茨与中国》，《观念史学刊》第 6 卷（1945 年），第 436 – 455 页。//Lach, Donald F. "Leibniz and China." *Journal of the History of Ideas*, VI(1945), 436 – 455.

《莱布尼茨全集》，卢多维奇·迪唐斯编，6 卷，日内瓦：德图尔内斯出版社，1768 年。//*G. Leibnitii … opera omnia*, ed. Ludovici Dutens, 6 vols. Geneva:De Tournes,1768.

罗伯特·李：《清史中的满洲边疆》，剑桥：哈佛大学出版社，1970 年。// Lee, Robert H. G. *The Manchurian Frontier in Ch'ing History*. Cambridge:Harvard University Press,1970.

李光璧：《明末农民大起义》，载李光璧编：《明清史论丛》，武汉：湖北人民出版社，1956 年。

李明：《中国现势续录》，第 3 版，伦敦：B. 图克出版社，1699 年。//Le Comte, Louis Daniel. *Memoirs and Observations*. 3d ed. London: B. Tooke,1699.

李文治：《晚明统治阶级的投降清朝及农民起义军的反清斗争》，载李光璧编：《明清史论丛》，武汉：湖北人民出版社，1956 年。

李洵：《明清史》，北京：人民出版社，1957 年。

李俨：《中国算学史》，上海：商务印书馆，1937 年。

理雅各：《中国经典》第一卷《论语》，第 3 版，香港：香港大学出版社，1960 年。// Legge, James. *The Chinese Classics*. Vol. I: *Confucian*

Analects. 3d. ed. Hong Kong：Hong Kong University Press，1960.

梁启超：《中国近三百年学术史》，台北：中华书局，1962 年。

列文森：《近代中国与儒家过去》，纽约州花园城：双日出版社，1964 年。//Levenson，Joseph T. *Modern China and Its Confucian Past*. Garden City，New York：Doubleday and Co.，1964.

拉尔夫·林顿：《本土化运动》，《美国人类学家》第 45 卷第 2 期（1943 年 4—6 月），第 230 - 240 页。//Linton，Ralph. "Nativistic Movements." *American Anthropologist*，XLV，no. 2（April-June 1943），230 - 240.

刘大年：《论康熙》，载《中国近代史诸问题》，北京：人民出版社，1965 年。

刘家驹：《清朝初期的八旗圈地》，台北：台湾大学出版中心，1964 年。

刘家驹：《清初汉军八旗的肇建》，《大陆杂志》，1967 年 6 月 15 日，第 337 - 342 页；1967 年 6 月 30 日，第 375 - 377 页。

刘家驹：《顺治年间的逃人问题》，载《庆祝李济先生七十岁论文集》，台北，1967 年。

刘献廷：《广阳杂记》（1694 年前后编写），台北：世界书局，1962 年。

罗尔纲：《绿营兵志》，重庆：商务印书馆，1945 年。

安东尼奥·罗素：《十八世纪罗马教廷派往中国的使团》，南帕萨迪纳：P. D. -约内·帕金斯出版社，1948 年。//Rosso，Antonio S.，O. F. M. *Apostolic Legations to China of the Eighteenth Century*. South Pasadena：P. D. and Ione Perkins，1948.

埃米尔·罗歇：《云南王的历史及他们与中国的关系：据首次翻译的中国历史文献》，《通报》第 10 卷（1899 年），第 1 - 32、115 - 154、337 - 368、437 - 458 页。//Rocher，Émile. "Histoire des princes du Yun-nan et leurs relations avec la Chine d'après des documents historiques chinois."

T'oung-pao, X(1899),1 - 32,115 - 154,337 - 368,and 437 - 458.

马奉琛:《清初满汉社会经济冲突之一斑》,载任以都、约翰·德范克编:《中国社会史》,华盛顿特区:美国学术团体协会,1956 年。//Ma Feng-ch'en. "Manchu-Chinese Social and Economic Conflicts in Early Ch'ing."*Chinese Social History*. Edited by E-tu Zen Sun and John de Francis. Washington, D. C. :American Council of Learned Societies, 1956.

《满洲名臣传》,无出版地,无出版日期。

麦克·曼考尔:《释清代的朝贡体制》,载费正清编:《中国的世界秩序》,剑桥:哈佛大学出版社,1968 年。//Mancall, Mark. "The Ch'ing Tribute System:An Interpretive Essay."*The Chinese World Order*. Edited by John K. Fairbank. Cambridge:Harvard University Press, 1968.

麦克·曼考尔:《1728 年之前的中俄外交关系》,剑桥:哈佛大学出版社,1971 年。// Mancall, Mark. *Russia and China: Their Diplomatic Relations to 1728*. Cambridge:Harvard University Press, 1971.

梅谷:《太平天国运动期间中国的军事组织和权力结构》,《太平洋历史评论》第 18 卷(1949 年),第 469 - 483 页。//Michael, Franz. "Military Organization and Power Structure of China during the Taiping Rebellion." *Pacific Historical Review*, XVIII(1949), 469 - 483.

梅谷:《满人统治中国的起源》,巴尔的摩:约翰霍普金斯大学出版社,1942 年;重印本,纽约:八角形出版社,1965 年。//Michael, Franz. *The Origin of Manchu Rule in China*. Baltimore: John Hopkins Press, 1942. Reprinted New York:Octagon Books, 1965.

阿诺尔德斯·蒙塔纳斯:《中国地图集》,约翰·奥格尔比英译,伦敦:托马斯·约翰逊出版社,1671 年。//Montanus, Arnoldus. *Atlas Chinensis*.

Translated by John Ogilby. London：Thomas Johnson, 1671.

　　孟森：《己未词科录外录》，载《明清史论著集刊》，台北：世界书局，1961 年。

　　孟森：《清初三大疑案考实》，载《清代史》，台北：正中书局，1960 年。

　　孟森：《清国史所无之吴三桂叛时汉蒙文敕谕跋》，载《明清史论著集刊》，台北：世界书局，1961 年。

　　孟森：《清代史》，台北：正中书局，1960 年。

　　孟森：《孔四贞事考》，载《明清史论著集刊》，台北：世界书局，1961 年。

　　孟森：《八旗制度考实》，载《清代史》，台北：正中书局，1960 年。

　　孟森：《书明史钞略》，载《明清史论著集刊》，台北：世界书局，1961 年。

　　孟森：《奏销案》，载《明清史论著集刊》，台北：世界书局，1961 年。

　　闵明我：《中华帝国的历史、政治、伦理和宗教概论》，载奥恩沙姆·丘吉尔、约翰·丘吉尔编：《航行记与旅行记》第一卷，伦敦，1704 年。//Navarrete, Domingo. *An Account of the Empire of China*. Vol. I of *Collection of Voyages and Travels*. Edited by Awnsham and John Churchill. 4 vols. London：Printed for A. and J. Churchill at the Black Swan, 1704.

　　《明清史料》丙编、丁编，中央研究院历史语言研究所编，上海：商务印书馆，1936 年、1951 年。

　　倪德卫：《和珅及其弹劾者：十八世纪的意识形态和政治行为》，载倪德卫、芮沃寿编：《儒家思想之实践》，斯坦福：斯坦福大学出版社，1949 年。//Nivision, David S. "Ho-shen and His Accusers: Ideology and Political

Behavior in the Eighteenth Century."*Confucianism in Action*. Edited by Davis S. Nisvision and Arther F. Wright. Stanford:Stanford University Press,1949.

倪德卫:《章学诚的生平与思想》,斯坦福:斯坦福大学出版社,1966 年。//Nivision, David S. *The Life and Thought of Chang Hsüeh-ch'eng (1738‑1801)*. Stanford:Stanford University Press,1966.

聂仲迁:《鞑靼统治下的中国史》,巴黎:让·埃诺出版社,1671 年。//Greslon, Adrien. *Histoire de la Chine sous la dominaiton des Tartares*. Paris:Jean Henault,1671.

帕莱福:《鞑靼征服中国史》,伦敦:W. 戈德必德出版社,1671 年。//Palafox y Mendoza, Juan de. *The History of the Conquest of China by the Tartars*. London:W. Godbid,1671.

詹姆斯·帕森斯:《明代官僚体系:背景力量》,载贺凯编:《明代政府七论》,纽约:哥伦比亚大学出版社,1969 年。//Parsons, James B. "The Ming Dynasty Bureaucracy: Aspects of Background Forces." *Chinese Government in Ming Times:Seven Studies*. Edited by Charles O. Hucker. New York:Columbia University Press,1969.

潘光旦:《近代苏州的人才》,《社会科学》第 1 期 (1935 年)。

庞森比-费恩:《国姓爷:明朝忠臣之郑氏家史》,《日本协会学报》(伦敦) 第 34 卷 (1936—1937 年),第 65‑132 页。//Ponsonby-Fane, R. A. B. "Koxinga: Chronicles of the Tei Family, Loyal Servants of Ming." *Transactions and Proceedings of the Japan Society*(London), XXXIV(1936‑1937),65‑132.

裴德生:《顾炎武生平 (1613—1682)》,《哈佛亚洲学刊》第 28 卷 (1968 年),第 114‑156 页;第 29 卷 (1969 年),第 201‑247 页。//Peterson,

Willard J. "The Life of Ku Yen-wu (1613 - 1682)." *Harvard Journal of Asiatic Studies*, XXVIII(1968), 114 - 156; XXIX(1969), 201 - 247.

裴化行：《中国人对欧洲作品的译编》，《华裔学志》第 10 卷（1945 年），第 1 - 57、309 - 388 页；第 19 卷（1960 年），第 349 - 383 页。//Bernard, Henri. "Les adaptations chinoises d'ouvrages européens." *Monumenta Serica*, X(1945), 1 - 57 and 309 - 388; XIX(1960), 349 - 383.

《平定吴逆略》，载《续云南通志稿》卷 78，1901 年。

浦廉一：《清初迁界令考》（赖永祥从日文汉译），《台湾文献》第 6 卷（1955 年 12 月），第 109 - 122 页。

溥仪：《从皇帝到公民：溥仪自传》，上册，北京：外文出版社，1964 年。//Pu Yi. *From Emperor to Citizen: The Autobiography of Aisin-Gioro Pu Yi*. Vol. I. Peking: Foreign Languages Press, 1964.

钱存训：《西方通过翻译影响中国：书目的研究》，博士学位论文，芝加哥大学，1952 年。//Tsien, T. H. "Western Impact on China through Translation—A Bibliographical Study." Ph. D. diss., University of Chicago, 1952.

钱穆：《国史大纲》，台北：台湾商务印书馆，1960 年。

秦瀛：《己未词科录》，无出版地，1807 年。

《清朝野史大观》，5 辑，台北：中华书局，1959 年。

《清代名人传略》，恒慕义编，全 2 册，华盛顿特区：政府印刷局，1943—1944 年。//*Eminent Chinese of the Ch'ing Period*. Edited by Arthur Hummel. 2 vols. Washington: Government Printing Office, 1943 - 1944.

《清史》，台北：国防研究院，1961 年。

《清史列传》，上海，1928 年；重印本，台北：中华书局，1962 年。

瞿同祖：《清代地方政府》，剑桥：哈佛大学出版社，1962 年。//Ch'u, T'ung-tsu. *Local Government in China under the Ch'ing*. Cambridge: Harvard University Press, 1962.

热苏斯-马里亚：《中国与日本的亚洲》，博克塞编，上下册，澳门：国家印刷局，1941—1950 年。//Jesús Maria, José de. *Azia Sicica e Japônica*. Edited by Charles R. Boxer. 2 Vols. Macao: Imprensa Nacionel, 1941 - 1950.

阮元：《畴人传》(1799 年版)，上海：商务印书馆，1935 年。

芮玛丽：《同治中兴：中国保守主义的最后抵抗》，第二次印刷，补充新的注释，斯坦福：斯坦福大学出版社，1962 年。//Wright, Mary Clabaugh. *The Last Stand of Chinese Conservatism: The T'ung-chih Restoration, 1862 - 1874*. 2d printing with additional notes. Stanford: Stanford University Press, 1962.

约瑟夫·塞伯斯：《耶稣会士与中俄尼布楚条约：徐日昇日记》，罗马：历史研究所，1961 年。//Sebes, Joseph, S. J. *The Jesuits and the Sino-Russian Treaty of Nerchinsk: The Diary of Thomas Pereira, S. J*. Rome: Institutum Histoircum S. I. , 1961.

《三十三种清代传记综合引得》，杜联喆、房兆楹编，第 2 版，东京：日本东亚研究委员会，1960 年。

沙畹：《关于丽江的历史与地理文献》，《通报》第 2 系列第 13 卷 (1912 年)，第 565 - 653 页。//Chavannes, Edouard. "Documents historiques et géographiques relatifs à Li-kiang." *T'oung Pao*, 2d ser. , XIII(1912), 565 - 653.

《盛京通志》，1736 年版，台北重刊本，1965 年。

史景迁：《康熙皇帝自画像》，纽约：克诺夫出版社，1974 年。//
Spence, Jonathan. *Emperor of China: Self-Portrait of K'ang-hsi*. New
York: Alfred A. Knopf, 1974.

史景迁：《康熙皇帝（1654—1722）的七个阶段》，《亚洲研究杂志》第
26 卷（1967 年 2 月），第 205 - 211 页。//Spence, Jonathan. "The Seven
Ages of K'ang-hsi (1654 - 1722)." *Journal of Asian Studies*, XXVI (Feb.
1967), 205 - 211.

史景迁：《改变中国》，波士顿：利特尔 & 布朗出版社，1969 年。
//Spence, Jonathan. *To Change China*. Boston: Little, Brown and Co., 1969.

史景迁：《曹寅与康熙皇帝：奴才与主子》，纽黑文：耶鲁大学出版社，
1966 年。// Spence, Jonathan. *Ts'ao Yin and the K'ang-hsi Emperor:
Bondservant and Master*. New Heaven: Yale University Press, 1966.

《史料丛刊初编》，罗振玉辑，共 2 册，台北：文海出版社，1964 年。

《顺治元年内外官署奏疏》，朱希祖序，北平，1931 年。

沈云：《台湾郑氏始末》，《台湾文献丛刊》第 15 种，台北：台湾银行，
1958 年。

《四库全书总目》，纪昀等编，共 10 册，台北：艺文印书馆，1964 年。

居伊·塔查尔：《暹罗之旅》，阿姆斯特丹：皮埃尔·莫蒂埃出版社，
1687 年。//Tachard, Guy. *Voyage de Siam*. Amsterdam: Pierre Mortier,
1687.

台湾"中央研究院"历史语言研究所，内阁大库残余档案。

陶晋生：《金代中期的女真本土化运动》，《思与言》第 7 卷第 6 期
（1970 年 3 月），第 328 - 332 页。

童怡：《郑清和议之经纬》，《台湾文献》第 6 卷（1955 年 9 月），第 29 -

35 页。

威妥玛:《中华帝国的军队》,《中国丛报》第 20 卷 (1851 年),第 250 - 280、300 - 340、363 - 422 页。//Wade, T. F. "The Army of the Chinese Empire." *Chinese Repository*, XX(1851), 250 - 280, 300 - 340, 363 - 422.

王庆云:《熙朝纪政》,北京,1902 年。

阿瑟·韦利:《论语》(英译),纽约:兰登书屋,1938 年。//Waley, Arthur. *The Analects of Confucius*. New York: Random House, 1938.

阿瑟·韦利:《袁枚:十八世纪的中国诗人》,纽约:格罗夫出版社,1958 年。//Waley, Arthur. *Yuan Mei: Eighteenth-Century Chinese Poet*. New York: Grove Press, 1958.

伟烈亚力:《汉籍解题》,上海:美华书馆,1922 年;重印本,台北:经文书局,1964 年。//Wylie, Alexander. *Notes on Chinese Literature*. Shanghai: Presbyterian Mission Press, 1922. Reprinted Taipei: Literature House, 1964.

卫德明:《1679 年的博学鸿儒科》,《美国东方协会学刊》第 71 卷 (1951 年),第 60 - 66 页。//Wilhelm, Hellmut. "The *Po-hsüeh hung-ju* Examination of 1679." *Journal of the American Oriental Society*, LXXI (1951), 60 - 66.

艾瑞克·魏德默:《十七世纪俄国关于中国文献中的"Kitai"与清帝国》,《清史问题》第 2 卷第 4 期 (1970 年 11 月),第 21 - 39 页。//Widmer, Eric. "'Kitai' and the Ch'ing Empire in Seventeenth Century Russian Documents on China." *Ch'ing-shih wen-t'i*, II. no. 4 (Nov. 1970), 21 - 39.

卫思韩:《胡椒、枪炮与谈判:荷兰东印度公司与中国 (1622—1681)》,剑桥:哈佛大学出版社,1974 年。//Wills, John E. Jr. *Pepper,*

Guns and Parleys:The Dutch East India Company and China, 1622 - 1681. Cambridge:Harvard University Press, 1974.

魏源：《圣武记》，完成于 1842 年，《四部备要》本，台北：中华书局，1962 年。

吴卫平：《八旗制度的发展和衰落》，博士学位论文，宾夕法尼亚大学，1969 年。// Wu, Wei-Ping. "The Development and Decline of the Eight Banners." Ph. D. diss. , University of Pennsylvania, 1969.

吴相湘：《清宫秘谭》，台北：远东图书公司，1961 年。

吴秀良：《清朝的通信与帝国控制》，剑桥：哈佛大学出版社，1970 年。//Wu, Silas H. L. *Communication and Imperial Control in China*. Cambridge:Harvard University Press, 1970.

吴秀良：《清朝的奏事制度》，《哈佛亚洲学刊》第 27 卷（1967 年），第 7 - 75 页。//Wu, Silas H. L. "The Memorial Systems of the Ch'ing Dynasty (1644 - 1911)." *Harvard Journal of Asiatic Studies*, XXVII(1967), 7 - 75.

吴秀良：《南书房之建置及其前期之发展》，《思与言》第 5 期（1968 年 3 月），第 1428 - 1434 页。

埃落伊斯·科尔科特·希伯特：《中国的康熙皇帝》，伦敦：基根·保罗-特伦奇-特吕布纳斯有限公司，1940 年。//Hibbert, Eloise Talcott. *K'ang-hsi, Emperor of China*. London: Kegan Paul, Trench, Trubner and Co. , Ltd. , 1940.

安杰拉·席：《1644 年吴三桂再评价》，《亚洲研究杂志》第 34 卷第 2 期（1975 年 2 月），第 443 - 453 页。//Hsi, Angela N. S. "Wu San-kuei in 1644:A Reappraisal." *Journal of Asian Studies*, XXXIV, no. 2(Feb. 1975), 443 - 453.

夏琳：《海防辑要》，《台湾文献丛刊》第 22 种，台北：台湾银行，1958 年。

《辛丑纪闻》，载《纪载汇编》第 4 辑，北京，无出版日期。

向达：《中西交通史》，上海：中华书局，1934 年。

萧一山：《清代通史》，5 卷本，修订本，台北：台湾商务印书馆，1962—1963 年。

萧一山：《中国近代史概要》，台北：三民书局，1963 年。

萧公权：《中国乡村：十九世纪的帝国控制》，西雅图：华盛顿大学出版社，1960 年。//Hsiao Kung-ch'üan. *Rural China: Imperial Control in the Nineteenth Century.* Seattle: University of Washington Press, 1960.

谢保樵：《清朝政府（1644—1912）》，巴尔的摩：约翰霍普金斯大学出版社，1925 年。重印本，纽约：八角形出版社，1966 年。//Hsieh Pao-chao. *The Government of China (1644‑1912).* Baltimore: John Hopkins Press, 1925. Reprinted New York: Octagon Books, 1966.

谢国桢：《清初东南沿海迁界考》，陈同燮英译，《中国社会政治科学评论》第 15 卷（1932 年 1 月），第 559‑596 页。// Hsieh Kuo-chen. "Removal of Coastal Population in Early Tsing Period." Translated by Ch'en T'ung-hsieh. *The Chinese Social and Political Science Review*, XV (Jan. 1932), 559‑596.

徐中约：《俄国在清朝初年的特殊地位》，《斯拉夫评论》第 23 卷（1964 年 12 月），第 688‑700 页。//Hsu, Immanuel C. Y. "Russia's Special Position in China in the Early Ch'ing Period." *Slavic Review*, XXIII (Dec. 1964), 688‑700.

许大龄：《清代捐纳制度》，北京：哈佛燕京学社，1950 年。

《学者著作史》，第 14 卷（1698 年 8 月）。//*Histoire des ouvrages des*

savants, XIV(Aug. 1698).

《学者著作史》，第 1 卷（1699 年 6 月）。//*The History of Works of the Learned*, I(June, 1699).

严懋功编：《清代征献类编》，台北：世界书局，1961 年。

叶梦珠：《阅世篇》，《上海掌故丛书》第 1 辑第 3 - 4 册，上海，1936 年。

杨联陞：《中国历史上的人质》，载《中国制度史研究》，剑桥：哈佛大学出版社，1961 年。//Yang Lien-sheng. "Hostages in Chinese History." *Studies in Chinese Institutional History.* Cambridge: Harvard University Press, 1961.

杨联陞：《中国经济史上的数词与量词》，载《中国制度史研究》，剑桥：哈佛大学出版社，1961 年。//Yang Lien-sheng. "Numbers and Units in Chinese Economic History." *Studies in Chinese Institutional History.* Cambridge: Harvard University Press, 1961.

杨陆荣：《三藩纪事本末》，《台湾文献丛刊》第 149 种，台北：台湾银行，1962 年。

杨学琛：《清代旗地的性质及其变化》，《历史研究》1963 年第 3 期，第 175 - 194 页。

《耶稣会士书简集》，40 卷，巴黎：尼古拉斯·勒克莱尔出版社，1707—1758 年。//*Lettres édifiantes et curieuses*, 40 vols. Paris: Nicholas Le Clerc, 1707 - 1758.

《增校清朝进士题名碑录》，房兆楹、杜联喆编，北平，1941 年。

张德昌：《清代内务府的经济作用》，《亚洲研究杂志》第 31 卷第 2 期（1972 年 2 月），第 243 - 273 页。//Ch'ang Te-ch'ang. "The Economic Role of Imperial Household in the Ch'ing Dynasty." *Journal of Asian Studies*, XXXI, no. 2(Feb. 1972), 243 - 273.

张金鉴:《中国历代宰辅制度的演变》,《政治大学学报》第 6 期（1962 年 12 月）, 第 1 - 24 页。

章楗:《康熙政要》, 1910 年。

张仲礼:《中国绅士》, 西雅图: 华盛顿大学出版社, 1955 年。//Chang Chung-li. *The Chinese Gentry*. Seattle: University of Washington Press, 1955.

赵翼:《平定三逆述略》, 载《皇朝武功纪盛》,《丛书集成》本, 上海: 商务印书馆, 1935 年。

郑鹤声:《近世中西史日对照表》, 台北: 台湾商务印书馆, 1966 年。

郑天挺:《清史探微》, 重庆: 独立出版社, 1946 年。

《中国传统资料选编》, 狄百瑞、陈荣捷、华兹生编, 纽约: 哥伦比亚大学出版社, 1960 年。// *Sources of Chinese Tradition*. Compiled by William Theodore de Bary, Wing-sit Chan, and Burton Watson. New York: Columbia University Press, 1960.

《中国政府中汉人和旗人所占的份额》,《中国评论》第 6 卷（1877—1878 年）, 第 136 - 137 页。//"The Share Taken by Chinese and Bannermen Respectively in the Government of China." *The China Review*, VI (1877 - 1878), 136 - 137.

周昌寿:《译刊科学书籍考略》, 载胡适等编:《张菊生先生七十生日纪念论文集》, 上海: 商务印书馆, 1937 年。

朱彭寿:《旧典备征》, 无出版地, 1936 年。

朱希祖:《郑延平王受明官爵考》,《国学季刊》第 3 卷第 1 期（1932 年）, 第 87 - 112 页。

朱希祖:《吴三桂周王纪元释疑》,《中央研究院历史语言研究所集刊》第二本（1930—1932 年）, 第 393 - 401 页。

索 引 *

---

* 索引中的页码是英文原书页码，即本书边码。——译者

附录：清朝督抚的民族构成[*]

清朝（1644—1911）是中国异族统治王朝，也是最成功的一个。何炳棣教授指出："其成功的关键，是早期满族统治者采取了系统的汉化政策。"① 满族统治阶层与汉族臣民的整合，最显著之处在于官僚机构人员的充任。与之前的异族王朝不同，在268年的统治过程中，满人在重要官职上与汉人分享，后者占有很高的比例。在京城实行的是满汉复职制②，地方官场则是汉人占据主导地位③。

---

* 原文：Lawrence D. Kessler，"Ethnic Composition of Provincial Leadership during the Ch'ing Dynasty，"*The Journal of Asian Studies*，Vol. 28，No. 3（May 1969），pp. 489‑511. 凯斯勒教授在这篇文章中着眼于数量的变化，探讨有清一代督抚的民族构成。本书第五章选用了其中的内容。这篇文章有着较高的学术价值，故完整译出，作为本书附录。——译者

① 何炳棣：《清代在中国历史上的重要性》，第 191 页。

② 费正清：《1840 年代和 1850 年代的满汉复职制》，第 268‑270 页；何国梁：《清朝的军机处》，《远东季刊》第 11 卷（1952 年 2 月），第 175 页。

③ 瞿同祖：《清代地方政府》，剑桥，1962 年，第 22 页，表 5；佚名：《中国政府中汉人和旗人所占份额》，《中国评论》第 6 卷（1877—1878 年），第 137 页；弗雷布·伯恩：《中国京内外高级官员构成史表》，《中国评论》第 7 卷（1878—1879 年），第 315 页。

在清朝官僚机构的中央与地方这两极之间，有一个重要的中间群体，就是各省的总督与巡抚，合称督抚。作为皇权在京外的首要代理人，他们是满人控制整个中国至关重要的工具。从政治-民族属性分析清朝的督抚人员构成，会对异族在中国统治的本质带来有价值的认识。①

一般性的估计已经有人做过②，一些有限的统计研究也有人做过③，但迄今还没有人很好地将整个清朝分阶段来考察督抚人员构成的变动情况④。通过这样一种方法以及通过研究督抚构成在统计上是如何变动的，就可以与更广泛的王朝政治相联系，展现一种比以前所能提供的更为动态的满汉复职制的图景。在展现关于督抚构成的统计和对这一数据适当解释之前，我首先简要介绍督抚制度的历史演变以及满人的民族统治政策。

———————

① 关于中国历史上异族统治性质的讨论的最重要论著：《异民族统治中国史》，东京，1945 年，这是 16 位日本学者的集体著作；费正清：《条约下的共治》，载费正清编：《中国的思想与制度》，第 204－231 页，总结了这一领域学者的研究（包括上面提到的日本学者），并将在不平等条约体系之下异族统治的历史模式与西方人加入中国政府联系起来；魏特夫、冯家升：《中国社会史：辽（907—1125）》，费城，1949 年，呈现了辽、金、元以及清朝作为异族统治模式的比较分析。

② 例子可见赖世和、费正清、阿尔伯特·克雷格：《东亚文化史》，第 2 卷《东亚的现代化转型》，波士顿，1965 年，第 328 页；谢保樵：《清朝政府（1644—1911）》，第 297 页。

③ 1837—1862 年这一阶段，可见费正清：《1840 年代和 1850 年代的满汉复职制》，第 272－273 页；1850—1890 年这一阶段，可见梅谷：《太平天国运动期间中国的军事组织和权力结构》，第 482－483 页。

④ 我所知道的第一次使用这种方法的尝试，是由中国台湾学者傅宗懋做出的，见他的《清代督抚制度》一书（台北，1963 年，第 167－168 页）。当然他的统计基于选样，只有督抚总数的约一半，因为他收集的信息来自《清史稿》的传记部分，只有重要的督抚才能入此书传记。

满人效仿明人的做法，在地方设立总督和巡抚。① 不仅制度安排而且人事都是清承明制。六位明朝的督抚在原来的位置上继续为清朝效力。最著名的留任官员是洪承畴，他在明朝时就担任了一些总督之职，1653 年他由满人政府特别挑选出来作为湖广、广东、广西、云南、贵州五省总督。②

起初，清朝督抚在地理分布上大多遵循了明朝的模式。然而渐渐地，所有明朝省以下的巡抚都取消了，到 1667 年，18 个省每省就只有一位巡抚。③ 满人试验了更多的总督职位④，直到 1748 年才最后定型。此后，直到清朝覆亡前几年，总督有：河道总督（人数一至三人不等）、漕运总督，以及下面的八位地方总督——直隶、两江、陕甘、四川、闽浙、湖广、两广、云贵。

清朝督抚得到了中央政府的实职任命，以此厘定他们的官品。如同在地理上的安排一样，清初统治者自由地试验着督抚的兼职。

① 明朝省制的记述，见贺凯：《明代的政府组织》，第 38 - 43 页；傅宗懋：《清代督抚制度》，第 5 - 8 页。

② 《清代名人传略》，上册，第 358 - 360 页。其他的留用之人是宋权（《清代名人传略》，下册，第 688 - 689 页）、李鉴、李栖凤、苗胙土、高斗光。

③ 郧阳巡抚于 1676 年重设，是三藩之乱爆发之后的临时措施，接着又于 1679 年裁撤，时任巡抚转任四川；1689 年之前，江苏巡抚叫作江宁巡抚；1723 年之前，湖北巡抚称湖广巡抚，湖南巡抚称偏沅巡抚；1724 年裁撤直隶巡抚，1754 年裁撤四川巡抚，1764 年裁撤甘肃巡抚。直到清朝末年，巡抚不再变化。

④ 例如 1661—1665 年每个省会都有总督（《大清圣祖仁皇帝实录》，第 92 页 [卷 4，第 11a 页]、第 239 页 [卷 15，第 14a 页]）。在 1727—1738 年这一很短的阶段，福建-浙江、广西-云南-贵州地区督抚职位的人员和辖区的变化之大，令人困惑，其中的人员包括了雍正皇帝最欣赏的鄂尔泰、李卫、史贻直、嵇曾筠、尹继善、张广泗（《大清会典事例》[光绪朝]，第 5352 - 5353 页 [卷 23，第 12a - 13b 页]）。

1661 年，决定巡抚与各省的军务管理彻底分离①，1662 年决定给予巡抚以工部兼衔也反映了这一事实，而总督则有着兵部的兼衔②。这种安排持续了十多年，直到 1673 年三藩之乱爆发。当三个藩王中最具实力的吴三桂造反的消息到达北京，清廷立即恢复 1661 年之前的政策。巡抚又一次负责所在各省的军务③，他们的兼衔也由工部改为了兵部④。

从雍正朝开始，凡没有总督的各省巡抚的职位甚至加了提督的兼衔，这是为了便于镇压土匪。⑤ 中央政府的兼职任命体制在 1749 年最后定型。总督兼都察院都御史和兵部尚书衔，巡抚兼都察院副都御史和兵部侍郎衔。⑥ 拥有了尚书、侍郎以及都御史、副都御史的兼衔，加上这些职位可以直接上奏皇帝，督抚拥有了巨大的权力

---

① 《大清圣祖仁皇帝实录》，第 100 页（卷 5，第 3b 页）、第 1361 页（卷 102，第 13a 页）；也见《皇清名臣奏议》，卷 17，第 72 页。

② 《大清圣祖仁皇帝实录》，第 119 页（卷 6，第 18a 页）。

③ 《大清圣祖仁皇帝实录》，第 617 页（卷 44，第 17b‐18a 页）；《大清会典事例》（光绪朝），第 5351 页（卷 23，第 9a 页）。

④ 《大清圣祖仁皇帝实录》，第 623 页（卷 45，第 6a 页）。清初巡抚职责的变动可以从皇帝给新任命者的谕旨中看出。在台湾"中央研究院"历史语言研究所的内阁档案中仍然可以看到 2 000 多件这样的谕旨。清朝头两位皇帝是我尤其关注的，总共有 441 件（128 件来自顺治朝，313 件来自康熙朝），其中可以找到一些谕督抚的。现存最早 1661 年之后将军事指挥权从巡抚手中拿走而给巡抚的谕令，是给林天擎的，他 1662 年被派至延绥（在陕西）（列字 16，康熙元年八月二十一日）。林天擎被告知，所有军务都由提督负责，他不应插手。1674 年之前皇帝继续发布同样的谕令给其他被任命为巡抚之人。不过，在 1674 年，杭爱被任命为陕西巡抚，谕令他要与总督、提督在一应军务上同寅协恭（张字 5，康熙十三年八月二十六日）。

⑤ 《大清会典事例》（光绪朝），第 5352‐5355 页（卷 23，第 12a‐18a 页）。这种安排发生在一些省份的时间是：山西 1734 年，河南 1739 年，山东 1742 年，贵州 1747 年，江西 1749 年，安徽 1803 年。山西、河南、山东不设总督；云南和贵州的云贵总督驻云南府（昆明），江西‐江苏‐安徽地区的总督驻江宁（南京）。

⑥ 《大清会典事例》（光绪朝），第 5354 页（卷 23，第 15b 页）。

和很高的声望。

伴随着督抚职位、品级、职责正式化，督抚确立了在各省至高无上的地位。一开始清朝继续着明朝的任命巡按御史到各省的做法，作为皇帝的"耳目"。这是拥有广泛监察权力的官员，他们是对督抚权力的一种制约。但是巡按御史在清朝的政府结构中并没有成为固定的官职。1661—1662 年一系列的决定将巡按御史废除了，他们的职责和功能交给了督抚和按察使。①

另一个重要的制度变化是布政使和按察使在省级官员中地位降至第二等。布政使英文翻译的变化，反映出省级官员新的权力结构。在明朝，布政使负责一省的整个民政事务，英文译作"administrative commissioner"，便认识到了这一事实。② 研究清史的学者都知道，清朝同一官职的英文是"financial commissioner"，因为一省首要文职被让给了新确立的督抚，布政使主要关注的是经济和财政事务。正式承认督抚在各省地位居首与督抚的辖区安排以及督抚的官品体系的最后定型是同步的。1748 年，皇帝俞允吏部的决定，外官官制应"首列督抚，次列布按"，督抚全面管理省和地方官员。③ 甚至布政使直接上奏皇帝的特权到了乾隆中期在实践中也被限制，我们是

---

① 《大清圣祖仁皇帝实录》，第 68 页（卷 2，第 24 页）、第 75 页（卷 3，第 1b - 2a 页）、第 77 - 78 页（卷 3，第 5a - 7a 页）、第 79 页（卷 3，第 9b 页）。此前这一职位被裁撤并数次重设（《大清世祖章皇帝实录》，第 647 - 648 页［55，第 13a - 15b 页］、第 886 页［卷 75，第 7b - 8a 页］、第 990 页［卷 83，第 24a 页］、第 1062 页［卷 89，第 3b - 4a 页］、第 1639 页［卷 138，第 17a 页］、第 1679 页［卷 142，第 13b - 14b 页］）。

② 贺凯：《明代的政府组织》，第 42 - 43 页。

③ 《大清会典事例》（光绪朝），第 5353 - 5354 页（卷 23，第 14b - 15a 页）。

从一位曾担任此职官员的抱怨中知道这一点的。[①]

清朝并没有将督抚之职专门留给满人或旗人，只有一个是例外。对于总督和巡抚（也有其他官职）的任命，并不考虑政治-民族属性。17 世纪和 18 世纪的皇帝们支持这一想法，并将它作为王朝的基本政策加以宣扬。

顺治皇帝数次否认对满人有任何的偏心。有一次他十分恼怒，言辞激烈地训斥官员，辩称满人在王朝建立过程中经受重重苦难，他若对满人予以特别眷顾，是完全有理由的。但他申明不会这么做，而是满与汉同等对待。[②] 顺治皇帝的公正，事实上在他死后引发了满人领袖人物的强烈反弹。他的遗诏遭到了四位辅政大臣的毁坏，这些人被指定在新皇帝幼冲时期执掌政府。辅臣颁布了新的遗诏，在遗诏中顺治皇帝悔恨他统治时期的十四点错误。第五点是他承认未能赋予满人更多的行政职责。[③]

康熙皇帝时常斥责满官和汉官破坏他保持不偏不倚的努力。[④] 雍正皇帝在 1728 年对王朝政策的经典性辩护，是对应该在低级官位上使用更多满人建议的回应。雍正皇帝以为，不仅没有足够的满人可以出任这些官位，而且他们中的许多人能力低下，不能称职。不能因为是满人就可以做官。雍正皇帝总结了他的政策：

---

① 傅宗懋：《清代督抚制度》，第 176 页。

② 《大清世祖章皇帝实录》，第 854 页（卷 72，第 3b - 4a 页）；同样的话，见《大清世祖章皇帝实录》，第 1021 页（卷 86，第 1b - 2b 页）、第 1070 页（卷 90，第 4a - 5b 页）。

③ 《大清世祖章皇帝实录》，第 1696 页（卷 144，第 3b 页）；《清代名人传略》，上册，第 258 页。

④ 《大清圣祖仁皇帝实录》，第 1122 - 1123 页（卷 83，第 24b - 25a 页）、第 1528 页（卷 114，第 24a 页）、第 3356 - 3357 页（卷 251，第 15b - 18b 页）。

于用人之际，必期有裨于国计民生。故凡秉公持正、实心办事者，虽疏远之人而必用；有徇私利己、坏法乱政者，虽亲近之人而必黜。总无分别满汉之见，惟知天下为公。凡中外诸臣皆宜深体朕怀，同寅协恭，股肱手足，交相为济，则国家深有倚赖。久安长治之道，必由于此也。①

最后乾隆皇帝总结说："本朝列圣以来，皇祖皇考逮于朕躬，均此公溥之心，毫无畛域。"②

这就是政府中满人民族政策的形象与理念，清前中期的几位皇帝都是如此阐释的。有一些话出现在他们喜欢的口号中，如"满汉一家""满汉一体相视"。然而在一些场合，汉官质疑这一形象的真实性，这是有理由的。

1651年多尔衮死后，时任给事中后来成了大学士的魏裔介力请顺治皇帝精心选择巡抚和总督，不能只依赖"辽东旧人"。③ 他所指的不是满人，而是汉军旗人，许多汉人认为这些人非我族类，几乎就是满人。魏裔介的建言合适并及时，因为当时所有的总督以及二十二个巡抚中有十七人都是汉军旗人。另外五位巡抚是汉人（Han Chinese，本文用这个词指非旗人的汉人）。

康熙初年（他还没掌权）④，两位进士候选人抱怨满汉长期有别。一位在1667年写道，目前的督抚十之二三是汉人，其他的都是

① 《大清世宗宪皇帝实录》，第1131 - 1132页（卷74，第5b - 7b页）。
② 萧一山：《清代通史》，台北，1962—1963年，第2卷，第24页。
③ 《清史》，第3889页第7栏。
④ 康熙皇帝1661—1722年在位，实际掌权是在1669年擒治他的辅政大臣鳌拜之后。

满人。① 如果我们再次假定作者所说的"满人"包括了汉军旗人，那么他就更有理由抱怨了。事实上，他明白他所说的情况，因为在1667年，二十九位督抚中汉军旗人占到了二十八人，只有云南巡抚是汉人。

最后，让我们检验乾隆时期御史杭世骏所说的情况。他1743年的一篇关于时政的文章，包括如下句子："满洲才贤虽多，较之汉人，仅什之三四。天下巡抚，尚满汉参半，总督则汉人无一焉。何内满而外汉也？"杭世骏进一步指出，在汉人的使用上，有着歧视，偏向于边疆省份，而不利于两江（江苏、江西、安徽）和浙江地区的人。② 后一种指责毫无根据，正如乾隆皇帝很快就指出的那样。他遍数了大员，指出在三位汉大学士中，有两位来自浙江，一位来自江南，在六位汉尚书中，有三位来自江南（第四位乾隆皇帝没有提及的，来自浙江）。乾隆皇帝没有引用督抚的数字，但很满意地重申王朝的政策，是依据才能而不是依据他们的民族属性来选择官员的。③ 如果乾隆皇帝统计督抚的数目，他会发现，杭世骏差不多是正确的：当时十七位巡抚中有九人、十二位总督中只有一人是汉人。

在督抚的任命中偏向于满人和旗人，这些政治-民族属性失衡的例子，肯定会有损于皇帝所宣扬的不偏不倚的形象。不过，我在后面将会指出，政治而不是民族的考量主导着满族皇帝的督抚选择。满人朝廷仅有一次下令只使用满人作督抚。1668年，皇帝下令陕西

---

① 萧一山：《清代通史》，第2卷，第24页。
② 《大清高宗纯皇帝实录》，第2734页（卷184，第7b-8a页）。
③ 《大清高宗纯皇帝实录》，第2734-2735页（卷184，第8a-9a页）。

和山西地区的督抚只为满人保留。① 此后，直到雍正初年（1723）废除这一政策②，山陕地区所任命的所有巡抚和总督都是满人。

我们可以得出结论，除去山陕地区 54 年（1668—1722）的例外情况，民族属性不是担任省级高级职位的障碍。旗人、非旗人都会被选任为督抚，"因材因地因事因时"③ ——一言以蔽之，要看清朝具体的政策规定。

在统计清朝督抚时，一些史料可以用以覆检，但没有一种著述既准确又完备。最基本的材料是《清史》中的巡抚和总督年表。④ 这些表已由萧一山誊抄出，依省别做了编排，见他的《清代通史》（第 5 册，第 181‑396 页）。然而，这两种著作都没有给出官员的功名、民族或仕途背景信息，它们只是记录了任命的日期和类型（正式任命、署理等），没有别的信息。

弄清楚督抚政治-民族属性所需的信息，可以在三种材料中找到。严懋功 1931 年的《清代征献类编》包括整个清朝的督抚年表。⑤ 官员首次出现，他会开列此人的籍贯省份（对于汉人而言），

---

①　《大清会典事例》（光绪朝），第 5350 页（卷 23，第 8b 页）。我未能在《大清圣祖仁皇帝实录》中找到这一谕旨。1668 年的决定必定是钱穆在《国史大纲》（台北，1960 年）第 603 页所引的那个，是在平定三藩后发布的。

②　《大清会典事例》（光绪朝），第 5351 页（卷 23，第 10a 页）。

③　《八旗通志》，卷 339，第 1a 页。

④　《清史》，第 2846‑3288 页（卷 189‑209）。

⑤　台北，1961 年（1931 年原版的重印本）。严懋功督抚表的附录依政治-民族属性开列了清朝所有的总督和巡抚（不列为总督，就列为巡抚）。这些名字构成了潘光旦的《近代苏州的人才》（《社会学刊》第 1 期［1935 年］，第 70‑71 页）中清朝督抚总数的基础。潘光旦的数字，又被芮玛丽的《同治中兴：中国保守主义的最后抵抗》（第二次印刷，补充新的注释，斯坦福：斯坦福大学出版社，1962 年，第 55 页注 k）引用。

或是旗分（对于满洲旗人、蒙古旗人、汉军旗人而言）。遗憾的是，这些表中的著录信息并不可信，关键的清朝初年尤其如此。开列为奉天人以及可能是汉人的督抚，几乎可以肯定都是汉军旗人。他们的旗分，在地方和王朝历史中被特别小心翼翼地避开，但在查核了官方的八旗史书《八旗通志》之后，一目了然。① 研究八旗的史家也并不总是正确的②，但他们能接触到八旗的材料，以及他们接近所写的那个时代，这使得他们所编纂的历史，对于那些做过官的旗人来说，比任何其他的材料更可靠。本文对于这一时段（1644 年至约 1795 年）的研究采用了《八旗通志》的记载，除非其他史料明显与它不一致。至于清朝统治的后一百年，中国学者钱实甫所编的高级官员年表更可信，可以取代严懋功的表。③ 钱实甫的著作，如严

---

① 《八旗通志》，卷 339 - 340。感谢史景迁提醒我注意清朝一些著名官员的奉天籍和旗籍的关联性，对此问题的发现在他的书中可以找到，见史景迁：《曹寅与康熙皇帝：奴才与主子》，第 71 - 72 页注 119。同样，也可以假定辽东籍和旗籍也存在着关联性。翻翻《盛京通志》"人物"的名单，就可以看到太多汉军督抚列为"辽东人"。甚至籍贯是中部省份的一些人也已证明是旗人。举一个例子，汉军镶黄旗人施维翰被列为上海人，见《清史》第 3951 页第 9 栏、《国朝耆献类征初编》卷 154 第 33a 页，以及福建、浙江、山东的方志。所有这些都没有提到《八旗通志》中所记载的他的旗分。

② 至少有 27 位督抚没有在《八旗通志》中开列，但其他的材料可以确认他们是旗人。被遗漏的人中最有名者是洪承畴、张广泗。这些遗漏有些是发生在 1790 年代，此时编纂人员正在编写《八旗通志》，他们可能没有完备的、最新的关于做官旗人的材料。《八旗通志》的编纂者也混淆了两位直隶巡抚于成龙（同名）。前一位巡抚（1680—1681）开列为汉军镶红旗，尽管《清代名人传略》（下册，第 937 页）、《清史》（第 3968 页第 1 栏）以及《清史列传》（卷 8，第 20a 页）都记载他是山西人。第二位巡抚（1686—1690，1698）不见于《八旗通志》，而《清史》（第 3985 页）以及《清史列传》（卷 8，第 43a 页）说他是汉军镶黄旗（《清代名人传略》下册第 938 页说他是镶红旗）。

③ 钱实甫：《清季重要职官年表》，北京，1959 年。

著一样，给出了同样的背景信息，只是时段上仅从 1830 年至 1911 年。

我依据三种主要资料对督抚的政治-民族属性做了统计：严懋功的表用于 1644—1830 年，其中 1644—1795 年用《八旗通志》的信息予以修订。钱实甫的表用于 1830—1911 年。我会用传记核对并确认信息①，如果主要资料有冲突或是主要资料的结论可疑的话②。

就整个清朝来说，督抚在旗人（满洲、蒙古与汉军）和非旗人的汉人间相当平等地分配（见附录表 1）。如果这些总数分别依总督、巡抚划分，那么旗人显然占据了总督的多数（见附录表 2），而汉人则在巡抚职位上稍有优势（见附录表 3）。③ 然而这些比例数字，并不是历史的全部。每种旗人总数占比很高的情况，都是因为汉军旗人（总督的 36％，巡抚的 46％，或者说整个督抚的 44％）。汉军旗人，从民族的标准看是汉人，但从政治的标准讲是旗人。这一点太过明显，不值一提，但绝大多数以前关于督抚构成的研究并未给予汉军旗人应有的重视。他们的民族出身被遗忘，而不是他们的政治地位。汉军旗人与满洲旗人与蒙古旗人合在一起，不是被称为旗

---

① 我查阅的传记资料是恒慕义编的《清代名人传略》、《国朝耆献类征初编》、《清史列传》、《清史》以及地方志。

② 在识别旗人的民族出身上，仍然有可能出错。因为一些汉人被列为满洲旗人并采用了满人的名字。此外，一些满人采用了典型的汉人姓名。高斌和侄子高晋是两个有名的例子，他们是汉人却被标记为满洲旗人（《清代名人传略》，上册，第 411-412 页）。这种情况，我将他们算作汉军旗人。

③ 附录表 1 督抚的总数（1 301）与总督（554）、巡抚（1 122）的总和不相等，这是因为总督中有 375 人（约三分之二）以前做过巡抚，这样一生中在两个职位上任过职的官员在计算"督抚"时仅算作一次。我已经在计算中包括了所有的总督和巡抚，即便他们只有很短的任期。然而，署理不计算在内。

人，而是"满人"。只用"满-汉"来描述清朝行政实践的话，我们将看不到汉军旗人独一无二的作用，会牺牲掉以动态的眼光去看待满人的政策。

附录表 1　清朝督抚的构成

民族-政治属性	督抚		总督		巡抚	
	数目	占总数百分比（%）	数目	占总数百分比（%）	数目	占总数百分比（%）
汉军旗人	287	22.0	115	20.8	252	22.4
满人	342	26.3	187	33.7	270	24.1
蒙古人	26	2.0	14	2.5	21	1.9
旗人（总数）	655	50.3	316	57.0	543	48.4
汉人	646	49.7	238	43.0	579	51.6
总数	1 301	100.0	554	100.0	1 122	100.0

附录表 2　清朝总督的构成变化

阶段	新任命总数	汉人		汉军旗人		满人		蒙古人	
		数目	占总数百分比（%）	数目	占总数百分比（%）	数目	占总数百分比（%）	数目	占总数百分比（%）
1644—1661	49	10	20.4	38	77.6	1	2.0	—	—
1662—1683	30	3	10.0	18	60.0	9	30.0	—	—
1684—1703	35	7	20.0	18	51.4	10	28.6	—	—
1704—1722	29	6	20.7	9	31.0	14	48.3	—	—
1723—1735	39	17	43.6	12	30.8	10	25.6	—	—
1736—1755	32	6	18.8	3	9.4	22	68.7	1	3.1
1756—1775	40	15	37.5	4	10.0	21	52.5	—	—
1776—1795	37	13	35.1	1	2.7	20	54.1	3	8.1
1796—1820	63	34	54.0	5	7.9	22	34.9	2	3.2

续表

阶段	新任命总数	汉人		汉军旗人		满人		蒙古人	
		数目	占总数百分比（％）	数目	占总数百分比（％）	数目	占总数百分比（％）	数目	占总数百分比（％）
1821—1838	39	23	59.0	1	2.5	14	36.0	1	2.5
1839—1850	31	19	61.3	1	3.2	9	29.0	2	6.5
1851—1861	39	23	59.0	1	2.6	13	33.3	2	5.1
1862—1874	31	23	74.2	1	3.2	6	19.4	1	3.2
1875—1884	16	13	81.2	—	—	3	18.8	—	—
1885—1900	20	13	65.0	1	5.0	6	30.0	—	—
1901—1911	24	13	54.2	2	8.3	7	29.2	2	8.3
清朝（总数）	554	238	43.0	115	20.8	187	33.7	14	2.5

附录表3　清朝巡抚的构成变化

阶段	新任命总数	汉人		汉军旗人		满人		蒙古人	
		数目	占总数百分比（％）	数目	占总数百分比（％）	数目	占总数百分比（％）	数目	占总数百分比（％）
1644—1661	124	30	24.2	94	75.8	—	—	—	—
1662—1683	66	15	22.7	37	56.1	14	21.2	—	—
1684—1703	90	29	32.2	38	42.2	23	25.6	—	—
1704—1722	74	26	35.1	31	41.9	17	23.0	—	—
1723—1735	81	36	44.4	19	23.5	24	29.6	2	2.5
1736—1755	80	40	50.0	6	7.5	32	40.0	2	2.5
1756—1775	66	31	47.0	4	6.1	31	46.9	—	—
1776—1795	76	36	47.4	6	7.9	33	43.4	1	1.3
1796—1820	91	51	56.0	6	6.6	30	33.0	4	4.4
1821—1838	58	35	60.3	2	3.5	20	34.5	1	1.7
1839—1850	50	43	86.0	1	2.0	3	6.0	3	6.0
1851—1861	64	44	68.7	4	6.3	14	21.9	2	3.1

续表

阶段	新任命总数	汉人		汉军旗人		满人		蒙古人	
		数目	占总数百分比（%）	数目	占总数百分比（%）	数目	占总数百分比（%）	数目	占总数百分比（%）
1862—1874	60	55	91.6	1	1.7	4	6.7	—	—
1875—1884	36	30	83.3	1	2.8	4	11.1	1	2.8
1885—1900	55	38	69.1	1	1.8	14	25.5	2	3.6
1901—1911	51	40	78.5	1	1.9	7	13.7	3	5.9
清朝（总数）	1 122	579	51.6	252	22.4	270	24.1	21	1.9

事实上，汉军旗人在清朝初年是一个起着关键作用的群体，这时汉人不被信任，而满人没有必要的语言和行政技能以领导各省行政管理。[①] 而汉军旗人，两者都不少——他们既受信任又熟悉汉人的政府制度，更不存在语言障碍。早期的满族统治者意识到了汉军旗人的独特地位，极频繁地任命他们出任督抚。汉军旗人一开始极受倚重，在雍正朝之后对他们的使用急速下降，这可以在附录表2、附录表3以及附录图1、附录图2中看出（见附录图1、附录图2）。[②]

---

① 清初汉军旗人的重要性，史景迁已指出过（《曹寅与康熙皇帝：奴才与主子》，第4页以及注释11）。我们二人各自得出了这一结论。

② 我将清朝分为16个阶段：（1）顺治朝，1644—1661年；（2）康熙朝初期，1662—1683年；（3）康熙朝中期，1684—1702年；（4）康熙朝晚期，1703—1722年；（5）雍正朝，1723—1735年；（6）乾隆朝初期，1736—1755年；（7）乾隆朝中期，1756—1775年；（8）乾隆朝晚期，1776—1795年；（9）嘉庆朝，1796—1820年；（10）道光朝初期，1821—1838年；（11）道光朝晚期，1839—1850年；（12）咸丰朝，1851—1861年；（13）同治朝，1862—1874年；（14）光绪朝初期，1875—1884年；（15）光绪朝中期，1885—1900年；（16）光绪朝晚期和宣统朝，1901—1911年。

鉴于统治时期很长，康熙朝和乾隆朝都做了三等分；1683年当作康熙朝初期结束，因为在这个时候满人最终征服了中原（收复了台湾）。鸦片战争用来将道光朝一分为二。清朝的最后四十年分为了几个阶段，比通常的划分更细致，以便考察督抚构成上有意义的改变，当时中国面临日益紧急的内忧外患。

在顺治朝，77.6％的总督和 75.5％的巡抚是汉军旗人。康熙初年
（1662—1683 年，这是满人权势的巩固期），这一群体分别占据新任
总督和巡抚的 60％和 56.1％。到了康熙中期（1684—1703 年）和
后期（1704—1722 年），比例分别降至 51.4％和 42.2％，31.0％和
41.9％。汉军旗人在雍正朝的新任命督抚中依然占有相当的比例
（总督 30.8％；巡抚 23.5％），但此后，他们从未超过新任督抚的
10％，通常会更少。

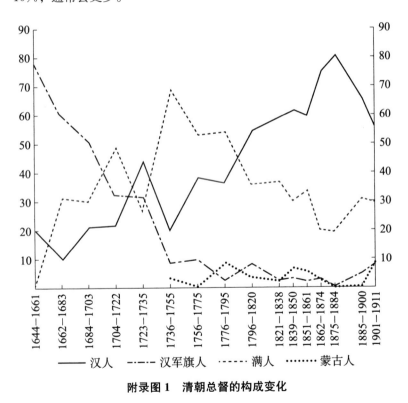

附录图 1　清朝总督的构成变化

附录表 2、附录表 3 以及附录图 1、附录图 2 清晰地显示出督抚

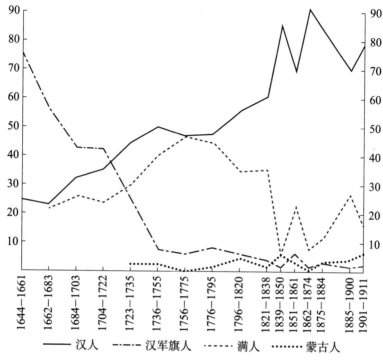

附录图 2　清朝巡抚的构成变化

中是谁取代了汉军旗人。在前三朝（1644—1735 年），与汉军旗人使用逐步减少相同步的，是汉人和满人的增加。这很好地说明了满族统治阶层和它的汉臣民之间的关系正发生着变化。通婚和其他形式的汉化，模糊了满汉间的文化差异。[①] 满人现在掌握了被任命为督抚的必要语言和行政技能。更重要的是，清朝已经牢牢确立了其统治（随着 1681 年平定三藩之乱以及 1683 年收复台湾），不再担心

[①]　何炳棣：《清代在中国历史上的重要性》，第 191 - 193 页。

与汉人分享高级统治职责。

　　进一步观察附录图 1 和附录图 2 的时间变化，可以看到出现了极富意义的情况。满人和汉人，在整个 18 世纪一并上升，以弥补汉军旗人使用的下降（这一进程巡抚比总督看起来更显匀整），但接下来的 19 世纪督抚职位的分享则路径有别。不过，要指出的是，使用汉人和满人的这种分水岭，约是在 18 世纪、19 世纪之交，而不是普遍所认为的在太平天国运动之后开始的。对于总督和巡抚，汉人从嘉庆朝开始就都占到了多数，且不断增多。这一事实应该会让清史学家关注 19 世纪初的发展及其对王朝政策的影响。至少，在权力分享问题上，对于太平天国运动乃决定性转折点的认识，我们不应高估。太平天国运动一结束，汉人成为督抚确实立即有了惊人的增加，但这毕竟是第二波的激增。这表明，这两次在督抚构成上具有意义的转变，是白莲教起义和太平天国运动对清政权重大打击的结果。

　　在这一点上，核检附录表 4 所给出的数据是有用的（见附录表 4），可以看看满人和汉人的使用，在太平天国运动之前和之后，各有什么特点。如果"满人"只是意味着民族上的"满人"（而不是所有的旗人的话），那么 35.9％的总督和 26.5％的巡抚在太平天国运动以前是"满人"。之后，"满人"只占总督的 27％，巡抚的 16.2％，与前一个时期相比分别减少了约 10％。然而，在 19 世纪中期危机之后，汉人所占督抚人数上升了约 30％，总督从 36.1％升至 65.4％，巡抚从 43.5％升至 77.8％。任命汉人的大幅度增长，与任命满人的巨幅下降无关，因为满人从未在督抚职位上占有很高的比例，即使是在 1850 年之前（见附录表 5、附录表 6），而是由于汉军旗人这一群体有着巨幅下降，从 1850 年之前占总督和巡抚的约 1/4，下降到此后的两种都不到 4%。这不是一两句话就能说得清楚的。

附录表4　太平天国运动之前与之后督抚的构成

民族-政治属性	1644—1850				1851—1911			
	总督		巡抚		总督		巡抚	
	数目	占总数百分比（%）	数目	占总数百分比（%）	数目	占总数百分比（%）	数目	占总数百分比（%）
汉军旗人	110	25.9	244	28.5	5	3.8	8	3.0
满人	152	35.9	227	26.5	35	27.0	43	16.2
蒙古人	9	2.1	13	1.5	5	3.8	8	3.0
旗人（总数）	271	63.9	484	56.5	45	34.6	59	22.2
汉人	153	36.1	372	43.5	85	65.4	207	77.8
总数	424	100.0	856	100.0	130	100.0	266	100.0

附录表5　清朝主要阶段总督的构成

阶段	新任命总数	汉人		汉军旗人		满人		蒙古人	
		数目	占总数百分比（%）	数目	占总数百分比（%）	数目	占总数百分比（%）	数目	占总数百分比（%）
1644—1683	79	13	16.4	56	70.9	10	12.7	—	—
1684—1735	103	30	29.1	39	37.9	34	33.0	—	—
1736—1795	109	34	31.2	8	7.3	63	57.8	4	3.7
1796—1850	133	76	57.1	7	5.3	45	33.8	5	3.8
1851—1911	130	85	65.4	5	3.8	35	27.0	5	3.8
清朝（总数）	554	238	43.0	115	20.8	187	33.7	14	2.5

附录表 6　清朝主要阶段巡抚的构成

阶段	新任命总数	汉人		汉军旗人		满人		蒙古人	
		数目	占总数百分比（%）	数目	占总数百分比（%）	数目	占总数百分比（%）	数目	占总数百分比（%）
1644—1683	190	45	23.7	131	68.9	14	7.4	—	—
1684—1735	245	91	37.2	88	35.9	64	26.1	2	0.8
1736—1795	222	107	48.2	16	7.2	96	43.2	3	1.4
1796—1850	199	129	64.8	9	4.5	53	26.7	8	4.0
1851—1911	266	207	77.8	8	3.0	43	16.2	8	3.0
清朝（总数）	1 122	579	51.6	252	22.4	270	24.1	21	1.9

　　我以为如果将清朝划分为五个主要阶段，就可以看出更有意义的满人人事政策的构成：（1）征服与巩固阶段，1644—1683 年；（2）稳定阶段，1684—1735 年；（3）停滞阶段，1736—1795 年；（4）衰落阶段（面对内忧外患双重灾难），1796—1850 年；（5）崩溃阶段，1851—1911 年。以上每个阶段的督抚人员的政治-民族属性，见附录表 5 和附录表 6。首先考虑总督的情况（见附录表 5），汉军旗人在征服阶段"一枝独大"，而在稳定阶段没有一个群体占绝对优势。在停滞阶段，满人占据了职位的多数，但汉人在最后的衰落和崩溃两个阶段占了大多数。这对于巡抚其实也适用（见附录表 6），除了满人在第三阶段不占支配优势之外。这时延续了前一阶段满汉间的平衡。

　　汉人督抚中，来自某些省的人居多（见附录表 7）。将督抚一并考察，整个清朝出产督抚最多的五个省，从高到低是：江苏、浙江、山东、直隶、湖南。巡抚也是同样的顺序，但总督不是。在出产总

督人数上，湖南第二，仅次于江苏。湖南是特例，因为所有湖南籍
巡抚的73％（48人中的35人）、总督的65％（26人中的17人）都
是在太平天国运动之后任命的。如果将很短时间内涌现这么多人的
湖南的高排名不予考虑的话，那么排名最靠前的省份可以分为两个
地区，它们产生了2/3的督抚。江苏、江西、安徽、浙江等东南富
裕省份一共有247名督抚（超过38％），而京城的直隶及周边的山
东、河南、山西拥有192名（接近30％）。①

附录表7　汉人督抚的籍贯

省份	督抚[1]	总督	巡抚
江苏	94	32	87
浙江	77	24	67
山东	67	20	61
直隶	54	18	48
湖南	51	26	48
安徽	43	17	39
山西	36	14	31
河南	35	15	31
江西	33	13	29
湖北	31	11	29
福建	24	10	22
陕西	23	7	17
广东	20	10	17
四川	15	6	13
云南	14	2	13
贵州	11	6	11

① 安徽的情形与湖南差不多：大多数成为督抚的安徽人都是在太平天国运动之
后，但还没有达到湖南人排名占比的程度。

续表

省份	督抚[1]	总督	巡抚
甘肃	9	4	7
广西	6	3	6
吉林	2	—	2
未知	1	—	1
总数	646	238	579

1. 既做过总督又做过巡抚的官员只在督抚计一次。

如果将附录表 7 给出的督抚地理分布与清朝的进士进行比较，可以看到惊人的相关性。江苏、江西、安徽、浙江四省分别排第一、第五、第十、第二，总共占据了清朝所有进士的 34.6％。直隶、山东、河南、山西等北方省份分别排第三、第四、第六、第七，占据了所有进士的 31.8％。[①] 湖南在进士数量上仅排名第十四，这一事实证实了我上面的结论：这一长江中游省份的高督抚排名，只是太平天国运动结束后特殊条件下产生的，不是正常情况。除了湖南这一例外，产生进士的最主要省份，产生的督抚也最多，所占比例也差不多。

然而在这两个地区，政治和学术占优的省份，并不总是与它们的人口和文化发展相一致。江苏（督抚和进士都排第一）的进士与人口比，仅列第十位。安徽（督抚排第六，进士排第十）落到第八的位置。而福建、直隶、云南、贵州等的学术-政治表现不俗，远超

① 这些排名基于何炳棣《明清社会史论》第 228 页（表 28）中的数字。我没有采纳其中旗人的数字，并且在考察各省排名和百分比时，将陕西和甘肃的数字分开计算。

过它们在经济、文化或人口上的相应占比。[①]

　　面对数据，还有一个问题我们可以追问，并会得到一些有趣的答案。这个问题是：谁效力哪里？实际上，这种形式的问题不会有五花八门的答案，因为许多督抚的仕宦生涯都效力于数个省。我们需要将此问题换个问法：在一省或一地区之内，满人、蒙古人、汉军旗人和汉人的比例怎样？是不是有一些地区，满人比其他人更多地得到任命？哪些省，如果有的话，会是汉人或汉军旗人的专享？

　　清朝的总督与巡抚总数见附录表 8（总督）、附录表 9（巡抚）。满人做总督最常见是在陕西-山西-甘肃地区（51.9％），最少是直隶总督（17.1％）、河道总督（14.7％）。在湖广（44.3％）、四川（43.9％）、云贵（43.0％），满人比其他人群更多担任督抚。对于汉人总督来说则相反，他们最可能在直隶（61.5％）任职以及当河道总督（55.3％），在陕西-山西-甘肃（18.5％）则最少。附录表 9 的分类显示，同样的情形也见于巡抚。满人在北部和西部边疆的两个省份（山西、甘肃）占优，另外两个省份（陕西、四川）也多用满人。这一事实与满族统治者对中亚的一贯关注相一致。

附录表 8　清朝各地区总督的构成

地区	新任命总数	汉人		汉军旗人		满人		蒙古人	
		数目	占总数百分比（％）	数目	占总数百分比（％）	数目	占总数百分比（％）	数目	占总数百分比（％）
直隶[1]	70	43	61.5	12	17.1	12	17.1	3	4.3

---

　　① 何炳棣：《明清社会史论》，第 229 页（表 29）、第 233 - 237 页。

续表

地区	新任命总数	汉人		汉军旗人		满人		蒙古人	
		数目	占总数百分比（%）	数目	占总数百分比（%）	数目	占总数百分比（%）	数目	占总数百分比（%）
两江[2]	98	42	42.8	19	19.4	34	34.7	3	3.1
陕甘[3]	108	20	18.5	20	18.5	56	51.9	12	11.1
四川	66	21	31.8	12	18.2	29	43.9	4	6.1
闽浙[4]	103	36	34.9	35	34.0	32	31.1	—	—
湖广	106	37	34.9	20	18.9	47	44.3	2	1.9
两广	89	37	41.6	22	24.7	27	30.3	3	3.4
云贵	86	30	34.9	16	18.6	37	43.0	3	3.5
特设[5]	7	2	28.6	4	57.1	—	—	1	14.3
漕运	107	54	50.5	13	12.2	39	36.4	1	0.9
河道	150	83	55.3	44	29.3	22	14.7	1	0.7
帝国（总数）	990	405	40.9	217	21.9	335	33.9	33	3.3

1. 直隶的总数包括清初的天津总督、直隶-山东-河南总督。
2. 江苏、江西、安徽地区。
3. 陕西、山西、甘肃地区。
4. 福建、浙江地区。
5. 总数包括：顺治朝为王来用、洪承畴特设的总督；雍正朝为田文镜特设的总督；清朝最后十年的三省总督。

附录表9　清朝各省巡抚的构成

省份	新任命总数	汉人		汉军旗人		满人		蒙古人	
		数目	占总数百分比（%）	数目	占总数百分比（%）	数目	占总数百分比（%）	数目	占总数百分比（%）
直隶	34	13	38.2	19	55.9	2	5.9	—	—
江苏	122	78	63.9	13	10.7	29	23.8	2	1.6

续表

省份	新任命总数	汉人		汉军旗人		满人		蒙古人	
		数目	占总数百分比（%）	数目	占总数百分比（%）	数目	占总数百分比（%）	数目	占总数百分比（%）
安徽	130	72	55.4	32	24.6	22	16.9	4	3.1
山东	129	52	40.3	28	21.7	41	31.8	8	6.2
山西	126	47	37.3	8	6.3	67	53.2	4	3.2
河南	117	56	47.8	27	23.1	29	24.8	5	4.3
陕西	127	58	45.7	16	12.6	50	39.4	3	2.3
甘肃	53	12	22.7	14	26.4	27	50.9	—	—
福建	104	65	62.5	22	21.2	17	16.3	—	—
浙江	117	70	59.8	22	18.8	24	20.5	1	0.9
江西	120	58	48.3	27	22.5	33	27.5	2	1.7
湖北	145	81	55.9	32	22.1	27	18.6	5	3.4
湖南	125	79	63.2	20	16.0	24	19.2	2	1.6
四川	29	4	13.8	12	41.2	11	37.9	2	6.9
广东	108	52	48.1	22	20.4	33	30.6	1	0.9
广西	119	80	67.2	20	16.8	18	15.1	1	0.9
云南	92	52	56.5	17	18.5	23	25.0	—	—
贵州	112	61	54.5	22	19.6	29	25.9	—	—
特设[1]	16	14	87.5	—	—	2	22.5	—	—
帝国（总数）	1 925	1 004	52.1	373	19.4	508	26.4	40	2.1

1. 总数包括清末新疆和东北各巡抚。

值得注意的是，在太平天国运动之前的中西关系重要时期，满人并不太经常在广州做总督或巡抚。1796—1850 年，满人只占广东巡抚的约 26%（31 位被任命者中占 8 人），占两广总督的约 37%

（19 位被任命者中占 7 人）。这些百分比与满人在这一时期所占所有督抚的比例只有轻微差别（巡抚占 27％，总督占 36％）。从广东的这两个职位的合计情况看，满人所占比例更少些。1796—1850 年，满人担任广东巡抚只占 20％，两广总督约占 25％。

就清朝督抚而言，汉军旗人的表现并不好。除去特别安排外，没有任何的总督，只有直隶和四川的巡抚，汉军旗人多于其他群体。然而如果我们看清朝的第一个主要阶段（1644—1683）的督抚统计数字，则完全是另一番景象。附录表 10 和附录表 11 显示汉军旗人在清初处于绝对优势。在 1644—1683 年这个阶段，没有哪个总督或巡抚位子上不是汉军旗人占最多数的。

附录表 10 1644—1683 年各地区总督的构成

地区	新任命总数[1]	汉人		汉军旗人		满人	
		数目	占总数百分比（％）	数目	占总数百分比（％）	数目	占总数百分比（％）
直隶[2]	10	2	20.0	8	80.0	——	——
两江[2]	9	1	11.1	6	66.7	2	22.2
陕甘[2]	22	3	13.7	14	63.6	5	22.7
四川	5	——	——	5	100.0	——	——
闽浙[2]	18	1	5.6	17	94.4	——	——
湖广	7	1	14.3	6	85.7	——	——
两广	11	——	——	11	100.0	——	——
云贵	8	1	12.5	6	75.0	1	12.5
特设[2]	2	——	——	2	100.0	——	——
漕运	12	4	33.3	5	41.7	3	25.0
河道	10	2	20.0	7	70.0	1	10.0
帝国（总数）	114	15	13.2	87	76.3	12	10.5

1. 这一时期没有蒙古人被任命为总督。
2. 见附录表 8 注释 1-5。

附录表 11　1644—1683 年各省巡抚的构成

省份	新任命总数[1]	汉人		汉军旗人		满人	
		数目	占总数百分比(%)	数目	占总数百分比(%)	数目	占总数百分比(%)
直隶	24	9	37.5	14	58.3	1	4.2
江苏	11	5	45.4	5	45.4	1	9.2
安徽	19	4	21.1	15	78.9	—	—
山东	19	5	26.3	14	73.7	—	—
山西	11	—	—	7	63.6	4	36.4
河南	11	2	18.2	9	81.8	—	—
陕西	18	4	22.2	10	55.6	4	22.2
甘肃	18	6	33.3	8	44.5	4	22.2
福建	12	1	8.3	11	91.7	—	—
浙江	12	2	16.7	10	83.3	—	—
江西	21	1	4.8	20	95.2	—	—
湖北	20	4	20.0	16	80.0	—	—
湖南	9	3	33.3	6	66.7	—	—
四川	8	1	12.5	6	75.0	1	12.5
广东	8	—	—	8	100.0	—	—
广西	12	2	16.7	9	75.0	1	8.3
云南	7	2	28.6	5	71.4	—	—
贵州	6	2	33.3	4	66.7	—	—
帝国（总数）	246	53	21.5	177	72.0	16	6.5

1. 这一时期没有蒙古人被任命为巡抚。

至此，我基本上是从人数的角度考察了权力的分配。如果将督抚人员的任期也加以考虑，那就可以描绘更为完整的图卷。附录表 12 和附录表 13 反映的是清代总督和巡抚的各自概况，很显然每任的平均任期以及每位官员的平均任期，从民族-政治属性上看有着很大的变化。

附录表 12　清朝总督概况

民族-政治属性	累计任期		任命		每任平均任期	人员		平均在任时长
	年/月	占总数百分比（%）	数目	占总数百分比（%）	年/月	数目	点总数百分比（%）	年/月
汉军旗人	760/3	27.3	217	21.9	3/6	115	20.8	6/7
满人	907/9	32.5	335	33.9	2/9	187	33.7	4/10
蒙古人	50/1	1.8	33	3.3	1/6	14	2.5	3/7
旗人（总数）	1 718/1	61.6	585	59.1	2/11	316	57.0	5/5
汉人	1 072/11	38.4	405	40.9	2/8	238	43.0	4/6
总数	2 791/0	100.0	990	100.0	2/10	554	100.0	5/0

附录表 13　清朝巡抚概况

民族-政治属性	累计任期		任命		每任平均任期	人员		平均在任时长
	年/月	占总数百分比（%）	数目	占总数百分比（%）	年/月	数目	点总数百分比（%）	年/月
汉军旗人	1 097/10	25.1	373	19.4	2/11	252	22.4	4/4
满人	1 051/4	24.1	508	26.4	2/1	270	24.1	3/11
蒙古人	80/3	1.8	40	2.1	2/0	21	1.9	3/10
旗人（总数）	2 229/5	51.0	921	47.9	2/5	543	48.4	4/1
汉人	2 140/11	49.0	1 004	52.1	2/2	579	51.6	3/8
总数	4 370/4	100.0	1 925	100.0	2/3	1 122	100.0	3/11

汉军旗人是最受清帝心仪的群体，而汉人则最不受待见（如果我们将没有多大统计意义的蒙古人排除在外的话）。平均来看，一位汉军旗人在特定的总督任上任职时间是三年半，在总督任上（两个

以上职位）的总任职时间是六年七个月。而汉人，一任总督的平均任职时间是二年八个月，总督的总任期是四年六个月，比汉军旗人的总任期短两年多。巡抚的情况相同：一任巡抚的任期，汉军旗人平均要比汉人长九个月，整个任期长八个月。在总督和巡抚的职位上，满人通常位于长时间与短时间之间。只有做巡抚的平均任期，满人不如汉人。

可以想见，汉军旗人在整个清朝平均任期的统计数字比其他人群都长，因为他们任职的主要时间是在清初，当时可能缺乏才智之士，加上动荡不安的环境，造就了所有督抚的任期都比较长。那么，在征服和巩固期（1644—1683 年），为什么满人和汉人任职督抚的时间没有汉军旗人长呢？这一时期的统计数字给出了答案（见附录表 14）。当时汉人甚至比汉军旗人的平均每任总督任职时间少一年，巡抚则少八个月。① 1644—1683 年这两个群体的平均任职时间几乎与有清一代差不多（见附录表 12 与附录表 13）。而满人在征服和巩固阶段的平均任职时间比他们在整个清朝的要长。事实上，满人的任职时长在清初大大超过了汉人和汉军旗人，我认为这一事实支持了我前面提出的看法，即清朝初年少有满人拥有执掌各省行政所必需的技能，而那些拥有者在他们的位置上待的时间会更长。相比而言，当满人觉得足够安全可以加以利用的时候，汉人的才智之士人数是很多的。这有助于解释汉人在整个清朝任期更短的原因，经常

_____

① 如果将苏州作为一个代表性例子，可以看到在清初地方职位上，因民族属性不同，任期上也存在着差异。在整个康熙朝，旗人平均任职苏州知府 4.3 年，知县 3 年，而汉人平均任职分别只有 2.7 年（史景迁：《曹寅与康熙皇帝：奴才与主子》，第 74 页）。

性的变动也是为了防止他们在一个地方坐大。

附录表 14　1644—1683 年督抚的平均任期

	累计时长 （年/月）	任命 （数目）	平均在任时长 （年/月）
总督			
汉军旗人	307/11	87	3/6
满人	49/3	12	4/1
汉人	36/11	15	2/6
巡抚			
汉军旗人	572/0	177	3/3
满人	56/10	16	3/7
汉人	135/8	53	2/7

　　本文已经说了很多关于清朝督抚的演进和构成，揭示了满人制度和人事政策的动态特点。督抚基本的制度安排，例如官品、职责和辖区等，在清朝初年变化极大，以适应当时的突发情况。这些制度的最终正式确立，要等到清人统治一百年后的 1748—1749 年发布的一系列上谕。督抚人员的政治-民族构成不是静态的安排，在清朝初年的 1644—1683 年，满人的语言障碍，使得对于清朝来说，必须将省级的行政交给汉军旗人（一个独特的群体，它的重要性过去被忽视了）。在平定三藩（1681 年）和收复台湾（1683 年）之后，督抚构成的重大转变至少有三次。第一次转变的标志是汉军旗人任用的减少，第二次转变是在 18 世纪与 19 世纪之交汉人占督抚职位的比重增大，第三次转变（这是以前唯一注意到的一次）是在太平天国运动之后，这一趋势加重。我已经说过了，这些转变可以与具体的危机联系起来，例如白莲教起义和太平天国运动；也可以与整个趋势联系起来，比如满人统治的巩固和满人统治群体的汉化。进一步的研究将会使这些关系变得更加清晰。

图书在版编目（CIP）数据

盛世的奠基：康熙与清朝统治的巩固：1661—1684/
（美）劳伦斯·凯斯勒（Lawrence D. Kessler）著；董
建中译. -- 北京：中国人民大学出版社，2024.1
（海外中国研究文库·一力馆）
书名原文：K'ang-hsi and the Consolidation of
Ch'ing Rule，1661－1684
ISBN 978-7-300-32007-6

Ⅰ.①盛… Ⅱ.①劳… ②董… Ⅲ.①中国历史-清
代 Ⅳ.①K249.2

中国国家版本馆 CIP 数据核字（2023）第 211818 号

海外中国研究文库·一力馆
盛世的奠基：康熙与清朝统治的巩固（1661—1684）
［美］劳伦斯·凯斯勒（Lawrence D. Kessler）　著
董建中　译
Shengshi de DianJi：Kangxi yu Qingchao Tongzhi de Gonggu（1661—1684）

出版发行	中国人民大学出版社			
社　　址	北京中关村大街 31 号		**邮政编码**	100080
电　　话	010 - 62511242（总编室）		010 - 62511770（质管部）	
	010 - 82501766（邮购部）		010 - 62514148（门市部）	
	010 - 62515195（发行公司）		010 - 62515275（盗版举报）	
网　　址	http://www.crup.com.cn			
经　　销	新华书店			
印　　刷	北京联兴盛业印刷股份有限公司			
开　　本	890 mm×1240 mm　1/32		**版　　次**	2024 年 1 月第 1 版
印　　张	10.125 插页 2		**印　　次**	2024 年 1 月第 1 次印刷
字　　数	219 000		**定　　价**	79.00 元